Bernd Späth

Um Himmels Willen, bloß kein Coaching!

BE
Belle Époque Verlag

Bernd Späth
In-deep-Coaching Ltd.
Forstenrieder Allee 162
D-81476 München

Tel. 49 (0) 89 4516 9863

bs@bernd-spaeth.com
www.in-deep-coaching.de

Lektorat & Korrektorat: Belle Époque Verlag

Umschlaggestaltung: Sabine Herke / herkewerke.de
Foto: Marc Gildsdorf

Herstellung: Sowa Sp. z o.o., Piaseczno, Polen

ISBN: 978-3-96357-055-1

Für Dr. med. Nahid Hayne, Ärztin, Analytikerin, Freundin und erfahrene Lehrerin, der ich meine psychoanalytische Ausbildung verdanke.

Vorwort

Ich war gerade mal vier, als mein Vater versuchte, mich umzubringen. Einzelheiten erspare ich mir und dem Leser, sie sind nicht sehr erfreulich. Jedenfalls, mit der Verzweiflung eines Kleinkindes, entkam ich ihm zweimal im letzten Moment – beim zweiten Mal mit bereits kollabierendem Kreislauf. Seinen dritten Versuch – ich war inzwischen so erschöpft und in Luftnot, dass der wohl gelungen wäre – musste er unerwartet abbrechen, da sich dem Tatort ein Elternpaar mit einem kleinen Mädchen näherte. An manchen Tagen habe ich noch seinen wütenden Fluch im Ohr, mit dem er nur äußerst unwillig von mir abließ. Doch auch das Bild der Familie mit dem Mädchen sehe ich immer noch.

Als ich zutiefst verstört, brüllend und vor Angst vollgepisst mit ihm wieder zu Hause ankam, machte meine Stiefmutter ihm eine Riesenszene, weil ich zu ihrer großen Enttäuschung immer noch lebend herumlief. Nun also wurde der Täter hysterisch zusammengeschrien: Jedoch nicht für das, was er getan hatte, sondern weil er es unübersehbar vermurkst hatte. Ich bettelte verzweifelt um eine trockene Hose, wurde aber kalt ignoriert, bis meine Stiefmutter sie mir später genervt vor die Füße warf.

Am nächsten Vormittag, zutiefst verwirrt und elend, strich ich über den Hof unserer Bäckerei, und es bewahrheitete sich eine Erkenntnis des Verhaltensforschers Irenäus Eibl-Eibesfeldt, eines Konrad-Lorenz-Schülers: „In Zeiten der Gefahr suchen Entenjunge die Nähe der Mutter, selbst wenn sie von dieser misshandelt werden.“ Auch ich, ein Kind damals und völlig überfordert mit dem Erlebten, suchte maka-

brerweise die elterliche Nähe und geriet, als ich deprimiert in unser Wohnzimmer schlich, in eine heftige Auseinandersetzung zwischen den beiden Tätern.
Offenbar hatten sie beratschlagt, wie mit der entstandenen Situation und damit auch mit mir nun umzugehen sei, und es war nicht zu überhören, dass meine Stiefmutter ohne Erbarmen auf einem weiteren Anlauf bestand, mich aus dem Weg zu räumen. Dabei störte es die Beiden nicht, dass ich auf dem Fußboden kauerte und ihr Gespräch mitverfolgte. Vermutlich hielten sie es für ungefährlich, da meine Lebensspanne sich ja ohnehin dem Ende zuneigte. Mein Vater, dem das Risiko des geforderten neuen Tatversuchs allerdings immer mehr zusetzte, wirkte unter dem giftsprühenden Gezische meiner Stiefmutter arg in die Enge getrieben, und schließlich kippte er ganz: „Des nützt jetz´ alles nix, mir müssen den jetz´ aufziehen!" – Auch bei späteren Anlässen war zu beobachten, dass er unter dem Druck seiner Gattin grundsätzlich das Gegenteil ihrer Meinung vertrat.

Meine Stiefmutter jedenfalls war empört, und so musste mein armer Papa seine zerknirschte Einsicht ein ums andere Mal herunterbeten, während sie ihn nach allen Regeln der Kunst lächerlich machte: Er könne ihr ja viel erzählen, wen er im Krieg alles umgebracht habe. Hier „bei dem da" könne man ja sehen, was er tatsächlich zustande bringe. Auch später konnte man ihn mit nichts mehr zur Weißglut bringen, als wenn man seine deutsche Soldatenehre in Frage stellte, obwohl er Blut an den Händen hatte bis zum Geht-nicht-mehr und immer wieder einmal aufblitzen ließ, dass er mit regelrechter Wonne getötet haben musste. Jedenfalls begann er nun zu brüllen und schaltete auf stur. Da begriff sie, dass sie überzogen hatte, und so nahm ich mit gewisser Er-

leichterung zur Kenntnis, dass ich unter dem Zwang der Umstände wohl eher nicht mehr beseitigt würde.
Im weiteren hitzigen Verlauf des Gesprächs fand meine Stiefmutter sich maulend mit meiner Fortexistenz ab, und nun war es an ihr, in dem für sie typischen giftigen Singsang ein ums andere Mal zu wiederholen, sie werde sich in Fragen meiner Aufzucht und Förderung in keinster Weise engagieren. – Eine Prophezeiung, die sie die nächsten zwei Jahrzehnte auf sehr eigene Art verwirklichen würde. Die Zwei gifteten sich noch eine ganze Weile an, dann warfen sie mich aus dem Wohnzimmer.

Über fünfzig Jahre später, einem plötzlichen Impuls folgend, suchte ich den Tatort alleine wieder auf. Als ich aus dem Auto stieg, war es, als würde ich von einer Schnur gezogen, und bald schon stand ich an der besagten Stelle, mit dem nur schwer zu ertragenden Gefühl, dass es hier geschehen war. Nicht ganz unschräg, befand sich ausgerechnet dort nun ein kleiner, fest verankerter Picknicktisch. Ich fuhr nach Hause in einer Verfassung, in der man nicht unbedingt Auto fahren sollte. Als ich ein paar Tage danach einer langjährigen guten Freundin davon erzählte, schiss sie mich ordentlich zusammen, denn sie hätte mich lieber begleitet. Eine rührende Geste, indeed, doch gibt es Dinge im Leben, die muss man alleine tun.

Nun ja, man wird sich vorstellen können, wie heiter meine Kindheit und Jugend verliefen. Einen kleinen Teil davon habe ich in meinem Roman „Trümmerkind“ (Lübbe, 2002) geschildert. Als dieser herauskam, fragte eine Journalistin der Süddeutschen Zeitung mich einmal, wie man es fertig bringe, diese Jahre zu überleben, ohne in der Psychiatrie oder im Strafvollzug zu landen. Das war in der Tat eine nicht ganz einfache Angelegenheit, und ich habe keinen Anlass zu verschweigen, dass ich an den ersten zwanzig Jahren meines Lebens ziemlich schwer zu tragen hatte. Allerdings hatte ich das große Glück, durch die Vermittlung eines befreundeten Arztes frühzeitig mit der Psychoanalyse in Berührung zu kommen und die unglaublich positive Macht kennen zu lernen, die dieses Behandlungskonzept in sich birgt: wenn man bereit ist, sich mit den eigenen Schädigungen zu konfrontieren, ein trügerisches, weil kompensatorisches Selbstbild in Frage zu stellen und die aufgestauten und verdrängten Gefühle zuzulassen, die von traumatisierenden Ereignissen oder Lebensbedingungen unweigerlich verursacht werden. Das ist alles andere als eine Vergnügungsreise: Eine lange Analyse ist eine jahrelange harte Konfrontation mit sich selbst und der eigenen Vergangenheit, doch neben meinen fünf Expeditionen im Polargebiet war sie das Spannendste, Intensivste und Lehrreichste, das ich jemals in meinem Leben unternommen habe. – Ganz zu schweigen von ihren heilenden Effekten. Weit über die eigene Symptomatik hinausreichend, lehrt sie uns, menschliches Verhalten in einer Tiefe zu verstehen, wie es im Alltagsleben niemals möglich wäre, und befreiend zu intervenieren, wo „Schicksal" erst einmal als unabänderlich erscheint. Genau das mache ich heute mit meinen Coaching-Klienten: Wir arbeiten gemeinsam daran, unbewusste Muster aufzudecken, die im Arbeits- oder Privatleben zu oftmals massiven Problemen führen. Gelingt es – und meist tut es das – diese unbewussten Muster mit den frühkindlichen Erfahrungen zu verknüpfen, die zu ihrer Einnistung im psychischen Apparat geführt haben, dann ist viel gewonnen. Ich staune oft selber, wie Klienten sich verändern und auf einmal Dinge regeln, die ihnen bisher das ganze Leben lang misslungen sind – und dies oft nach nur wenigen gemeinsamen Sitzungen.

Über vierzig Jahre nach meiner ersten Begegnung mit der Psychoanalyse hat die wissenschaftliche Beschäftigung mit ihr für mich nichts von ihrer Faszination verloren. Im Gegenteil hat diese noch zugenommen, und ich betrachte den Entschluss zu meiner psychoanalytischen Ausbildung bei einer Bonner Psychiaterin heute als einen der besten meines Lebens: Je mehr man das Thema studiert, desto mehr entdeckt man, und desto mehr wird man bereichert.

Im Frühjahr 2016 kam ich zum ersten Mal auf die Idee, auf dem Internetportal www.xing.com einen kurzen Essay zum Thema Coaching zu veröffentlichen, durchaus unter dem Gesichtspunkt der Vermarktung meiner Coachingpraxis, aber eben nicht nur: In privaten Gesprächen hatte ich oft beobachtet, dass dem Thema Psychoanalyse aus schlichter Unkenntnis vordergründige Skepsis und Ablehnung entgegenschlugen – eine klassische Abwehr im Freud´schen Sinne – während eine nähere Beschreibung psychischer Konstellationen, denen ich begegnet war, schnell zu fasziniertem Interesse führte, weil menschliches Verhalten damit transparenter und erklärbarer wurde. Und so hoffte ich, über Essays in Form literarischer Kurzgeschichten ein wenig Sensibilisierung zu erreichen: Für das Thema an sich, aber auch dafür, dass Veränderung und damit in aller Regel auch Erlösung möglich sind. Jedenfalls in dem Bereich, dem ich mich beruflich gewidmet hatte: „Managers in distress“. Also Führungskräfte und Selbständige, die irgendwie nicht mehr weiter wussten, und denen oft genug bereits die Kraft ausgegangen war. Dabei beschränke ich mich wohlweislich auf die Bearbeitung von Fehlhaltungen mittels psychoanalytischer Techniken, während ich sorgfältigst darauf achte, ob die Beiziehung eines Arztes geboten ist.

Schon nach dem ersten Essay überrollte mich eine Welle von Feedback, die ich mir niemals erwartet hätte, und mit den weiteren Essays explodierten die Besucherzahlen meines Xing-Profils innerhalb kürzester Zeit, so dass es bald zu den fünf Prozent der meistbesuchten gehörte. Unmengen an Zuschriften unbekannter Leser aus Deutschland, Österreich, der Schweiz, Liechtenstein, Südafrika und sogar aus China bestätigten mir, was ich insgeheim erhofft hatte: „Jetzt endlich habe ich es verstanden!“ Bis heute ist dies der immer wieder kehrende Tenor, wenn ich eine psychische Konstellation zwar wissenschaftsbasiert, aber eben doch auch laienverständlich, dargestellt habe. Ich will den Lesern etwas an die Hand geben, was ihnen im privaten oder beruflichen Alltag weiterhilft.

Als ich im Oktober 2016 vier Wochen Urlaub bei Freunden in Missouri machte, erhielt ich mehrere Mails von besorgten Lesern, ob denn wirklich alles mit mir in Ordnung sei, man warte nun ja doch schon ziemlich lange auf den neuen Essay. Sowas zieht einem ja fast die Füße weg, und es freut einen zutiefst.
Ich möchte also, dass die Leser meine kleinen Menschen-Geschichten in diesem Sinne verstehen: als bescheidenen Versuch, ihnen etwas an die Hand zu geben, das ihnen hilft, ihr Unbewusstes oder das eines anderen Menschen – und damit die eigentliche Steuerungseinheit – ein klein wenig besser zu durchschauen. Und damit auch ein Verhalten zu verstehen, das einem oft genug als anfangs völlig unverständlich erscheint. Aber ich will auch verdeutlichen, welch unglaubliche und oftmals zerstörerische Macht unbewusste psychische Prozesse im Leben eines Menschen ausüben können, wenn sie nicht bearbeitet werden. Einige kritische Kommentare unterstellten mir, ich würde mit die-

sen Essays „eigene Klienten bloßstellen, die ihre privatesten Details nun auf einmal in Ihren Artikeln lesen müssen!“ – Das ist natürlich schlichter Unsinn, ich trage mich nicht mit beruflichen Selbstmordgedanken. Vielmehr habe ich Alltagsbeobachtungen und einige der vielen Lebensgeschichten, denen man im Laufe der Jahrzehnte begegnet, neu aufbereitet und mit größter Sorgfalt anonymisiert. Mache sich also niemand die Hoffnung, er könne in diesen Essays lebende Vorlagen wiedererkennen. Jeder dieser Essays ist in seinem psychischen Kern authentisch, während sein Setting selbstverständlich ein fiktives ist. Und mehr sage ich dazu extra nicht.

Wie auf Xing, so habe ich auch in diesem Buch ein paar Geschichten aus meinen Arktisexpeditionen mit eingestellt, denn auch die psychischen Grenzerfahrungen, denen ich mich auf meinen Touren nicht immer ganz freiwillig unterzog, sind ein Teil von mir und damit Teil des psychischen Geschehens, das hier beschrieben werden soll. Wie auch immer meine Leser dieses Buch für sich interpretieren und hoffentlich nutzen werden – Alexander und Margarete Mitscherlich, zwei große Vertreter der psychoanalytischen Forschung unseres Landes, haben die Psychoanalyse einmal bezeichnet als das wertvollste Instrument zur Erforschung der menschlichen Seele, das uns gegeben ist. Ich wüsste nicht, wie man es treffender formulieren könnte.

München, im Mai 2018
Bernd Späth

Menschen auf der Couch

Bloß kein Coaching!

»Ich bin´s gewohnt, meine Angelegenheiten selbst zu regeln!« ist der beliebteste Ausspruch vor dem Zusammenbruch. Und außerdem ist er albern. Denn er formuliert einen Omnipotenzanspruch, dem kein Mensch gewachsen ist: Wenn mein Pankreas entzündet ist, geh ich zum Internisten. Wenn mein Haus brennt, ruf ich die Feuerwehr. Wenn meine Karriere brennt, versteige ich mich lieber in Kontemplationen oder hole mir Rat von Leuten, die ähnlich tief in der Tinte sitzen wie ich. Damit es auch ganz bestimmt funktioniert.

Irgendwann brennt die ganze Seele lichterloh, und da man bekanntlich fehlerfrei zu funktionieren hat, legt man eine Decke drüber, damit niemand den Feuerschein sieht. Man hat ja ein Image zu verlieren. Seltsamerweise brennt es unter der Decke weiter: Schlafstörungen. Überdrehtheit. Gefühle von Resignation. Körperliche Erschöpfung. Gefühl nur noch zu funktionieren. Angsthaftes Reflexverhalten. Beziehungsstress. Erkrankungen. Gefühl von »Ich-weiß-einfach-nicht mehr-weiter!«. Und nicht selten: Spontaner Weinkrampf, überfallartig. Ob man sowas dann als Burn-Out bezeichnet oder Psychodynamik mit Krankheitswert, ist belanglos. So jemand braucht Hilfe. Dringend. Und bisweilen braucht er jemanden, der ihm einen liebevollen Schubs gibt: Nun wird´s aber Zeit, dass du was unternimmst!

Wenn solche Menschen (um die handelt es sich nämlich!) dann bei mir sitzen, haben sie die klassische Tournee hinter sich: Guter Freund/gute Freundin, weil sonst nirgendwo offenes Gespräch möglich. Daraus resultierend die Empfeh-

lung: Atemtherapie / Autogenes Training / Marathon-laufen / Yoga / Pilates / Klangschalen oder Ähnliches, aber leider, leider, es ist trotzdem noch schlechter geworden. Na sowas. Jemand empfiehlt Coaching. – Nee, echt nicht, wieso denn? Ich hab doch nix! Zugeben, dass man Hilfe braucht? Kommt fürs Selbstbild des/der Erfolgreichen gleich nach dem Insolvenzantrag.
Da sitzen dann oft genug Seelen vor mir, die vor Schmerz schreien und dennoch froh sind, dass sie zum ersten Mal gehört werden. Je nach Typus dauert es unterschiedlich lange, bis das verkrampft aufrechterhaltene Selbstbild hinterfragt werden darf. Meist ist es ein ziemlich herzloses: Klappe halten, funktionieren, einstecken, Leistung bringen, und bitte keine Schwachheiten! Das klassische Erfolgsrezept. Nicht selten, dass Männer plötzlich zu weinen beginnen und völlig verwirrt sind, dass ein Mann ihnen liebevoll zuhört und sie versteht. Frauen tun sich da etwas leichter, sind aber genauso dankbar. – Wo sind wir hingekommen in dieser Gesellschaft, dass Verstanden-Werden zum Luxusartikel geworden ist?

Und dann, irgendwann, setzt Zutrauen ein: Während man ein paar Sitzungen lang beobachtet hat, dass das hilfesuchende Gegenüber (den Ausdruck »Coachee« finde ich ekelerregend) permanent einen Schlag oder einen Vorwurf oder eine Zurechtweisung erwartet, beginnt es zu begreifen, dass Schwäche kein Versagen ist, sondern Teil eines geordneten Menschseins. Und dass man über Schwächen und Ängste reden kann, denn sie sind wertvolle Informationen, über die ein Coach sich freut: Sie verraten nämlich, was unter der Decke geschieht, im sogenannten Unbewussten. Das allerdings ist hundertmal stärker als der bewusste Mensch und

steuert diesen kompromisslos: je nachdem, zum Erfolg oder gegen die Wand. Aber es steuert.
Dies sind die Gespräche, in denen der Mensch gegenüber immer wieder stutzt und schweigt: So habe ich das noch nie gesehen. So habe ich mich selbst noch nie gesehen. Aber irgendwie... hmmm... doch doch, da ist was dran. In der Folge setzen erste, vermeintlich unbedeutende, Veränderungen ein: Das hab ich vorher noch nie so gemacht. Das hab ich vorher noch nie so gekonnt. Auf einmal funktioniert´s, als wär´s nie anders gewesen. Schon komisch, irgendwie. Merke: wenn Psyche sich verändert, kommt sie nicht mit Blasmusik, sondern auf Taubenfüßen.

Und dann, oftmals *out of the blue*, rumpelt´s im Karton: Der ehedem so friedliche Mensch gegenüber kommt geladen an und staucht seinen Coach nach allen Regeln der Kunst zusammen: Du mieser Typ, ich hab dich durchschaut, du willst mich ja nur klein machen. Du willst mich genauso klein machen wie mein Chef, mein Ehepartner, mein Dings, mein undankbarer Sohn, mein Vater, meine Mutter! Und der Coach sitzt da und freut sich: Der Durchbruch ist da! Nach diesem reinigenden Gewitter ist der Mensch gegenüber verändert. Irgendwie druckfreier. Gelassener. Mit viel mehr Durchblick, denn die eigenen, selbstschädigenden Projektionen sind bewusst geworden und gerade dabei, dauerhaft ihre Macht zu verlieren. Der Mensch gegenüber wirkt auf einmal viel unerschütterlicher. Man könnte auch sagen: erwachsener. Denn das geschundene und unglückliche Kind, das er viel zu lange in sich verdrängt (und damit wieder geschunden) hat, hat sich seinen Freiraum erarbeitet und steht jetzt zufrieden und vergnügt neben dem Erwachsenen. Der eine kann nicht ohne den anderen. Gemeinsam allerdings sind sie kaum zu schlagen.

Ich bin immer wieder erstaunt und glücklich zugleich, zu sehen, wie solche Menschen dann auf einmal durchstarten. Die Veränderungen enden nämlich nicht an der Bürotür, meist wird umfassend aufgeräumt: Beziehungen zu Eltern, zum Partner, zu den eigenen Kindern. Auch mal ein Jobwechsel, oder auch mal ein klärender Konflikt mit Kollegen. – Das Resultat entscheidet: Der Mensch gegenüber sitzt mir nun gar nicht mehr gegenüber, sondern ist zurück im plötzlich positiven Alltag. Und hat dort einen richtigen Lauf. Ohne mich, so wie sich´s gehört.
Interessantester und zugleich schönster Fall: Ein Klient, der mich wegen Erschöpfung im Job aufsucht, trennt sich nach der dritten Sitzung von seiner langjährigen Partnerin und nutzt die Gelegenheit, der endlich einmal zu sagen, was ihm alles gefehlt hat. Erst mauert sie, drei Monate später wird sie nachdenklich, dann reden sie erstmalig miteinander und nicht mehr gegeneinander. Anderthalb Jahre später heiraten sie. – Kein Schmäh, das Hochzeitsfoto habe ich immer noch auf der Festplatte.

Um Himmels Willen, bloß kein Coaching!

Über die Männlichkeit

»Ich fühl mich mit Birgit sehr wohl. Die hat alles, was ich brauch´. Trotzdem werd´ ich natürlich auch in Zukunft nix anbrennen lasse«, raunt Eric mir in vertrauter Selbstgefälligkeit zu und hebt das Glas.
Fein, denke ich mir, immerhin sitzen wir hier auf seiner Hochzeitsfeier, und auch die ist schon für seine dritte Ehe. Vorsichtshalber schweige ich. Auch, als ich später den deutlich angetrunkenen Eric mit Birgit und seinem halbwüchsigen Sohn aus erster Ehe nach Hause fahre.
»Sag... deina... Mutta, die Ehe... hält länga...«, lallt er gereizt.
»Aber hallo«, sagt Birgit empört. »Fängt ja echt gut an!«
»Soll ich ihr das wirklich sagen?«, wendet der Junge sich verwirrt an die weiß gekleidete Birgit, und die drückt ihn an sich. Als wir ankommen, hat jemand den gesamten Vorgarten mit Klopapier dekoriert. Unerwartet passend, denke ich mir.

Und die Ehe hält, und Eric lässt, wie er immer wieder betont, nichts anbrennen. Auch als Birgit mit der gemeinsamen Tochter schwanger geht, und auch während sie sich liebevoll um die Kleine kümmert. Bei unseren gelegentlichen Treffen schwärmt Eric mir von seinen Affären vor, als seien sie die Trophäen seines Selbstwertgefühls, und erweist sich als völlig resistent gegen kritische Einwände. Seine Angst auf seine »Freiheit« zu verzichten ist genau so groß wie seine Angst, dass er auffliegen und Birgit verlieren könnte. So sammelt und rammelt er weiter, was das Zeug hält. Bisweilen frage ich mich, ob und warum Birgit, – eine feine und sensible Frau – nichts mitbekommt. Irgendwann legt Eric mir ein Exemplar eines Romans von mir vor und bittet um

eine Widmung: »Für Margot« soll ich schreiben, und das geht mir dann doch zu weit.
»Ich muss höllisch aufpassen«, seufzt Eric verschwörerisch. »Birgit kennt alle meine Tricks. Schließlich weiß sie, wie ich mit ihr damals meine zweite Frau hinters Licht geführt habe, damit ich mit ihr zusammen sein konnte.«
»Wird dir das nicht zu anstrengend?«
»Nö«, kommt es wie von einem trotzigen Kind. »Ich brauch das eben.«

Und in Margot, einer Koblenzer Juristin, findet er dann seine Meisterin. Erst betreiben die beiden eine lebhafte und wilde Affäre, und Eric schwärmt mir von Margots außerjuristischen Qualitäten vor. Dann leiht Margot ihm ein paar tausend Euro. Kurz darauf allerdings findet sie, während Eric sich in ihrem Bad frisch macht, ein zärtliches Brieflein von Steffi in seiner Sakkotasche und holt ihn sich gleich mal aus dem Bad. Und nun ist sogar Erics Repertoire an Lügen und Ausflüchten erschöpft, sie wirft ihn hochkant hinaus.

»Macht nix«, verkündet er frei von allen Selbstzweifeln. »Findet sich immer was Neues.«
Schon, aber als er das Geld nicht zurückzahlen kann, pfändet Juristin Margot ihm sein Gehalt, und das wiederum kann er Birgit nicht richtig erklären und muss die Hosen runterlassen. So wird aus dem Götterweib Margot nun also eine »miese Schlampe«, nur reicht diese Erklärung gegenüber dem Arbeitgeber nicht richtig aus. – Margot war eine gute Kundin des Möbelhauses, als dessen Niederlassungsleiter Eric fungiert. Erst ruft Birgit mich an und kotzt sich lange bei mir aus. Dann ruft Eric mich an mit der Standardeinleitung: »Du bist doch Coach.«
Da er sich bekanntlich nichts vorzuwerfen habe, soll ich Bir-

git coachen, »damit die langsam mal wieder vernünftig wird.« Denn Birgit will sich scheiden lassen. Eric allerdings meint, ich soll sie so hin modellieren, dass sie seine Dauerexkursionen »versteht«.
»Wenn hier überhaupt über etwas geredet wird, dann nur mit dir und über deinen promisken Zwang«, sage ich.
»Was´n Zwang«, fragt er empört. »Mich zwingt doch keiner, ich brauch das eben. Oder glaubst du echt, ich lass deswegen jetzt was anbrennen?«
»Deine Frau brennt schon«, sage ich. Vier Wochen später hält er ihr amtlich zugestelltes Scheidungsbegehren in der Hand, als er unangekündigt bei mir auftaucht.
Man kann nun über Eric sein moralisches Urteil fällen und sich damit bequem aus der Affäre ziehen. Fakt aber ist: Irgendwo tickt er nicht richtig. Nicht nur sein suchthaftes Hetzen nach Affären fällt auf, auch deren Unverzichtbarkeit für die Aufrechterhaltung seines Selbstwertgefühls, die narzisstische Ausblendung all dessen, was er in der Seele seiner Partnerin anrichtet, nicht weniger auch die hermetische Abwehr von Verantwortung. Am auffälligsten allerdings ist ein immer wieder aus dem Nichts heraus durchbrechender Groll, den er in sich trägt, und den er vordergründig gegen die »Jordanplantscher« richtet, – zusammenhangloser Antisemitismus also, der genauso resistent ist gegen Rationalität wie dieser gesamte Persönlichkeitsbereich.

Mein Coaching pflege ich normalerweise anzubieten und die Entscheidung darüber dem Klienten zu überlassen. Eric allerdings verdonnere ich dazu. In den ersten drei Sitzungen stoße ich nur auf betonierte Abwehr: Ich bin eben so, ich brauch das eben, ich hab das immer so gemacht, wieso soll ich damit jetzt aufhören, ich hab doch alles im Griff. (Übrigens eine Lieblingsfloskel von Coachingklienten.) Immer sichtbarer wird, dass es bei Erics Affärensucht um eine psychische Überlebensstrategie geht: Er braucht diese »Erfolge«, denn nur damit kann er etwas zudecken, das er nicht (mehr) ansehen und noch weniger spüren will.

»Sexsucht« ist der Titel eines hervorragenden Werks von Kornelius Roth, in dem er die psychischen Hintergründe dieses offensichtlichen Zwangsverhaltens ausleuchtet. Die unübersehbare Symptomcharakteristik von Erics Verhalten legt die Vermutung nahe, dass es sich um ein viel breiter ausgelegtes Problem handelt, als er auch nur ansatzweise einräumen will. Folgerichtig zeigt sein Verhalten auch und gerade eine sogenannte Appellcharakteristik: den Hilfeschrei eines kleinen Jungen. Er heißt: Ich bin unfähig, dauerhaft Vertrauen zu empfinden; weder zu mir selbst noch zu anderen, und schon gar nicht zu Frauen. Ich kann mich nicht fallen lassen, denn das macht mich verwundbar. Allgemein kann ich mit Menschen nur manipulativ umgehen, denn so kontrolliere ich sie. Und nur wenn ich zu jeder Frau auf Distanz bleibe, fühle ich mich sicher. – Bloß, der unerfüllte Wunsch geliebt und angenommen zu werden, der sich in seinem dauerhaften Groll offenbart, bleibt auf diese Weise offen und treibt ihn weiter an. Von Affäre zu Affäre zu Affäre. In die anstehende dritte Scheidung, und – wie sich kurz darauf zeigt – in den Jobverlust, weil offenbar noch andere Kundinnen ihn bei der Geschäftsleitung angeschwärzt haben.
Roth zeigt nachvollziehbar auf, dass solche Charaktere über zutiefst zerrüttete Elternbeziehungen verfügen, selbst wenn der äußere Anschein Anderes suggeriert und die jährlichen Familienrituale brav eingehalten werden. So auch bei Eric: der störrische und trinkfreudige Vater, ein rigider Katholik, der dem Kind jeglichen Körperkontakt verweigerte, neigte

zu Ausbrüchen, vor denen Eric sich in eine besonders intensive Beziehung zur Mutter flüchtete. – Diese sich allerdings auch zu ihm, und so wurde der Vater zu einer randständigen Figur, die von beiden abfällig behandelt wurde und als positives Identifikationsobjekt für Eric völlig ausfiel. Als Eric von seiner Mutter spricht, laufen dem alten Haudegen unerwartet zwei Tränen über die Wangen. Für den Vater, »der meine Grenzen nie geachtet hat«, empfindet er nur Verachtung.
»Deine Mutter auch nicht«, sage ich.
»Was?«
»Auch sie hat deine Grenzen verletzt. Eure Beziehung hatte und hat etwas von einer symbiotischen Notgemeinschaft. Du hast Dich bis heute nicht abgelöst von ihr.«
»Ich soll meine Mutter aufgeben?! Hast du ein´ an der Waffel?!«

Ich würde Eric gerne zu einem Düsseldorfer Spezialisten für Sexualstörungen schicken, das verweigert er strikt. Jetzt wird die Situation brenzlig: Macht er mich unbewusst zum Vater, dem er sich rachehaft verweigert, weil der ihm die Mutter wegnehmen will, dann kommen wir in schwieriges Fahrwasser. Ich muss lange über meine eigene Rolle nachdenken und bitte mir Bedenkzeit aus.

»Du verdammter Hund, du hast Recht!«, eröffnet er die nächste Sitzung.
»???« – Man kommt ja auch nicht immer gleich mit.
Dann sprudelt es aus ihm, ein eruptiver Redeschwall mit gehetzter Stimme und verzerrten Zügen, geschlagene siebzig Minuten lang, während derer es in seinem Brustkasten arbeitet wie in einem Walzwerk. Nebenher leert er die ganze Kaffeekanne.

Bilder stehen im Raum: Der Vater, Kriegsgeneration, emotional schwerst gehemmt, hat ihn kein einziges Mal in den Arm genommen, nur beim Strafen war er zuverlässig. Die Mutter, bepöbelt und häufig zusammengeschrien, fühlte sich abgewertet und benutzt, wollte längst weg, »aber sie blieb nur wegen mir«.

Und so klammerten beide sich aneinander, ohne zu merken, dass sie sich gegenseitig überforderten: Die Mutter konnte Eric den Vater nicht ersetzen, und Eric ihr nicht den Partner. Aber er genoss es, wie er sich plötzlich erinnerte, wie warm und angenehm ihr Frauenkörper sich anfühlte, wenn er als Elfjähriger mit ihr im Bett kuschelte, auch wenn er sich dabei etwas schuldig fühlte. Doch Mama genoss es auch und drückte ihn eng an sich. – Bis der Vater aus der Kneipe kam und Eric zurück musste ins eigene Bett, weg von der zärtlich streichelnden Mutter. Sobald er von ihr spricht, wird die machohaft-flache Stimme weich und warm. Und es wird erkennbar, wieviel Einsamkeit und Abwertung er kompensiert durch sein unentwegtes Jagen nach Erfolg bei Frauen.

Eine gesunde psychische Entwicklung jedenfalls ist unter solchen Umständen nicht möglich. Es wird ein Gemisch aus seelischer Vernachlässigung, unterdrücktem Hass, Grenzverletzungen und nicht zuletzt unterdrückten inzestuösen Wünschen, – und zwar durchaus beidseitig. Nach zwei weiteren Sitzungen willigt Eric ein zum Spezialisten zu gehen und bittet Birgit um Verzeihung. Entgegen meiner Erwartung nimmt sie an. – Sage mir einer noch etwas über die Geheimnisse einer Frauenseele.

Ein Jahr später haben sich die Situation und Erics Ehe tatsächlich wieder stabilisiert. Eric, so scheint es, beginnt das erste Mal eine Frau zu lieben.

Über die Fehlerkorrektur

Als die Kugel in den Erdwall rauscht, keine dreißig-vierzig Zentimeter rechts von mir, gucke ich erst mal interessiert hinterher. Eine .357 Magnum, die reißt einem ja doch ganz schöne Löcher in den Bauch.
»Hoppala!«, sagt der Manni freudig. »Ja, da schau her!«
Ich schenke ihm einen müden Blick. »Langsam könntest das mal lassen.«
Immerhin war´s jetzt das zweite Mal. Letzte Woche auch schon.
»Da war glatt noch eine in der Trommel!«
»Jetzt nimmer«, sage ich, »die anderen fünf sind eh raus.«
Der Manni guckt interessiert auf die rauchende Mündung.
»Da is er rauskommen«, sagt er, »Gell? Aber i hab ja eh daneben ´zielt!«
»Good for you.«
Für einen Schießtrainer ist er ja manchmal etwas zerstreut, der Manni. Auch für einen ehrenamtlichen.

Solche Dinge passieren, wenn man sehr lange zielt, dabei die Konzentration verliert und deshalb die Waffe wieder sinken lässt, während man mit einem leichten Druck des Zeigefingers den Abzug auslöst – den Daumen fest auf dem Abzugshahn – und sie so wieder entspannt. Dann geht der Hahn kontrolliert nach vorne, ohne den Schuss auszulösen. Die nicht verschossene Patrone allerdings wird durch die Bewegung des Abzugshahns in der Trommel weiterbewegt, als wäre sie jetzt leer. Hat man die Trommel durchgeschossen, rotiert die noch scharfe Patrone wieder in Abschussposition. Wenn dann jemand abdrückt, geht die Kugel raus. Es empfiehlt sich, in solchen Momenten nicht davor zu stehen.

»Ma´ darf halt nie auf jemand´ zielen«, sagt der Manni voller Inbrunst. »Des is schon wichtig.«
»Zielen nicht«, sage ich gereizt. »Mitzählen wär´ schon nicht schlecht.«
Manni hatte mir die Waffe aus der Hand genommen, um mir nochmals den weichen Druck der Fingerkuppe gegen den Abzugsbügel zu demonstrieren: So sanft, dass der Schuss praktisch von selber bricht. Die Mündung hatte knapp an meinem Körper vorbeigedeutet, als Mannis Theorie sich in die Praxis umsetzte. Vorige Woche auch schon. Beide Male fand ich zuhause ein paar Schmauchspuren seitlich auf dem Hemd.

»Da hätt´st g´schaut, wenn i dich daschossen hätt´«, lacht der Manni etwas zu laut und wechselt die Papierscheibe aus. Als ich ihn hinterher bei einem Capuccino auf seinen Fehler anspreche, lacht er nochmals jovial: »Ah was, i hab ja net auf dich ´zielt, sondern extra daneben! No risk, no fun!« – Sein Verhalten deckt sich mit mir bekannten vereinzelten Stimmen seiner Kunden, die mit der Leistung seiner Installateursfirma unzufrieden waren: Es wird alles weggelacht, und es bleibt das Gefühl von ein bisschen zu viel Show. Wie man überhaupt bei Manni stets das Gefühl hat, dass er etwas arg viel Aufmerksamkeit braucht und sein Verhalten immer etwas aufgesetzt wirkt. Oft bekommt man das Gefühl: Da ist noch irgendwas dahinter, was er nicht zeigen will.
Was er nicht zeigen will, ist Betroffenheit, denn die wäre ein Schuldanerkenntnis, – das Eingeständnis eines Fehlers also. Für die Histrioniker nämlich ist Schuld gleichbedeutend mit Untergang: sie ertragen sie nicht, nicht einmal den Gedanken daran. – Und bisweilen, wenn man sieht, wie verzweifelt sie sich dagegen wehren, kommen einem instinktiv die Bilder eines kleinen Kindes, das sich vor Angst einnässt.

Womit wir also zu tun haben, ist Schuldabwehr, die histrionisch präsentiert wird. Bekannt ist meist die andere Form der histrionischen Struktur: Gackernde Hysterikerinnen, die durch ihr schrilles und sexualisiertes Auftreten alle Aufmerksamkeit auf sich ziehen. Bei ihnen gehört es unvermeidlich zum Gesamtauftritt, dass sie Schuld und Verantwortung entrüstet von sich weisen, und seien diese noch so offensichtlich. Krassestes Beispiel war eine Bekannte, die unentwegt mit den Füßen an der schweren Glasplatte meines Wohnzimmertisches herumwackelte, bis diese sich selbständig machte und mit sechzig Kilo Gewicht krachend aufs Parkett schlug. Auf meine erschreckte Frage: »Sag mal, hast du sie noch alle?« kam ein empörtes: »Was redest du denn für Zeuch, ich war das nicht!« – Schuldabwehr durch Verleugnung.

Die Männervariante bedient sich meist der jovial-herzlichen Inszenierung: Es wird mit aufgesetzter Fröhlichkeit geleugnet, was offensichtlich ist; wobei das Lachen hölzern wirkt, die Scherze seicht und gekünstelt. Dies nicht zuletzt, weil das unterliegende Schuldgefühl durch sie hindurchscheint wie Licht durch einen dünnen Vorhang. Schuld, sozusagen, wird weggelacht, wobei dem Betroffenen das schale und unzufriedene Gefühl verbleibt, während der Täter sich emotional aus dem Staub gemacht hat.

Diese Abwehrstrategie ist oft vorzufinden in autoritär bestimmten Unternehmenskulturen. Wo »perfekte Leistung« abverlangt wird (ohnehin eine Schimäre und Ausdruck eines ins Angsthafte übersteigerten Perfektionszwangs), wachsen die schneidig überspielten Versagensängste ins Pathologische. Nicht selten manifestieren sie sich in einer hohen Krankheitsrate, auch wenn diese dann verdrängt wird, weil die Mitarbeiter vor Angst zur Arbeit erscheinen. Typischerweise ist in diesen Häusern der Leistungsdruck so immens, dass die natürliche Einsicht, einen Fehler gemacht zu haben, blockiert ist durch Strafangst. Damit entfällt die Möglichkeit jeglicher Fehlerkorrektur zugunsten pathologischer Schuldabwehr: Da »Schwäche« nicht geduldet wird, kann nicht korrigiert werden, was offiziell nicht existiert. Jemand, der wie ich berufsbedingt in vielen Unternehmen unterwegs ist, kennt diese Männerrunden, die sich vor lauter Heiterkeit gar nicht mehr einkriegen können, während sie sich dabei unentwegt gegenseitig beobachten. – Man muss nur erst dahinterkommen, dass hier die nackte Angst regiert; und nicht zuletzt der Zwang, um jeden Preis »dazu« zu gehören. Ausnahmslos alle – ich betone: ausnahmslos alle – weisen in ihrer Kindheitsgeschichte schwere traumatische Erfahrungen auf, die in der Regel eingebettet sind in eine repressive Erziehungsatmosphäre und ausgeprägte Zuwendungsdefizite. Solche Menschen schaffen es oft bis weit an die Spitze. Getrieben jedoch sind sie von Kindheitsängsten und Entwertungserlebnissen, gegen die sie verbissen anarbeiten. Ihre Erfolge freuen sie nicht wirklich. Eher sind sie eine Art »Gegenbeweis« der Art: Seht ihr, Papa/Mama, ich bin DOCH etwas wert!

Bei einem Handwerker wie Manni war es nicht ganz so krass. Ich machte keine Termine mehr mit ihm, und verzichtete darauf, meine Schießkünste aufzufrischen. Ein knappes Jahr später stand er unerwartet vor meiner Tür. »Wie geht ´n des, mit deiner Dings ... deiner Coacherei?« Er war grau im Gesicht. Keine Scherze mehr.
Einer seiner Mitarbeiter hatte Mist gebaut, und Manni hatte es dem Auftraggeber gegenüber verschwiegen. Der Kunde hatte sich aufgrund der fehlerhaften Leistung verletzt und

Strafantrag gestellt wegen fahrlässiger Körperverletzung. Dazu hatte er Schadensersatzklage erhoben. Mannis Strategie, das Ganze mit flotten Sprüchen und ein paar Gefälligkeiten zu erledigen, war ins Leere gelaufen. Jetzt hatte er Angst um seine Existenz. Die ersten vierzig Minuten verbrachte er damit, mir dazulegen, was für ein Vollidiot der Kunde sei.
»Wenn einer sich z´wegens sowas verletzt, dann g´hört der eing´sperrt wegen Dummheit! Des is jedenfalls meine Meinung. Aber bei unserne sauberne Herrn Juristen ...«
»Genug jetzt, Manni.«
In Mannis Vorstellung war klar, wie das Coaching zu verlaufen hatte: Ich hatte seine Meinung über den Vollpfosten von Kunden zu teilen und ihm dann – quasi ex cathedra – zu sagen, wie er so einen erledigen konnte. »Und zwar so, dass der sich nie wieder rührt, verstehst!«

Erst in der dritten Sitzung, mit viel Mühe und einem Höchstmaß an Feinfühligkeit, brachte ich ihn dazu, sich selbst zu reflektieren. Das setzte unerwartet ein, wie ein Sturzbach, und Manni kam kaum mit dem Reden hinterher, so sehr purzelten auf einmal die Bilder durch seinen Kopf.
»Woher kommt diese Angst, Manni«, fragte ich. »Woher diese panische Angst vorm Schuldsein?«
Er war rot angelaufen. Sein urgemütliches Handwerkergesicht hatte sich im Schmerz verzerrt.
»Wennst selber gar nix dafür kannst... und dann wirst trotzdem... Aaaah ja, Scheißdreck, glaubst ...«
Er schwieg, und es arbeitete in ihm. Wir kannten uns seit unserer Kindheit, und urplötzlich schossen mir wieder diese Bilder durch den Kopf, als hätte der Manni sie gerade losgetreten.
»Die Kiesgrube, gell?«

Er presste die Lippen zusammen. »Nie wieder!«, explodierte es aus ihm. »Nie wieder, verstehst!«
Er schlug die Hände vors Gesicht.

Am Nordrand unserer Stadt war eine alte Kiesgrube gewesen. Als Jungs hatten wir dort oft gestöbert und gespielt. Nicht zuletzt, weil wir dort die Luftschächte eines alten Flak-Bunkers entdeckt hatten, in die wir gerne hineinkrochen. Die Leute warfen alles Mögliche in die Grube. Eines Tages entdeckten wir ein stinkendes Fass voller Bücklinge. Der Dritte von uns, ein Problemkind namens Hubert, ergriff einen davon feixend am Schwanz und wedelte damit herum, bis der Schwanz abriss und der Bückling quer auf Mannis weißes Sonntagshemd flog. Manni erstarrte, denn er wusste was ihn mit dem schmutzigen Hemd zuhause erwartete. Dann verdrosch er Hubert, bis der heulend davon rannte. Ich begleitete ihn nach Hause. Manni kam gar nicht dazu, zu sagen, dass er schuldlos war. Sein Stiefvater, ein verbitterter Kriegsheimkehrer, der in Russland ein Bein verloren hatte, hatte blitzschnell seine rechte Krücke hochschnellen lassen und sie Manni über den Rücken gezogen. Während Manni von dem Schlag taumelte und vor Schmerzen schrie, verdrosch der Alte ihn, bis er sich nur noch wimmernd auf dem Boden rollte. Ich hatte bis zum Schluss entsetzt zugesehen und war dann davongerannt.

»I will nie wieder schuld sein, verstehst?«
»Die Schuld lag nie bei Dir, Manni.«
Manni begann zu begreifen, dass seine Schuldabwehr war, was sie praktisch immer ist: der Schutzmechanismus eines Kindes gegen seelische und/oder körperliche Misshandlung. Umsonst entsteht keine Angst. In den folgenden Sitzungen begann er seine Angst abzulegen, dann stoppte er, weil sei-

ne Frau sich über die Kosten beschwerte. Aber wohl auch aus Stolz, denn den Rest wollte er alleine schaffen. Nebenher hatte ich ihn noch mit einem Münchener Anwalt zusammengebracht, der ihm half, einigermaßen heil aus der Sache herauszukommen.

»I weiß gar net, wie i dir danken soll«, sagte der Manni.
»Ist mein Beruf«, grinste ich.
»Echt, des hat mir sehr g´holfen, dein Zeugl. Ganz verstanden hab i´s ja net …«
Er haute mir die Pranke auf die Schulter. »Magst net wieder amal schießen geh´n, sag? Warst auf einmal verschwunden, damals!«
»Geile Idee, Manni«, antwortete ich, während mein Magen sich leicht zusammenzog. »Machen wir unbedingt!«

Agency & Communion

»Schneider hat´s zerlegt«, sagt der Klient. »Mit dem brauchen wir die nächsten vier Wochen nicht zu rechnen. Drum tu ich lieber vorher was. Proaktiv sozusagen, hehe.«
Klar. Proaktiv. Schneider war´s anscheinend nicht: Er hatte täglich massive Auseinandersetzungen im Büro, bis hin zum gegenseitigen Mobbing. Aufgrund seines schneidigen, erfolgsorientierten Auftretens, das die anderen als abwertend empfanden, wurde er zuerst nur abgelehnt. Dann schraubte die Konfliktspirale sich weiter nach oben. Auch der Klient ist Teil des Konfliktgeschehens, ein kleiner Gegenschneider, teilt kräftig aus, steckt kräftig ein. Doch das macht ihm, sagt er, nichts aus. Im Gegenteil beflügelt es ihn, »besser zu sein als die ganzen Idioten da«. Auf Schneiders Sympathie legt er ebenso wenig Wert wie auf die der anderen, er will schließlich selber »nach oben«. – Ein paar Tage nach dem Erstgespräch dekompensiert er. Abends beim Grillen mit den Schwiegereltern. Für die nächsten sechs Wochen ist nicht mit ihm zu rechnen.
Er sieht blass aus, als er wieder auftaucht, wirkt nachdenklich, in sich gekehrt. – Nicht gerade selten, wenn das Selbstbild einen schweren Schlag abbekommen hat. Gerade Männer im zweiten Lebensdrittel neigen ja dazu, sich eine Art ewiger Unbesiegbarkeit zu attestieren. Jedenfalls so lange, bis sie auf der Schnauze liegen. Tatsächlich stelle ich nicht selten eine gewisse Blindheit fest für die Erkenntnis, dass jemand bereits seine Eigensubstanz verbraucht. »Sie können im Kopf immer noch, wenn Sie mit dem Körper schon lange nicht mehr können«, sagte mir vor zwanzig Jahren mein Hausarzt, bevor ich mich kurz darauf auf der Intensivstation wiederfand, mit zwei-drei Tagen Restlebensdauer. *Lesson learnt*.

Es besteht bisweilen eine krampfartige Verdrängungs(un)kultur in Managerkreisen: Die Zelebration des eigenen Substanzverbrauchs, als vermeintliches Merkmal leistungsmäßiger Überlegenheit, ist nicht auszurotten. Nach außen hin verkauft als Dynamik und »Power«, und vordergründig erlebt als narzisstische Bestätigung, kommen die Abstürze in den eigenen vier Wänden, wenn Gefühle innerer Leere sich einstellen angesichts der Tatsache, dass der eigene Organismus permanente Grenzüberschreitungen signalisiert. Insofern ist, abseits der gängigen Sichtweise, der Burn-Out eine zutiefst positive Angelegenheit, denn er vermittelt eine klare Message: Hör lieber zu, bevor es echt zu spät ist. – Vom Burn-Out erholt man sich. Von einigen anderen Dingen nicht mehr.

Die scheinbar Unbesiegbaren nämlich sind es, die das Gefühl verloren haben für die eigenen Belastungsgrenzen. Indikator einer bedenklichen Entwicklung aus psychologischer Sicht ist es stets, wenn die Außenkontakte buchstäblich gekappt werden und der Umgang mit Menschen sich nur noch unter Nützlichkeitsaspekten – sprich: Benutzungsstrategien – vollzieht. Der daraus resultierende Rückzug auf das oft gehörte »Ich brauch´ keinen!« mag ein subjektives Stärke- und Größenerlebnis vermitteln, de facto allerdings ist die vermeintliche Unabhängigkeit nur die Regression in eine kindliche Allmachtsphantasie.

Es mag dabei offen bleiben, ob überhaupt ein Mensch imstande ist, vor den Fährnissen des Lebens völlig alleine zu bestehen oder ob diese Selbstüberschätzung dann auf der Zeitachse nicht zwangsläufig zum gefürchteten »hardware damage« führt. (Allein die Formulierung ist schon eine Aussage für sich.) Tatsache ist aber auch, dass eine derartige

Einstellung zutiefst unphysiologisch ist: Sie ist in der Blaupause der Spezies Mensch nicht vorgesehen. – Schlimmer noch: sie ist kontraproduktiv bis zur Selbstschädigung.

»Für alle Lebensformen sind zwei dialektisch aufeinander bezogene Modalitäten von Aktivität von existentieller Bedeutung: agency und communion. Als Basiselemente dienen sie der Interaktion des Individuums mit seiner Umwelt auf unterschiedlichste Weise«, schreibt Karl Köhle (Köln) im Standardwerk »Psychosomatische Medizin«. Man greift wohl nicht zu hoch, wenn man annimmt, das menschliche Verhalten generell und ganz besonders das im Arbeitsleben pendele zwischen diesen beiden verhaltensbiologisch definierten Polen: »Agency« bezeichnet Strebungen und Verhaltensformen, die existenzielle Interessen des Organismus als Individuum verfolgen. Agency strebt nach Selbstregulation, Selbsterweiterung und Beherrschung der Umwelt: Autonomie, Leistung, Kontrolle, Macht. »Communion« hingegen bezeichnet das individuelle Bedürfnis des Individuums nach Partizipation an einem größeren Organismus, sein fundamentales Verlangen, sich anderen anzuschließen, sich ihnen zugehörig zu fühlen, mit ihnen eine Einheit zu bilden: soziale Verbundenheit, Kooperation, Vertrauen, Intimität, Liebe. (Köhle, aaO). – Schon Freud, Adler und Balint haben es ähnlich formuliert.

Weniger akademisch: Beide Komponenten sind im Gesamtsystem Mensch einfach angelegt, das mag einem passen oder nicht. Wer die eine übersteigert, unterdrückt die andere. Nur: existentielle Bedürfnisse lassen sich eh nicht abschalten. Sie steuern uns aktiv und drängen nach Erfüllung, nicht anders als Atmen, Essen, Schwitzen. – Wer´s nicht glaubt: Versuchen Sie mal, eine Woche lang kein Wasser zu lassen. In unserem Beispiel jedenfalls wird sichtbar, dass beide Kontrahenten – Schneider und der Klient – gleichermaßen die genetisch einprogrammierte Funktionsbasis verlassen und die Balance zwischen beiden Komponenten aufgegeben haben: Die Überbetonung der »agency« führt unbestreitbar zu Erfolgserlebnissen, doch ist soziale Isolation bis hin zur Vereinsamung keine Seltenheit. (»Außerhalb der Arbeit hat der keine Freunde mehr!«) Umgekehrt, die überbetont auf »communion« Ausgelegten sind die Kollegen, die Jeder mag, aber die man nicht ganz ernst nimmt, weil sie sich nicht zu behaupten wissen. (»Netter Kerl, aber irgendwie´n Weichei!«)

Also kommt es auf die individuelle (!) Balance an, und die ist nun mal individuell, weil die Menschen auch unterschiedlich sind. Entscheidend ist, dass beide Formen des Balanceverlusts mittelfristig hochpathogen sind. Denn es darf nicht übersehen werden, »dass der dialogische Austausch, an dem alle Sinne beteiligt sind, bis in die Regulation physiologischer Funktionen hineinwirkt.« (Köhle, aaO). Und hier eben schließt sich der Kreis: Ist der menschliche Austausch im Betrieb gestört oder verloren, entsteht eine tatsächlich lebensfeindliche Umwelt, die die Leute krank werden lässt. Nicht weil sie so empfindlich sind, sondern weil der Gesamtorganismus nicht darauf angelegt ist, in einem solchen Biotop dauerhaft zu überleben. Die Körperchemie entgleist. Herz-Kreislauf, Magen-Darm, Haut sind die häufigsten Organe mit Signalfunktion.
»*Homo est natura sua ens sociale*« heißt es schon in der Theologia Christiana Fundamentalis: »Der Mensch ist seiner Natur nach ein soziales Wesen.«
Oder wie Martin Buber es formulierte: »Der Mensch wird am Du zum Ich.« – Jedenfalls dann, wenn er überleben will.

Über die Aggressionsverschiebung

Dem Flüchtling, so viel ist bekannt, wird praktisch alles hinten reingeschoben. Und das ist wahr, denn was man überall hört, kann nicht falsch sein. Sie bekommen kostenlos eine Wohnung. Sobald sie drin sind, fressen sie uns alles weg, nehmen uns unsere Frauen weg, stehlen – das machen sie ganz besonders gerne – alten Frauen die Fahrradln und werden praktisch überall frech. Man darf dem Flüchtling nix sagen, ohne dass er gleich zuhaut, denn der Flüchtling hat keine Kultur, sonst wär er ja keiner. Und ob er wirklich vertrieben worden ist, weiß man´s? Besser ist, man traut ihm nicht, denn von Natur aus ist er auch noch falsch. Und undankbar auf jeden Fall, denn der Flüchtling ist immer einer, der bloß die Hand aufhält. Deswegen gehört der, der ihn bei uns hereingelassen hat, »aufg´hängt«, aber heute traut sich ja keiner mehr was.
Wer nun glaubt, ich hätte politisch die Seiten gewechselt, der ist zu kurz gesprungen: Ich gebe lediglich Phrasen wieder, die ich während meiner Kindheit in den Fünfzigern des vergangenen Jahrhunderts täglich zu hören kriegte, und die ich als Sechs-Siebenjähriger willig nachplapperte. Umso williger, als mir »einer von denen« mitten im Winter die Unterlippe aufgeschlagen hatte, nur weil ich ihn traditionsgemäß als »Flüchtlingssau« bezeichnet hatte. So was wäre umgekehrt in Ordnung gewesen, aber dem Flüchtling stand so etwas – da war man sich einig – nicht zu. Schließlich war er ein Zugezogener, den niemand hierher eingeladen hatte.

So war »der Flüchtling« zutiefst ungewollt, und man ließ es ihn spüren. Allerorten wurde gezischelt, als im Westen meiner Heimatstadt Ackerland als Bauland ausgewiesen wurde

und man ganze Blocksiedlungen für ihn hochzog, sogenannte »Heimstätten«, nach denen man praktischerweise die Heimstättenstraße benannte, damit klar war, welche Gebiete man als Einheimischer zu meiden hatte. Denn dort wohnten die »Grattler« aus den ehemaligen deutschen Ostgebieten. Perfiderweise hatten die Neubauten bereits Wasserspülung in den Toiletten, während dies damals beim Normalbürger eher die mondäne Ausnahme war, und so schäumte der Zorn hoch, dass man Leuten die »früher nix g ´habt« hatten, jetzt den schieren Luxus in den Hintern blies. Ausgegrenzt und ungewollt bildeten die hier geborenen Flüchtlingskinder eigene kleine Gangs, mit denen sie uns »Normale« schikanierten und verprügelten, womit auch dem Dümmsten klar werden musste, »was für Einer« der Flüchtling war, und dass er keinerlei Anzeichen von Integrationsbereitschaft zeigte. Noch dazu war klar, dass der Flüchtling nicht mehr gehen würde, weil »der Polack´« sein Land besetzt hatte und es nicht mehr herausrückte. So dass der Flüchtling viele Generationen lang als Flüchtling unter uns leben würde, – von Manchen auch tituliert als »Berufsflüchtling« -, ohne jemals »einer von uns« werden zu können, denn das war er ja nicht.
Die deutsche Nachkriegsgesellschaft stand vor einer riesigen Aufgabe, die sie unter Führung des damaligen Kanzlers Adenauer größtenteils bravourös bewältigte, bedenkt man, in welchem zerbombten Zustand das Land sich befand, in das Millionen deutscher Vertriebener hineinfluteten. Ob man es schaffen würde, war kein Diskussionsthema, denn eine Alternative gab es nicht. Die »Argumente« jedoch, die man tagtäglich von einer frustrierten Bevölkerung zu hören bekam, dürften den meisten Lesern aus aktuellem Anlass bekannt vorkommen. Ihre Dummheit, ihre Gehaltlosigkeit und ihre Infamie entstammen offenbar untersten Triebschich-

ten, die so stark sind, dass sie damals jede realitätskonforme Annäherung an das nicht zu leugnende gesellschaftliche Problem verhinderten, so wie sie es heute wieder tun. Selbst die Kinder der Verhassten, so niedlich und liebenswert sie als Einzelfälle waren, vermochten die Front nicht aufzuweichen: »Am End´ bleibts´s ein Flüchtling. Des is jedenfalls meine Meinung!«

Territorialität, Nahrung und Reproduktion sind nach Irenäus Eibl-Eibesfeldt, dem großen Schüler des Verhaltensforschers Konrad Lorenz, die verhaltensbiologischen Grunddeterminanten des Menschen, deren, wenn auch nur vermeintliche, Verletzung zu reflexhaften Abwehrreaktionen aus tiefsten Hirnregionen führt: das Eindringen ins eigene Gebiet, das »Wegfressen« eigener Ressourcen, der »Diebstahl« der eigenen Frauen und Männer zu Reproduktionszwecken, das löst archaische Aggression aus, bei der Verstand außen vor bleibt. Und man merkt ja auch, dass Stimmungen gegen Migrationsgruppen stets resistent sind gegen Sachargumente, während die Stimmungsmacher aus ihrer Befindlichkeit heraus die Realität selektiv wahrnehmen und nur bestätigende Gesichtspunkte akzeptieren. Deren Hinterfragung hingegen führt zu Aggression und/oder Gewalt, sei es durch das Verprügeln »linker Zecken« oder das Anzünden von Flüchtlingsheimen.

Ein häufiges Argument gegen »den Flüchtling« war in meiner Kinderzeit, sie seien dahergekommen und hätten »nix zum Fressen« gehabt, was bei nüchterner Betrachtung nicht weiter verwundern dürfte. Der Flüchtling habe daraufhin Bauernhöfe aufgesucht und um etwas zu essen gebeten, wenigstens für die Kinder, doch meist sei er barsch weitergeschickt worden. Seine Verschlagenheit habe sich nun dar-

in offenbart, dass er tatsächlich nicht weiterging, sondern zu beten anfing. Da hätten die meist recht katholischen bayerischen Bauern »nimmer aus´können« und murrend etwas herausgerückt. De facto also habe der Flüchtling die Unglücklichen erpresst. Heute nennt man das »victim-blaming«.
So horribel dieses ganze Gerede einerseits ist, so aufschlussreich ist es im Hinblick auf die Psychologie derer, die es von sich geben. Denn es offenbart ihre Projektionen: Selber reflexhaft aggressiv aufgeladen von der nicht zu leugnenden Verletzung ihrer primären Matrix Territorialität / Nahrung / Reproduktion, projizierten die Einheimischen ihre eigene Aggression nach außen: auf Menschen, die genau diese existentielle Troika verloren hatten. Nicht länger konfrontiert mit der eigenen Aggression, konnten sie so ihr biederes Selbstbild aufrechterhalten, denn die Feinde kamen selbstredend von außen und waren keine Hilfesuchenden, sondern eine Art von Wegfressern. – Wohlgemerkt: es soll nicht Partei ergriffen oder polemisiert werden. Doch sei darauf hingewiesen, dass bei einer derartigen psychischen Konstellation praktisch keine Chance mehr besteht, ein real existierendes Problem mit sachgemäßen Strategien zu lösen. Wer Parallelen sieht zur heutigen Situation, der möge sich nicht wundern. Auch heute werden real nicht begründbare »Ängste« vorgeschoben, um eine aus tiefsten Hirnregionen emanierende Wegbeiß-Reaktion zu legitimieren. Kein Wunder also, dass einen Vieles daran als ziemlich pathologisch anmutet.

Betrachtet man das Wahlergebnis in Mecklenburg-Vorpommern, so bleibt man erst einmal ratlos: Wer dringt hier ein und raubt Frauen und Nahrung? De facto niemand, bzw. eine lächerlich geringe Zahl von Migranten. Dennoch war die »Flüchtlingsproblematik« das Hauptthema der Demago-

gen und die Ursache ihrer Stimmengewinne. Das Versagen der Politik offenbart sich nun gerade in ihrem recht einfältigen Geschwurbel zu diesem Phänomen. Nach allen Gesetzen der Logik kann man nur gegen einen »Eindringling« vorgehen, der auch existiert. Existiert er real nicht, bekommt die ganze Geschichte etwas Wahnhaftes. – Es sei denn, es existiert ein wirklicher Triebstau, der mittels einer sogenannten »Aggressionsverschiebung« kompensiert wird.
So jedenfalls bezeichnet die Sozialpsychologie die »Tendenz, Aggressionen gegen unbeteiligte Dritte zu richten, wenn sie nicht gegenüber der ursprünglichen Quelle der Frustration zum Ausdruck gebracht werden können«. Und das kommt dem Ganzen schon viel näher. Die aufgestaute Wut, vorwiegend in ostdeutschen Regionen, mag berechtigt sein oder nicht, sie ist jedenfalls da. Und wer damals mitverfolgte, wie dilettantisch und verantwortungslos die Vereinigung durchgezogen wurde, der wird den Ostdeutschen ihre Wut nicht absprechen können. Schon Hans Modrow, der letzte DDR-Ministerpräsident, mit dem ich wenige Tage vor der ersten gesamtdeutschen Wahl die erste Talkshow in Bonn durchführte, warnte in unserem Gespräch genau davor.

Man müsste also ganze Regionen unseres Landes sozusagen »ent-wüten«, wollte man dem Problem gerecht werden. Das jedoch ließe sich nur durch eine langfristig denkende politische Konzeption bewerkstelligen, an der es fehlt. Denn »Psychodynamik« ist in der Politik ein unbekannter Begriff, »Verwaltungsvorschrift« dafür umso populärer.
Allerdings sind diese Verschiebungen nicht nur in der politischen Landschaft anzutreffen, sondern fester Bestandteil eines jeden analytisch orientierten Coachings: Ängste und Projektionen, die aus der Kindheit stammen, und dort jede Berechtigung hatten, werden nun auf neue Objekte gelegt.

Chefs, Kollegen, Teilhaber und noch einiges andere. Die Mutter, die von mir immer nur verlangte widerspruchslos zu funktionieren, lege ich nun auf eine zickige Untergebene, derer ich nicht Herr werde. Den autoritären und leistungsfordernden Vater finde ich wieder im Geschäftsführer, der sich wie ein Trampel benimmt. Und im Flüchtling erkenne ich entweder den konkurrierenden Artrivalen oder das Bild meiner eigenen Schutzbedürftigkeit aus frühen Jahren. Letzteres dürfte dem Menschsein näher kommen als jeder animalische Primärreflex. Und so wäre es langfristig sinnvoller, die Ängste anzusprechen, als deren Träger zu verdammen. Da die Diskussion von beiden Seiten meist nur reflexorientiert geführt wird, sehe ich da schwarz.

Überlegenheit und Schwäche

»Sie machen mir gleich mal einen Zeitplan«, sagt der Herr Geschäftsführer.

Er hat sich auf die Couch platziert, mich kritisch gemustert und befehlsgewohnt Kaffee bestellt.

»Nö«, sage ich.

»Wie bitte?«

»Ich bin nicht Ihr Angestellter.«

»Ich bezahle Sie!«

»Nicht dafür, dass ich pariere. Das schminken Sie sich gleich mal ab.«

»Ja, was ist denn das?!«

»Man nennt es Coaching. Und es heißt nicht, dass Sie mich gleich mal in den Griff kriegen und wir hier Ihr System installieren.«

»Warum nicht?«

»Weil dieses System Sie hierher gebracht hat.«

Da fällt ihm dann doch das Gesicht herunter.

»Würden Sie mir mal mit drei Sätzen Ihren Vater beschreiben?«

Die Antwort ist ein weitschweifiger, seltsam verschwurbelter Monolog, der schnell etwas klar werden lässt: Der Vater war eine autoritäre, unterdrückende Figur, bei der es außer Parieren nichts gab, und bei der die Vorstellungen der Familienmitglieder absolut nichts zählten, nicht anders als ihre emotionalen Bedürfnisse nach Nähe, Wertschätzung, Anerkennung und dergleichen. Deren Kompensat war »Leistung«, – die einzige Möglichkeit, ein Minimum an positiver Aufmerksamkeit zu erwirtschaften. Der Sohn, der sogar die verbale Konfrontation mit dem zutiefst negativen Vater-Imago bis heute ängstlich vermeidet, hat hinter seiner

Chef-Fassade ein sogenanntes »Vater-Introjekt«. Er beschreibt ihn nur indirekt und zeigt Tendenzen einer wenig realitätsgemäßen Idealisierung, mit der die bis heute unbearbeiteten Hassgefühle gegenüber dem Vater aufgefangen werden sollen.

Anders gesagt: Mein Besucher wurde nicht erzogen, sondern dressiert. Anderes als engmaschige Kontrolle, die jede Form von Autonomie als Abweichung ahndete und mit barscher Abwertung verband, hat er niemals kennen gelernt. Und jetzt sitzt er mit knapp Fünfzig hier und will, dass ich ihm »tools« beibringe, – rein technisch natürlich -, denn die Firmengesellschafter haben moniert, er wisse nicht auf Menschen zuzugehen. Kein Wunder, bei der Riesenangst, die der Mann mit sich herumträgt.

»Ich habe mit fünf Coaches Termine ausgemacht und werde mir den aussuchen, der mir am geeignetsten erscheint«, knallt er mir kühl lächelnd hin, im offensichtlichen Vollgenuss seiner Macht. »Aber Sie können sich ja anstrengen.«
»Jetzt haben Sie nur noch vier«, sage ich und lasse ihn weiterziehen.

Ein Mensch, der einem Menschen nicht anders gegenübertreten kann als von oben herab kontrollierend, ist ein armer Mensch. Der Kern seiner Persönlichkeit ist stark geschwächt, das Selbstwertgefühl gering, und so verbleibt ihm für den Erhalt seines Selbstbildes nur eine Position: die des demonstrativ Überlegenen. Sie gibt ihm das dringend benötigte gute Gefühl, jedoch speist dieses sich nicht aus echter Souveränität – und damit Gelassenheit, die Augenhöhe verträgt -, sondern aus einer tiefsitzenden Selbstunsicherheit, die den Betroffenen pausenlos dazu zwingt, sich über andere zu stellen. Solche Klienten sind schwierig, denn sie zwingen den Coach auf jeden Fall: entweder zu dem, was der Klient wünscht; oder zu einer Reaktion, die klare Grenzen setzt. – Damit besteht die ernsthafte Gefahr, dass sich das Coaching in einem Kreis dreht, dessen Drehgeschwindigkeit der Klient bestimmt. Der Coach ist dann gefangen und muss achtgeben, dass er nicht von oben bis unten manipuliert wird.

Derartige Strukturen sind in aller Regel das Resultat eines langanhaltenden psychischen Missbrauchs, sei es durch autoritäre Väter oder Mütter oder deren Ersatz, wie zum Beispiel Pflegeeltern. Oft auch ist es ein ganzes soziales Milieu, das sich über autoritäre Anmaßung und entwertendes Verhalten gegenüber Kindern definiert. (Man denke nur einmal, wie viele Mitglieder meiner Jahrgänge, die unter den nach außen stets biederen Tätern der Nazizeit aufzuwachsen hatten, später psychisch erkrankten. Ich erschrecke bisweilen, wenn ich mir die Zahlen aus meinem eigenen Schuljahrgang ansehe.) Auch hier sind meist Introjekte aktiv.

Was also ist ein Introjekt? Vereinfacht gesagt, ist es die Aufnahme eines äußeren Wertes oder einer äußeren Person in das Innere eines Menschen. Negativ wird es dann, wenn es in die Kinderseele eines Klienten quasi gewaltsam hineingerammt wurde. Wenn also keine Möglichkeit bestand, beispielsweise den als liebevoll erlebten Vater als psychische Wirkgröße in sich aufzunehmen und sich im späteren Reifestadium damit zu identifizieren (»Mein Papi kann alles!«) und ihm aus eigenem lustvollem Antrieb nachzueifern. Sondern, wenn der autoritär und aufdringlich herrschende Vater jede Ich-Grenze seines Kindes selbstherrlich ignoriert, um ihm seine eigenen Werte nicht zu vermitteln, sondern aufzuzwingen. – Fritz und Laura Perls, die Erfinder der Gestalttherapie, definieren es so: »Bei der Assimilation verwandelt der Organismus (als Gesamtheit von Körper, Geist und Seele) Neues aus der Umwelt in Eigenes, das er zur Selbsterhaltung und zum Wachstum benötigt. Bei der Introjektion wird das Neue aus der Umwelt ohne Prüfung und Umwandlung als Ganzes in den Organismus aufgenommen, da an der Kontaktgrenze u.a. die Bewusstheit herabgesetzt ist oder völlig fehlt. ... Das so entstandene Introjekt bleibt im Organismus ein Fremdkörper.« – – Nicht zuletzt bei der Entstehung einer Borderline-Störung, die ja immerhin schon mit präpsychotischen Schüben verbunden ist, spielen negatives Vater- und Mutter-Introjekt nach Otto Kernberg eine entscheidende Rolle.

Die so übernommenen Eltern-Bilder, also »Vater-Imago« und »Mutter-Imago« werden in aller Regel von den Betroffenen tabuisiert: Schon der bloße Gedanke an Kritik ist unzulässig und wird im Gespräch sofort blockiert. Die Eltern sind zum Teil des eigenen Ichs geworden. Ihre Entidealisierung würde nicht nur hypothetisch, sondern tatsächlich zum Zusammenbruch des Ichs führen, oft auch mit massiver körperlicher Symptomatik. Denn die erst äußerlich und später dann innerlich erzwungene Identifikation mit diesen Elternfiguren ist nichts Anderes als die schon von Anna Freud so genannte »Identifikation mit dem Aggressor«: Sie schützt das eigene psychische System und bildet eine Art »letzter Notbremse« vor einem drohenden Zusammenbruch des Selbst angesichts überwältigender Attacken und nicht integrierbarer Affekte. Leicht vorstellbar, wie schädigend dieses System ist. Leicht vorstellbar auch, dass dieses bizarre Identifikationssystem meist lebenslang wirkt und so von Generation zu Generation weitergegeben wird. So erklären sich die meisten unseligen Familientraditionen, seien sie von Gewalt geprägt (Wilhelm II., Hitler, Himmler, Stalin u.a.), von Versagen, von Alkohol, von Promiskuität und Selbstschädigung (Kennedy-Clan), – die Liste ist letztlich endlos. Das »Glück« in diesen Clans jedenfalls ist häufig ein neurotisch inszeniertes, bestimmt von Verleugnung und Gruppendruck.

Ich entsinne mich eines Klienten, bei dem jede Sitzung nach dem gleichen Muster verlief: Er brachte Material dar, dessen Grundtenor es war, dass seine außerordentlichen Fähigkeiten weder verstanden noch gewürdigt würden. Wir bearbeiteten die tiefe Kränkung, die seine Kindheit ihm vermittelt hatte: Ein ungehobelter, bäuerischer Vater, dem die Hochbegabung seines Sohnes regelrecht zuwider war, und der folglich in ausgeprägter Geistesfeindlichkeit alles zertrat, was außerhalb seines sehr engen Horizontes im eigenen Kind zu sprießen begann. Der Klient reflektierte, verstand, wurde von heftigen Emotionen bewegt und fühlte sich endlich angenommen. Dann, unversehens, gab er mir jedes Mal Eine drüber, indem er mir mit einem hingeworfenen Halbsatz bedeutete, wo ich meinen Platz zu suchen hatte, – in etwa neben dem Hundenapf. Er gab also die erlittene Entwertung weiter und konnte sich so wenigstens für einen kurzen Moment überlegen fühlen, auch wenn es bald wieder kippte. Beeindruckend war, mit welcher Verbissenheit ein zweifach promovierter Akademiker pausenlos daran arbeitete, nur ja nie wieder »unten« zu sein und dafür völlig unrealistische Huldigungen einforderte. Für eine rechtliche Auseinandersetzung vermittelte ich ihm als Anwalt einen ausgewiesenen Spezialisten des Fachgebiets, mit dem er umgehend Krach bekam, weil dieser sich weigerte seine rechtlichen Belehrungen anzunehmen. – Das zutiefst entwertende Vater-Introjekt in ihm leistete ganze Arbeit mit entsprechend verheerenden Folgen für das Leben des Mannes.

In recht mühseliger Arbeit gelang es, ihm bewusst zu machen, dass er seine bizarre Selbstüberhöhung benötigte, um sich von seiner Vergangenheit nicht in die Tiefe ziehen zu lassen, und dass die – wie er es gelernt hatte – gewaltsame Einforderung von Anerkennung und Wertschätzung rein angstinduziert war und genau das Gegenteil des Gewünschten bewirkte. Erst reagierte er sehr ärgerlich, dann wurde er sehr still. Dann entschuldigte er sich und meinte, er habe viel an sich zu arbeiten. Es war einer der kleinen Wendepunkte, die man bisweilen erreicht, und die einen freuen, so als Coach. – Sein Introjekt behielt er, aber es hatte aufgehört ihn zu vergiften. Und so probierte er mit zunehmenden Vergnügen den Verkehr auf Augenhöhe. Nur seinen Vater verfluchte er weiterhin.

Über die illusionäre Verkennung

Der ganze Mann wirkt irgendwie »gehalten«. Sein Hemd ist weiß, der Kragen steht, die einfarbige blaue Krawatte ist mit der Mikrometerschraube gebunden, und die ärmellose Weste sitzt wie auf dem Reißbrett. Nicht anders die mit dem Messer gescheitelten dunklen Haare: Kein einziges, das es auch nur wagen würde, sich dreist querzulegen. – So sieht gelebte Ordnung aus. Nicht Ordentlichkeit, sondern Ordnung an sich, der edelste aller menschlichen Werte, denn das Leben hat durchdacht und geregelt zu sein bis in seine letzten Falten. Der Herr, Ende dreißig vielleicht, hat eine kleine IT-Firma, und für die will er jetzt ein Direct-Mailing-Konzept, das ich ihm mit meiner Agentur erstellen soll. – Machen wir, klaro. Wir vereinbaren einen Termin für die Folgewoche, dann wird er uns in unseren Geschäftsräumen besuchen.
»Bitte schicken Sie mir eine schriftliche Terminbestätigung«, sagt er. »Es muss ja alles seine Ordnung haben.«
Na sicher doch.

Wenn ein zutiefst akkurater Mensch völlig zerrupft daherkommt, so ist das auch für einen abgeklärten Agenturchef befremdlich: Das Gesicht verschwollen, die Lippen dick und eingerissen. Von der linken Braue zieht sich außen ums Auge ein riesig-schwarzes Hämatom bis zum Wangenknochen. Um den Rand der linken Augenhöhle leuchtet dazu eine zentimeterlange schrundige Narbe. – Sieht nach Autounfall aus. Oder nach Sturz vom Balkon.
»Ja, um Himmels Willen«, sage ich fassungslos.

Erst mal gibt´s eine Tasse Kaffee, die er vorsichtig und offensichtlich nicht schmerzfrei schlürft.
»Nix für ungut«, sage ich, »aber was ist denn passiert?« Der Mann wirkt immer noch verstört. Etwa so, als hätte neben seinem zweifellos wohlgeordneten Frühstückstisch ein Artilleriegeschoss eingeschlagen.
»Ich bin nun mal ein disziplinierter Mensch«, mümmelt er aufgewühlt und richtet sich dazu linealgerade. »Bei mir hat nun mal alles seinen Platz!«
»Jawoll!«, sage ich und kapier einfach nix.
»Vor fünf Tagen...« – er ringt mit sich und atmet schwer – »habe ich mich zur Ruhe begeben. Ich sitze wie jeden Abend am Rand meines Bettes und hatte die Hosen bereits in den Spanner gehängt.«
»Aha!«
»Gerade als ich meinen rechten Schuh ausgezogen habe und ihn auf den Spanner ziehe...« (Hmmm, Hosen aus, Schuhe an, denke ich mir? Junge, wie schläfst du?) »... bekomme ich einen furchtbaren Schlag auf das linke Auge. So stark, dass mein Brillenglas zerbrach! Und sofort begann ich zu bluten.«
Da wird einem ja doch anders.
»Zuerst war ich richtig benommen, dann schrie ich laut um Hilfe, denn ich dachte selbstverständlich an einen Überfall! Selbstverständlich!«
»Würd´ ich auch.« Ich überlege, ob ich mir für solche Fälle nicht doch was in die Schublade legen soll.
»Oh Gott, mir schlug das Herz bis zum Hals! Ich konnte ja nichts erkennen! Es war ja dunkel!« (Also halten wir fest: Licht aus. Hose ausziehen, über die Schuhe. Hose im Dunkeln auf den Spanner. Dann im Dunkeln auf den Bettrand setzen, Schuhe ausziehen und Spanner rein. Schuhe vermutlich im Dunkeln auf einen mnemotechnisch markierten Platz

stellen, so dass man sie im Falle eines Brandes, einer Explosion des Hauses oder eines Überfalls durch die Truppen einer feindlichen Macht im besten Wortsinne blind greifen kann.)
Seine Brust, sie hebt und senkt sich. Es wabert in ihm. Furchtbares muss sich abgespielt haben, so wie er mich ansieht.
»Okay. Haben Sie die Polizei gerufen? Hat man den Kerl gefangen?«
»Nein«, kommt es aus gepressten Lippen, eine Stimme, aus der die Bitterkeit herausläuft wie aus einer überfahrenen Zitrone.
»Hmmmm...«
»Es war kein Überfall. Es war der Schuhspanner.«
Wenn ich es mir jemals im Leben hoch angerechnet habe, trotz inneren Explosionsdrucks ernst geblieben zu sein, dann in diesem Moment.
»Der Schuhsp...?«
»Ja!«, kommt es so abgehackt, als sei der Verrat eines Freundes bekannt zu geben.

Ein Schuhspanner, so weiß es der Gebildete, besteht aus drei Teilen: dem sogenannten konkaven Vorderblatt, der Teleskop-Feder und dem Fersenstück, das die sogenannte Hinterlappe ausfüllt. Deshalb ist es abgerundet und entwickelt am Ende einer hochschnellenden Teleskop-Feder die Wirkung eines Totschlägers. Zumindest in der Erlebniswelt meines Kunden, der nicht nur einen heftigen Einschlag kassierte, sondern auch den jähen Kollaps seiner wohldurchdachten Ordnungsprinzipien erfuhr: Etwas, das sich a priori unterzuordnen hatte, hatte sich eigenmächtig zum Aufruhr entschlossen und in grausamer Weise gegen seinen Herrn gewütet.

»Ich habe geschrien! Es war ja schließlich dunkel!« Die Stimme bebt. Hier ist nicht nur ein meuchlerischer Mordanschlag zu beklagen, sondern die Weigerung der Welt, die von ihm erkannten Grundprinzipien zu achten. Wozu bitte hat man promoviert, wenn die Realität sich anschließend jedem Anspruch auf Überschaubarkeit entzieht?
»Jedenfalls, ich bin hochgeschnellt, um mich mit einem Faustschlag zu verteidigen! Aber da war natürlich niemand!«
»Mutig!«, presse ich zwischen den Lippen hervor, die ich fest aneinanderklebe, denn lange halte ich das hier nicht mehr aus.
»Und deshalb bin ich vom eigenen Schwung vornüber gestürzt. Auf die Kommode. Mit dem Gesicht auf die Kommode. Im Dunkeln.«
»Glmpf«, sage ich.
»Wie bitte?«
»Schon gumpf.« – Er merkt es nicht, so außer sich ist er. Es dürfte der bizarrste Überfall gewesen sein, den man mir jemals geschildert hat.

Als illusionäre Verkennung bezeichnet die Psychiatrie eine Sinnestäuschung, die auf einer Fehlinterpretation realer Sinneseindrücke beruht: Es wird etwas Vorhandenes wahrgenommen – aber nicht als das, was es ist. Meist ist sie das Resultat eines bestimmten, vorwiegend ängstlichen Gemütszustands. Nicht selten wird im Dunkeln eine Vogelscheuche als »Räuber« interpretiert, ein Baumstumpf als hingekauerte Gestalt, ein Busch als Tier, ein Haufen Blätter als liegender Körper, eine aufgehängte Hose als Erhängter. Eine unbewusste Angst, nicht selten kombiniert mit dem Gefühl von Schwäche, Unterlegenheit oder Angreifbarkeit, bildet die Voraussetzung hierfür. Ein Kraftpaket, das mit der Gewissheit über eine nächtliche Landstraße schreitet, jeden umzuhauen, der ihm etwas will, wird hierfür weit weniger anfällig sein. So ist auch nicht erstaunlich, dass illusionäre Verkennungen im Bereich der Psychopathologie, nicht zuletzt der Schizophrenie, relativ häufig vorkommen. Abzugrenzen sind sie von den Wahnvorstellungen, wo etwas NICHT Existierendes wahrgenommen wird. – Bei der illusionären Verkennung also wird Realität falsch verarbeitet. Beim Wahn existiert sie erst gar nicht (weiße Mäuse, Stimmen, Strahlen, etc.)

Im obigen bizarren Fall lag offensichtlich eine angsthafte Grundgestimmtheit vor, die sich im starken Bedürfnis manifestierte, allen Bereichen des Lebens feste Regeln aufzuzwingen, so dass nichts Unkontrollierbares mehr entschlüpfen konnte. (Und nicht zuletzt auch im Bedürfnis, sich im Dunkeln zu entkleiden.) Wie rigide dieses System war, erweist sich daran, dass es bis unmittelbar in die Schlafvorbereitungen hineinreichte. Der hochgradig zwanghafte Charakter des Betroffenen legt die Deutung nahe, dass alleine schon das Entkommen eines Schuhspanners einen so massiven Bruch des eigenen Zwangssystems verkörperte, dass es nicht mehr anders erlebt werden konnte denn als massiver, gewaltsamer Angriff. – Der Zwanghafte hat Angst vor der Welt. Wer aber so erstarrt lebt, den versetzen ihre Buntheit und Lebendigkeit stets nur in Panik.
Eine Stunde, nachdem der Gast sich verabschiedet hatte, kam meine Sekretärin in mein Büro, sah Tränen über meine Wangen rollen und wollte aufgeregt wissen, was mir zugestoßen sei. Sie habe mich noch niemals weinen sehen. Ich hatte mich lange beherrscht, doch je länger ich über diese schräge Geschichte nachgedacht hatte, desto heftiger hatte ich am Ende losgeprustet. – Die illusionäre Verkennung mei-

ner Mitarbeiterin also war ebenfalls nicht realitätsgemäß. Ich erzählte ihr alles, und so teilte sie meine Heiterkeit. – Aus dem Auftrag wurde übrigens nichts.

Über das Alleinsein

»Es ist übrigens nach Lage der Dinge nicht auszuschließen, dass Gisela mich verlässt«, sagt der Klient. Ein sehr smarter junger Ingenieur namens Dirk, mit Audi-Cabriolet und einer sehr seltsam gemusterten Hose. »Und ich muss sagen, dass mich das sehr überrascht.«
In der Tat: Er ist ursprünglich zu mir gekommen wegen eines Problems mit seinem Firmenpartner, der seinen hochfliegenden Plänen nicht folgen wollte. Nun läuft ihm die Frau davon.
»Und warum?«
»Ich verstehe es nicht. Wir sind beide Akademiker; wir haben beide exquisite Jobs; und wir verfügen beide über erstklassige soziale Kontakte!«
»Wie sieht´s mit Liebe aus?«
Die Nase zieht sich hoch. »Wir wollen doch bitte sachlich bleiben!«
Gisela, eine hochintelligente und brennend ehrgeizige Anfangsdreißigerin, hat in der Presseabteilung eines Weltunternehmens so sehr reüssiert, dass sie jetzt beabsichtigt, mit einem Zeitungsredakteur zusammenzuziehen. Der Klient scheint dies in erster Linie als Kränkung seines sozialen Status zu erleben. »Erst letzten Samstag war noch der Regierungssprecher auf unserer Party, und jetzt das!« Sozial selbstoptimiert nennt man das vermutlich.
»Und wie geht es Ihnen damit, so als Mann und Partner?«
Als Antwort ein schwurbeliger Monolog, der sachlich begründet, was alles für das Fortbestehen der Beziehung spricht: arbeitstechnische, gesellschaftliche und finanzielle Gesichtspunkte. Irgendwie scheint Gisela anderer Meinung zu sein, denn sie ist nicht mehr umzustimmen.

Unter Akademikers regelt man sowas ja kultiviert: Bis die Eigentumswohnung des neuen Partners bezugsfertig ist, dauert es noch acht Monate, die man selbstverständlich noch »als Freunde« zusammenlebt. Versuche, dieses Konstrukt auf seine Sinnhaftigkeit zu hinterfragen, werden von Dirk eisern blockiert. Gisela ist nett zu ihm, wenn sie da ist, und sie begrüßt ihn mit herzlichen Wangenküssen, wenn sie vom Wochenende und später dann ganzen Wochen mit dem – übrigens ebenfalls noch verheirateten – Partner zurückkehrt. Die Firmenpartnerschaft leidet immer mehr, denn Dirk macht Fehler, versäumt Fristen und erledigt wichtige Dinge nicht. Er hat für alles seine Begründung: intellektuell brillant, sprachlich geschliffen, inhaltlich schlüssig, und ansonsten für den Müll.

»Wir waren gestern bei Joe Cocker! Ausgezeichneter Abend! Danach noch Essen beim Koreaner, – superb!«
Und danach, wie er konzentriert berichtet, legten er und Gisela sich ins Ehebett und kuschelten. Sei ihnen ja gegönnt.

Weitere Versuche, diese seltsame Symbiose analytisch anzugehen treten eine Lawine intellektueller Erklärungen los, warum es so und nur so richtig ist. – Abwehr pur. Man nennt es »Rationalisierung«: Ein eigener Gefühlsimpuls wird nicht zugelassen, stattdessen wird der Verdrängungsakt mit rein verstandesmäßigen Erklärungen überlagert und das ursprüngliche Gefühl scheint niemals aufgetreten zu sein.

»Sie wollen es nicht wahrhaben«, sage ich.
»Was?«
»Dass Gisela Sie bald verlassen wird. Sie tun so, als würde dieser Fall niemals eintreten, dann brauchen Sie sich nicht damit zu beschäftigen.« Immer deutlicher wird, dass Dirks

Panik vor dem Unausweichlichen ins Unermessliche gestiegen ist. Dabei geht es ihm längst nicht mehr um Gisela, deren Ausstieg er »intellektuell voll verarbeitet« hat, während er hilflos dagegen an argumentiert. Er leugnet die Realität, verdrängt seine eigenen Ängste, die ihn immer heftiger steuern und nur ein einziges Thema haben: verlassen werden.

Man müsse so etwas »positiv gestalten« erklärt Dirk mir und meint damit, dass er mehrere Kontaktanzeigen geschaltet hat in Medien, auch im Internet ist er gut unterwegs. Er trifft Frauen reihenweise und geht nach einem durchdachten Ausschlussverfahren vor: Gesellschaftlicher Status – Bildung – Beruf – Attraktivität – Qualität des Sex. Wenn sowas nicht zu einer glücklichen Partnerschaft führt.

Doch, tut es. Nanni ist seinem Charme und seinem Drängen erlegen, und Dirk nutzt diesen »strategischen Erfolg«, um mir mitzuteilen, dass er meine Hilfe nicht länger benötige. Die dreißigjährige angestellte Steuerberaterin aus Olpe ist hin und weg von ihm, und tatsächlich ist Hochzeit: Exakt zwei Tage nach Dirk/Giselas Scheidung und exakt sieben Tage, bevor Gisela aus der gemeinsamen Wohnung auszieht. Nanni hat sich drei Tage Urlaub genommen, so ehelicht sie ihren Dirk in Olpe, bevor der zurückdüst in die eheliche – bzw. künftige eheliche – Wohnung, während Nanni noch ihre letzten Arbeitstage in Olpe ableisten muss. Als sie am nächsten Abend mit ihrem frischgebackenen Ehemann telefoniert, hört sie, wie im Hintergrund eine Wohnungstür aufgeht und eine Frauenstimme sagt: »Hallo, mein Schatz!« – Es gibt nichts, was es nicht gibt. Nanni legt heulend auf, Ehekrise Nummer eins. Drei Tage später zieht Gisela aus, passenderweise endet auch Nannis Arbeitsverhältnis und so zieht sie zu ihrem Mann und nimmt Giselas Platz im Ehebett ein. Wenigstens die Wäsche ist frisch bezogen.

Die Ehe hielt anderthalb Jahre, dann zog Nanni Hals über Kopf aus. Nur Monate später kollabierte Dirks Firma unter einem riesigen Schuldenberg. Dirk wurde letztmalig in einem hellen Anzug am Hamburger Flughafen gesehen. Alleine.

Am Geheimnis fast erstickt

Manchmal erwischt es einen kalt. Jedenfalls geht es mir so, als Roger an meiner Haustür steht, ein grundsympathischer Junge aus der Nachbarschaft, den ich seit Jahren kenne und schätze. Freundlich, hilfsbereit, kameradschaftlich, einer zum Gernhaben. Nur, diesmal sieht er verzweifelt aus. »Du bist doch Coach«, sagt er in der folgenden Minute, denn solange braucht er für den Satz. »Ich brauch Hilfe.«

Der Neunzehnjährige wirkt völlig mutlos, als er mir gegenüber sitzt, ich sehe, wie heftig es ihn ihm arbeitet.

»Das ist sowas von Scheiße«, sagt er, und auch dafür braucht er eine volle Minute. Denn Roger ist ein schwerer Stotterer. Einer der schwersten Fälle, die mir je begegnet sind. Wenn er anfängt zu sprechen, ist es, als würde eine Hand nach seiner Kehle greifen und ihn würgen. Der ganze Oberkörper verkrampft, zieht sich zusammen und schnellt spasmisch hin und her, während er einzelne Wortfetzen hervorstößt. Der Junge arbeitet wie in einem Geschirr, hebt sieben-acht Mal an für jeden Satz. Es tut weh, ihm zuzusehen. Eine junge Seele im Schraubstock. Der breitschultrige Roger, robuster Mittelfeldspieler im örtlichen Fußballverein, wirkt dann so verletzbar wie eine Muschel, die man aus ihrem Gehäuse geholt hat.

»Ich mag nicht mehr«, hackt er. »Ich mag einfach nicht mehr.«

Der Junge ist am Boden zerstört. Er würde so gerne Krankenpfleger werden, das hat er sich die ganze Schulzeit über erträumt. Nun aber hat er seine dritte Absage kassiert, unisono mit gleicher Begründung: »Wie stellen Sie sich das vor? Wenn ein Patient in eine kritische Situation gerät, sind Sie außerstande, das jemandem mitzuteilen.«

Das stimmt leider. Aber es ist auch dabei, den Traum eines jungen Menschen zu zerstören. Ich blicke in tieftraurige Augen. »Hilfst du mir?«, hackt er hervor. »Das Geld treib ich irgendwie auf.«
Über Jahre hinweg habe ich Rogers Entwicklung aus der Nachbarschaft verfolgt. Ein fürsorglicher, sehr warmherziger Junge, der oft bei uns im Garten war und liebevoll mit meinem kleinen Sohn spielte. Er hat vier Geschwister und lebt in »geordneten Verhältnissen«. Allerdings fällt mir auf, dass die Eltern ein sehr rigides Regiment führen und zur frommen Bigotterie neigen. Die Mutter höre ich oft lange mit sich überschlagender Stimme brüllen. – Sie ist überfordert, fünf Kinder sind für jede Frau ein Knochenjob, der Mann ist viel unterwegs. Bisweilen habe ich auch den Verdacht, dass Probleme einfach weggebetet werden. Hilft nicht immer. Rogers Problem jedenfalls ist mit den Jahren immer schlimmer geworden.
Völlig klar ist, dass ein Coach hier nichts zu suchen hat, denn es liegt ein Krankheitsbild vor. Und es bedarf keines besonders geschulten Blicks, um zu erkennen, dass Rogers Symptomatik nur die Spitze eines bisher unbekannten Eisberges sein kann.
»Oder nimmst du nur Manager?«, fragt Roger.
Ich nehme mir fast zwei Stunden Zeit, höre geduldig zu, wenn Roger Sätze hervorwürgt, ohne ihm Druck zu machen. Viel Leid kommt zum Vorschein, viel direkte und indirekte Diskriminierung, die sich schon viel zu tief in die junge Seele gegraben hat. Er hat viel loszuwerden. Sukzessive, mit viel Behutsamkeit, mache ich ihm klar, dass wir nicht ein technisches Problem beheben müssen, sondern ein psychisches.
»Psychisch bin ich okay«, sagt er. »Ich hab doch kein´ an der Waffel!« – Freud hat mal geschrieben, dass die Neurose sich mit allen Mitteln verteidigt.

Am Ende kann ich ihn überzeugen, dass er in fachärztliche Behandlung gehört.
»Ich kenn da keinen«, hebt er hilflos die Hände.
Aber ich. Eine mit mir eng befreundete Fachärztin für Psychiatrie ist eine hervorragende Psychoanalytikerin, mit der ich mich oft fachlich austausche. Ich rufe sie tags darauf an.
»Stottern«, sagt sie, »bedeutet: Es gibt ein Geheimnis, über das nicht gesprochen werden darf.« Und sie sagt, Einzeltherapie sei zwecklos. Hier müsse die gesamte Familie therapiert werden, alle sieben. Regelmäßig einmal die Woche.
»Übernimmst du mir den Jungen?«, frage ich. »Mir liegt an dem.«
»Du, ich bin voll.«
»Einer, einer, einer geht noch rein!«, sage ich. Als Coach muss man auch mal den Widerstand einer Analytikerin bearbeiten. Eine Viertelstunde später habe ich es geschafft.
»Aber die müssen selber bei mir anrufen«, insistiert sie. »Nicht du.«
»Eh klar«, antworte ich zufrieden. »I love you.«
Jetzt, so vermute ich, beginnt der härteste Teil der Aufgabe.
Schon am Abend klingelt Roger wieder.
Ich erkläre ihm die Situation und sehe einen riesigen, leuchtenden Hoffnungsstrahl in seinen Augen.
»Kann ich mal telefonieren?«, fragt er. Der Satz schnellt flüssig heraus, ohne die kleinste Unterbrechung. Ein paar Minuten später sitzt seine Mom bei mir im Büro.
Das ist regelmäßig die heikelste Situation: Teilt der Coach mit, dass das Kind in fachärztliche Behandlung gehört, wird erst mal der Coach zu Kleinholz gemacht. Ursache ist, dass fast alle Eltern angesichts der Symptome ihres Kindes mit einem unterschwelligen Gefühl herumlaufen, etwas stimme nicht, und dieses Gefühl hartnäckig verdrängen. Wird die Situation von außen angesprochen, schießt ein heißer Strahl

von Schuldgefühl und Versagensängsten nach oben, der nur abgewehrt werden kann, indem man ihn auf den Coach lenkt. – Ich bin auf alles vorbereitet, schließlich kenne ich Renate und ihren Flammenstrahl.

Sie hört lange und schweigend zu, ich warte auf den Ausbruch. Dann ergreift sie Rogers Hand und streichelt sie unentwegt. Der Junge sieht sie ungläubig an.

»Ich tu alles für den Jungen«, sagte sie leise, und ihre Augen füllen sich. »Alles, alles, alles. Hauptsache ihm wird geholfen. Und wenn ich dafür jede Woche mit dem Fahrrad nach Rom fahren muss.«

»Den Papst brauchen wir hier nicht. Wenigstens diesmal nicht, okay?«

»Wie weit ist das von hier zu dieser Frau?«

»Gut zwanzig Kilometer.«

»Egal. Ich weiß doch schon die ganze Zeit, dass irgendwas nicht stimmt.«

»Toll, Renate!«, sage ich. »Alle Achtung.«

Sie streichelt das Gesicht ihres Sohns. »Ich red´ jetzt gleich mit Ernst und dann ruf ich die an. Das schaffen wir.«

Roger schnellt von seinem Sitz hoch. »Mama!«, schreit er gellend, dann fliegt er ihr um den Hals.

Ein paar Tage später sehe ich abends den vertrauten Kleinbus der Familie an unserm Haus vorbeifahren. Die Gesichter der Eltern sind ernst und gefasst, die Kinder albern untereinander. Nur Roger schickt mir einen so intensiven Blick, dass ich ihn lange mit mir nehme. Sie werden das anderthalb Jahre durchhalten, jeden Mittwochabend um die gleiche Zeit. Sie haben wirklich den Mut, die gesamte Familiendynamik zur Disposition zu stellen, um ihrem Roger zu helfen.

Als ich kurz nach unserem Gespräch selber auf der Intensiv-

station liege, werde ich wach, weil Roger an meinem Bett steht und meine Hand hält.
»Du schaffst das«, flüstert er beschwörend.
Noch oft klingelt er abends bei uns und isst mit. Seine Störung ist vollständig behoben, er spricht frei, flüssig und zusammenhängend. Und er labert fast unentwegt, gerade so, als hätte er alles mitzuteilen, was er die ersten zwanzig Jahre nicht sagen konnte. Man kommt einfach nicht mehr zu Wort bei ihm. Manchmal wird es anstrengend, doch das nimmt man ja gerne hin. Die Familie insgesamt wirkt befreiter, ihre Art des Umgangs miteinander weniger ritualhaft.
In seinem Job als Krankenpfleger arbeitet er längst. Ich frage mich, innerlich grinsend, ob er sie auch dort alle gegen die Wand redet.
Es waren Alexander und Margarete Mitscherlich, die einmal schrieben, die Psychoanalyse sei das wertvollste Instrument zur Erforschung der menschlichen Seele, das uns je gegeben wurde.

Der Coach und die zwei Seelen

»Wenn einer beim ersten Mal gleich zu spät kommt, wird es nix!«
»Und warum?«
»Gleich beim ersten Mal zu spät, heißt: Ambivalenz. Das funktioniert von vornherein nicht.«
»Und was machst du dann?«
»Ich sage ihnen, dass ich sie nicht behandeln kann. Mir ist das einfach zu anstrengend.«
Die Psychoanalytikerin, mit der ich mich gelegentlich austausche, ist nicht nur sehr kompetent, sondern auch stets sehr freundlich und zugewandt. Umso überraschender ihre beinharte Haltung, – immerhin geht es ja um Patienten. Doch sie besteht auf ihrem Erfahrungssatz, dass Verspätungen gleich in der ersten Stunde kein unglücklicher Zufall sind, sondern Ausdruck eines inneren Konflikts des Patienten, der am Ende stets zu Lasten der Behandlung geht, – mehr noch, der sie regelrecht sabotiert.

Man staunt ja erst mal. Doch im Laufe der Jahre sollte ich erfahren, wie Recht sie hatte: Klienten mit Ambivalenz sind die schwierigsten überhaupt. Denn weder bewusst noch unbewusst wissen sie, was sie eigentlich wollen. Mehr noch: Sie wollen immer das eine und das Gegenteil gleich mit. Entscheidungen, die sie treffen, heben sie nahezu gleichzeitig wieder auf. Oft erinnern sie einen an Pubertierende, deren Sprunghaftigkeit jeden Elternteil täglich einmal an die Decke treibt. Nichts mehr ist verlässlich, nichts mehr ist planbar, alles ist vorläufig und zugleich auch das Gegenteil.

Da soll einer nicht wahnsinnig werden. Aber nun ja, aus der Behandlung von früher so genannten »Wahnsinnigen« stammt der Begriff, den erstmals der Schweizer Psychiater Eugen Bleuler verwandte bei der Behandlung Schizophrener. Liest sich also alles so, als wäre damit nicht zu spaßen. Und wenngleich »die Ambivalenten« in aller Regel über eine scheinbar (!) intakte soziale Funktionsfähigkeit verfügen, sind die Schädigungen in ihrem Leben oft so beträchtlich, dass sie leiden. Bis hin zur existentiellen Krise. Denn was sie aufbauen, reißen sie gleichzeitig wieder ein.

Ambivalenz also ist das gleichzeitige Bestehen eines Gefühls und seines Gegenteils. Ich liebe jemanden und hasse ihn zugleich (Pubertätskonflikte!). Ich will etwas ganz dringend und habe zugleich Angst davor. Ich will eine psychologische Behandlung, aber ich wehre mich auch verbissen dagegen und unternehme unbewusst alles, um sie zu verhindern. – Legion sind die Männer, deren Herz sich einer ambivalenten Frau ergeben hat: Sie werden innigst geliebt, mit Zärtlichkeit und Hingabe überhäuft, vor Leidenschaft förmlich aufgefressen, erleben die Nächte aller Nächte, – und werden aus dem Nichts heraus fallen gelassen. Selbstverständlich auch umgekehrt, man ist als Autor ja genderkompetent. Die Frauen nennt man oft männermordend, die Männer meist Blender. Gemeinsam ist ihnen die Ambivalenz, die ihnen eine feste Beziehung unmöglich macht, obwohl sie sich mit nichts anderem mehr beschäftigen. Und die Zahl ihrer tief verletzten Opfer, die oft jahrelang daran tragen, »von einem Tag auf den anderen und ohne jeden Grund…!« – Ja mei. Nicht selten, dass die flüchtigen Partner nach einiger Zeit wieder auftauchen, heftiges Interesse signalisieren, das Ganze nochmals von vorn, und kurz darauf sind sie wieder weg. Sowas schlaucht und hinterlässt tiefe Narben.

Was ist eigentlich los mit solchen Leuten? Der geniale Wilhelm Reich, dessen Bücher noch 1957 tonnenweise von den US-Behörden verbrannt wurden, gibt eine plausible Erklärung in seinem Werk »Charakteranalyse«: Die Ambivalenz entspricht »... in tieferer Schicht einer Hemmung sowohl der libidinösen wie der aggressiven Strebungen durch die jeweilige Angst vor Strafe.« Anders gesagt: Diese Menschen sind in beide Richtungen hin »abgedichtet«. Sie können weder ihre deutlich spürbare Aggressivität noch ihre ebenso deutlich spürbaren Zärtlichkeitsbedürfnisse ausleben, weil Beides verboten war. In welche Richtung auch immer sie sich bewegen, auf jeder Straße steht ein Stoppschild mit der Aufschrift »Schuld!« Und so schwirren sie psychisch hin und her zwischen zwei Extremen, ohne jemals einen Platz zu finden, auf dem sie sich niederlassen könnten. Ihre seelischen Bedürfnisse werden folgenreich inszeniert, doch niemals richtig gelebt.

Ich wollte es ja selbst nicht glauben. Doch der Klient, der mich, ohne mich persönlich zu kennen, schon idealisierend anmailte: »Sie sind der Einzige, dem ich noch vertraue«, – genau der bestätigte meine Analytiker-Freundin. Nach der Terminvereinbarung ersuchte er tags zuvor um eine kurzfristige Verschiebung und erschien zum neuen Termin mit zehn Minuten Verspätung. Ausnahmslos alle weiteren Termine wurden entweder kurzfristig abgesagt oder verschoben. Zu den Terminen selbst erschien er bis zu zwanzig Minuten zu spät. Nun ist das eine Botschaft. Sie heißt: Ich traue dir nicht, wahrscheinlich führst du Übles mit mir im Schilde! Mal sehen, wann du dein wahres Gesicht zeigst.
Hier ist es zwingend angebracht, den Klienten auf seine Botschaft anzusprechen. Leicht gesagt, – nur, wenn jemand sich auf ausweichende Scheinbegründungen versteht, dann ist

es ein ambivalenter Klient. Doch mit der Zeit gelingt es, Sensibilität zu mobilisieren für die eigenen unbewussten Strategien. Auch das offene Eingeständnis tiefen Misstrauens setzt ja Vertrauen voraus, das der Coach geduldig und einfühlsam aufbauen muss. Und siehe da: Der Vater, der den Klienten seine ganze Kindheit lang ignoriert, abgeschoben und seelisch entwertet hatte, saß ihm nun in Gestalt des Coaches gegenüber. Der unstete, nur sporadisch auftauchende Vater, der sich auf seinen kleinen Sohn stets nur oberflächlich einließ, war dann am präsentesten, wenn der Sohn einen seiner gefürchteten Wutausbrüche provozierte. Dann konnte man ihn wenigstens erleben, während er sonst zwar da war und doch nicht da und die Nähewünsche des kleinen Jungen völlig ins Leere liefen.
Nichts näherliegend also, als auch beim Coach einen Wutausbruch, am besten mit Rauswurf, zu provozieren, um die kurzfristige Intensität zu erfahren, die für den kleinen Jungen die einzige Möglichkeit war, seinen Vater zu spüren. Der Klient legte größten Wert darauf mir zu beweisen, dass ich um keinen Deut besser sei, deshalb provozierte er mich unbewusst, wo er nur konnte, damit auch ich ihn endlich zusammenstauchte. Da auch Coaches nur Menschen sind, war mir in der Tat mehrmals danach, nur darf man auf diese Leimrute nicht kriechen.

Und so wird mit Geduld und in vielen Sitzungen dem Klienten bewusst, dass er seine echten Bedürfnisse um 180 Grad verdreht hat: Sein Nähewunsch, sein Wunsch nach Annahme und Wertbestätigung, sie sind die eigentlichen Motive, die ihn treiben, vor allen anderen Motiven. Die zugleich erfahrene Abweisung seiner kindlichen Wünsche brachte seine Seele in einen fortwährenden ratlosen Schwebezustand und ließ ihn diese seltsam verquere Form finden, Zuwendung einzutreiben. – Da sitzt einer und schluckt und schnauft, und es arbeitet in ihm wie in einem Walzwerk. Ungläubige Augen eines Mittvierzigers: Sollte es tatsächlich sein, dass ich liebenswert bin, so wie ich bin? So ganz ohne Remmidemmi? Nur einfach ich?

Es gibt Klienten, die in vieler Hinsicht exemplarisch sind für ein seelisches Defizit, das von Generation zu Generation weitergereicht wird, um dann als besonderer Stil dieser Familie missinterpretiert zu werden: »Die waren seit jeher ausnahmslos alle so!« Der Klient, plötzlich ruhig und innerlich geworden, beginnt die unselige Tradition der Seelenlosigkeit zu hinterfragen und entschließt sich, sie zu unterlaufen. Als er sich nach der letzten Sitzung verabschiedet, umarmt er mich. Und ich sitze und grübele über Wilhelm Reich, der ein Werk voller Menschenliebe schrieb und zugleich so viel Hass auf sich zog, dass man ihn in einem US-Gefängnis sterben ließ und seine Bücher verbrannte.

Über Instabilität im Job

»Die Katze«, sagt Henny.
»Klar.«
»Niedlich ist sie ja. Aber manchmal bissl ungezügelt.«
»Kann auch an dir liegen.«
»Blödmann.«
Die selbständige Jenny hat etwas an meiner Website umprogrammiert, ihr Honorar kassiert, und nun blubbert sie noch ein bisschen belangloses Zeug, bevor sie den Rest Streuselkuchen vertilgt und geht. Die vollständig verbundenen Unterarme birgt sie sorgfältig in den Blusenärmeln. Die Katze ihrer Freundin, die sie angeblich so zugerichtet hat, muss Krallen haben wie Filetiermesser.

Ich bin ganz froh, dass es friedlich abging: Ein falsches Wort nämlich, und die zauberhafte und liebenswürdige Jenny rastet unerwartet aus. Empörung wird zu Wut, aus Wut wird ein hassverzerrtes Gesicht, aus dem Schwall anklagender Unterstellungen wird schäumende Rage, der auf keine Art mehr beizukommen ist. – Ein Selbstläufer, zerstörerisch wie eine Schlammlawine. Ungebremst, da unbremsbar, stundenlang, und notfalls bis weit nach Mitternacht. Aki hat es mir erzählt, bevor er aus der gerade erst begründeten Partnerschaft mit der gerade noch so zärtlichen Jenny panisch floh. Eine Zeit lang feuerte sie ihm noch kräftig hinterher.

»Verstehst du, ich hab´s schlicht nicht kapiert. Ich weiß bis heute nicht, wieso das eigentlich losging. – Aber Junge, sowas *hab* ich ja noch nicht erlebt!«
Zwei Tage später rief sie ihn an und ritzte sich am Telefon die Unterarme mit einem Teppichmesser. Und, wie er mir

erzählte, die Oberschenkel. Sie wollte, dass er es mitbekam, aber Aki legte auf. Hinterher sandte sie ihm per WhatsApp Videoclips ihrer blutenden Schenkel und Arme, untermalt von Jennys heftigem Atmen und Schmerzstöhnen. Offenbar sollte er sich schuldig fühlen. Er blockierte ihre Nummer und ihre Email-adresse.

Als ich in Bonn noch Agenturchef war, betreute ich den Etat eines weltweiten Pharma-Konzerns. Dem Wunsch des Product-Managers folgend, sandte ich ihm ein Angebot über die kurzfristige Entwicklung einer Broschüre, ausnahmsweise inklusive Druck, obwohl dieser normalerweise von einer eigenen Abteilung im Konzern erledigt wurde. Aber es sollte schnell gehen. Ich erhielt den schriftlichen Auftrag und kurz darauf den Anruf eines mir bis dato nicht bekannten Managers aus der Produktionsabteilung namens Langer, der mich im Brüllton für meine »Frechheit« zusammenstauchte, diese Broschüre doch glatt an ihm vorbei zu produzieren. Als ich ihm antwortete, dies sei der explizite Wunsch seines Hauses gewesen und wir hätten einen schriftlichen Auftrag, brüllte er, bis sich seine Stimme überschlug. Ich schien unwissentlich fremdes Territorium verletzt zu haben. Als ich mich zähneknirschend entschuldigte, nur um den sinnlosen Konflikt nicht völlig außer Kontrolle geraten zu lassen, brüllte er einfach weiter.

Der Product-Manager, dem das Ganze unheimlich peinlich war, organisierte ein gemeinsames Treffen, und kaum dass ich den Mund aufmachte, brüllte Langer schon wieder, brüstete sich mit seinen Kontakten zum Vorstand und erklärte mir mit Schaum vor dem Mund, er werde mich »vörrrrnöchten!« – Wohlgemerkt: weil wir wunschgemäß eine Leistung angeboten hatten und entsprechend beauftragt worden waren. Mir war ziemlich schnell klar, dass ich hier mit einem ausgewachsenen Psychopathen zu tun hatte. Umso mehr als der Product-Manager mir hinterher zuraunte, das laufe mit dem hier ständig so.

Interessanterweise, aus dem Nichts heraus und ohne jeden Anlass, versiegte das Gebrüll, als hätte jemand auf einen Knopf gedrückt. Langer wurde zuckersüß und verabschiedete mich so herzlich wie einen alten Freund, wobei er mir interessanterweise nicht in die Augen sah. Der Psychopath, so schien es, hatte sich entladen und war nun wieder friedlich.

Die emotionale Instabilität mancher Menschen, die anlasslos in eine hasserfüllte Raserei geraten, ist für ihr Umfeld nicht dauerhaft zu ertragen, sei es im Job oder in der Partnerschaft. Tatsächlich ist es so, dass sie einem das Leben zum blanken Irrsinn machen können und ein unbewusstes Potential in sich tragen, das nur eine Richtung kennt: alles um sich herum auszusaugen und zu zerstören. Wobei ihnen jedes Gefühl dafür fehlt, was sie anrichten, denn ihre inneren Defizite sind riesig und damit auch ihre Egozentrik: Sie tragen von Kindheit an eine überwältigende Angst mit sich, verlassen zu werden, die so stark ist, dass ihre menschlichen Beziehungen daran scheitern und sie am Ende verlassen oder gar verstoßen werden. Die Borderline-Störung ist eine Hölle: Für die, die sie haben, nicht weniger als für die Menschen im direkten Kontakt mit ihnen.

Der US-Psychoanalytiker Otto Kernberg, zu Recht als Borderline-Papst betrachtet, hat brillante Arbeiten zu dieser Störung veröffentlicht, deren Diagnose weitaus diffiziler ist als der zum Modewort degenerierte Gebrauch der Bezeichnung für menschlich schwierige Fälle. Die auffallend geringe

Angst- und Frustrationstoleranz mit entsprechend niedrigem Selbstwertgefühl benennt er hier ebenso wie die fehlende Impulskontrolle und die fehlende Empathie. Nicht zuletzt auch ausgeprägte Paranoia sowie Größen- und Omnipotenzphantasien (»Wenn ICH hier etwas zu sagen hätte, ...«) stehen einer panischen Angst vor Zurückweisung gegenüber, desgleichen die Neigung zu Machtspielen, exzessiver Kontrolle (heimliches Schnüffeln auf dem Handy und in Emails!) sowie manipulativem Verhalten: Da ein Borderliner nicht vertrauen kann, muss überwacht, kontrolliert und gesteuert werden. Fehlt noch das Gefühl innerer Leere, das die Sinnkrise bis zum appellativen Suizidversuch steigern kann.

Schockierend sind oft die selbstschädigenden Aktionen wie z. B. Ritzen, Kopf gegen die Wand schlagen, Faustschläge gegen Türrahmen, Substanzmissbrauch, Geldverschwendung und Risikosucht wie etwa halsbrecherisches Autofahren. Oft werden sie begründet mit dem Wunsch, sich selbst zu spüren, und dennoch sind sie auch von unübersehbarer Appellcharakteristik: Sieh mich an! Spür mich in meiner Verzweiflung! Ich muss an die Extreme, denn nur dort spüre ich etwas wie Leben in mir!
Am prägnantesten aber bleibt das blitzartige Kippen der Stimmung in eine Orgie aus Hass, die sich nicht selten bis in präpsychotische Zustände steigert: Der Betroffene wandert dann tatsächlich auf der »Borderline« zwischen Neurose und Psychose, verliert sich im Wahnhaften, kehrt aber nach einiger Zeit wieder zurück. Umso verblüffender, dass solche Menschen in ihrem weiteren sozialen Umfeld oft sehr geschätzt werden für ihre Freundlichkeit und ihr Engagement: ihre dunkle Seite, ihre Maßlosigkeit, die richten sie auf den engsten Zirkel, – den Partner, die Familie und bisweilen

auch die Arbeitskollegen. Je näher, desto größer die Verlustangst, könnte man sagen.

Was also führt zu solch einer Störung, die noch bis vor wenigen Jahren von Psychiatern als »infaust« betrachtet wurde, als nicht behandelbar? Schwierig. Obwohl teilweise eine Vererbbarkeit angenommen wird, sind Borderline-Gene bisher nicht identifiziert worden. Eine Metaanalyse von Studien mit Gehirnscans aus 2014 wies auf Unterfunktionen im präfrontalen Cortex; Hippocampus und Amygdala zeigten ein tendenziell reduziertes Volumen.

Eine Langzeitstudie von über 6.000 Kindern Anfang der Neunziger ergab, – wen wundert´s -, dass feindseliges Verhalten der Eltern und deren Streit die Wahrscheinlichkeit von Borderline bei den Kindern erhöhen: Letztlich also wird Wut von einer Generation auf die nächste übertragen. Sehr interessant, wenn man sich Kernbergs schon 1975 veröffentlichte These ansieht: Danach verfügen Borderline-Patienten über »sowohl ein negatives Vater- als auch Mutter-Introjekt.«

Ein Kind, das sich geliebt fühlt, nimmt im Wege der Identifikation dieses positive Bild von Mama und Papa als lebenswichtiges Element in seiner kleinen Seele auf: Mama ist lieb, Papa ist auch lieb, mir geht´s gut. Beide also sind positiv besetzt und ermöglichen eine gesunde seelische Entwicklung. Sind Mama und Papa aber streitsüchtige oder kalte, herrische, gewalttätige Monstren, dann verursachen sie große Angst. Doch mit jemand, der mir so Angst macht, identifiziere ich mich nicht als Kind, sondern halte inneren Abstand. (Eine lebenslange Haltung übrigens, die Distanz und der schnelle Kontaktverlust.) Die liebevolle Identifikation also entfällt, stattdessen werden das Mutter- und Vater-Imago in die kleine Kinderseele regelrecht hineingerammt: introjiziert. (Lateinisch *introicere*: hineinschießen). Die Seele entwickelt sich nicht mehr nach Bauplan, sondern wird so beschädigt, dass sie verkrüppelt und wesentliche Funktionen des psychischen Apparats ausfallen. – Remember: Das ist nur einer der Faktoren, die zur Borderline-Störung führen, aber nach meiner Überzeugung ein eminent wichtiger.

Seit 2009 gibt es nun vier Behandlungskonzepte, die als vielversprechend gelten. Wenngleich eine Heilung nicht erzielt werden kann, wird die Krankheit spürbar vermindert, insbesondere reduziert sich die Selbstschädigung. – Eine ermutigende Entwicklung! Denn, wenn etwas mich an Borderlinern stets berührt hat, dann war es ihre offen liegende Verwundbarkeit, gerade in Situationen der Rage. Wut und steter Schmerz, Hass und Verzweiflung, und der Blick auf offen liegendes Fleisch, – nicht nur körperlich nach der Selbstverletzung, sondern seelisch de facto als Dauerzustand. Sie sind die Leidenden erster Ordnung.

Coach und Suizid

Und plötzlich sitzt man mitten drin. »Ich kann nicht mehr. Ich halt das alles nicht mehr aus.« Und dann kommt der Satz, den man als Coach gar nicht gerne hört: »Wenn das jetzt auch noch kommt, mach ich Schluss.«

Nach verbreiteter Meinung redet man besser nicht über »sowas«, geschweige denn, dass man darüber schreibt. – Andererseits: Es ist Realität. Eine Realität, mit der ich schon mehrmals unerwartet konfrontiert worden bin. – Also doch darüber schreiben, auch wenn es schnell zur Stunde der Schlaumeier werden kann? Wir riskieren´s mal. Denn das Thema ist virulent; mir scheint sogar, in den letzten Jahren ist es noch virulenter geworden. Nicht nur der Druck im Arbeitsleben ist gestiegen; auch der (Selbst)-Optimierungsdruck, der einen Misserfolg nur allzu schnell zur umfassenden Entwertung werden lässt, trägt seinen Teil bei. »Ich bin gut, so wie ich bin«, hat offenbar ausgedient. »Ich bin nichts ohne permanente umfassende Optimierung, die mir meine Akzeptanz sichert«, das scheint das Credo bestimmter Jahrgänge geworden zu sein. – Nicht mehr die innere Ausstattung eines Menschen macht seinen Wert aus, sondern seine äußere Dekoration. Na, dann macht mal schön.

Ich entsinne mich meiner ersten derartigen Situation: ein Mann, der als Leiter einer Institution seinen Lebenssinn darin sah, dienstbar zu sein und gut zu funktionieren. Für ihn völlig unerwartet, geschah etwas, das ihm buchstäblich die Füße wegriss. Zusätzlich musste er die Erfahrung machen, dass seine Vorgesetzten abtauchten und ihn im Hagelsturm alleine stehen ließen. Nicht nur erlebte er jetzt üble Schwierigkeiten, sondern den Kollaps seines gesamten bisherigen Weltbilds. – – Falls jetzt einige kommen mit der berühmten Weisheit: »Aber das ist doch nichts für einen Coach!« – Right you are. Aber mich hat noch keiner angerufen und gefragt: »Können Sie mal vorbeikommen? Ich will mich nämlich umbringen.«

Da bittet jemand um einen Termin, er »bräuchte nämlich mal ´ne externe Meinung.« Und nach anderthalb-zwei Stunden intensiven Gesprächs, wenn der Klient Zutrauen gefasst hat und sich verstanden fühlt, macht er auf und zeigt seine tiefsitzende Verzweiflung und das Gefühl völliger Ausweglosigkeit, das ihn übermannt hat. – Hier greifen schwarze Fangarme nach einem Menschen, und sein Innerstes bricht auf. Nicht zuletzt, weil frühere Negativerfahrungen und Entwertungserlebnisse in solch einem Moment auf dramatische Weise kulminieren. Das Wichtigste überhaupt in einem solchen Moment ist, dass der Mensch sich gerade jetzt verstanden fühlt. Das Zweitwichtigste ist, dass man seine Ruhe bewahrt und nicht selbst in Kurzschluss verfällt. Mir persönlich half die Erinnerung daran, als ich einmal selbst in eine Mündung guckte und nicht wusste, was in der nächsten Sekunde mit meinem Kopf passieren würde. Es macht einen ruhiger, hinterher.

Jedenfalls glaube ich nicht, dass es für solche Momente Patentrezepte gibt. Auch in meinem zweiten Fall, nur wenige Wochen nach dem ersten, traf mich die Mitteilung unerwartet: Ein junger Mann hatte eine für ihn existentiell wichtige Prüfung in den Sand gesetzt. Er wollte eine Sitzung mit mir, »damit ich meine Orientierung wieder finde, wie es jetzt weitergeht.« Erst als wir länger miteinander gesprochen hatten, zeigte er, wie kurz er »davor« stand.

Es mag Leute geben, die dann gute Ratschläge haben für solch eine Situation: Ratschlag eins ist stets, dass man als Coach bei so etwas »seine Grenzen überschreitet«, – als würde man es sich vorher aussuchen. Ich kann aber schlecht aufstehen und sagen, ich sei für diesen Fall nicht zuständig. Ratschlag zwei lautet, dass man gefälligst etwas zu unternehmen habe. – So eine Empfehlung, soweit man sie überhaupt ernst nehmen kann, taugt bestenfalls zur Ableitung der eigenen Panik, und zwar der des Ratgebers.

Tatsache ist, dass man als Coach kaum mehr gefordert sein kann als in solch einer Situation. Und man sollte sich sehr genau überlegen, was man dann »unternimmt«. Der naheliegende Gedanke nämlich, mal kurz die 110 zu wählen und den Fall zu »melden«, kann für den ohnehin angeschlagenen Klienten fataler nicht sein: Blaulicht und Zwangseinweisung mögen aktuell Schlimmeres verhindern. Berücksichtigt man allerdings die Folgen für den Betroffenen, so können diese privat und beruflich so verheerend sein, dass sie genau die Spirale in Gang setzen, die man unbedingt verhindern wollte. Mein Klient wäre mit Sicherheit seine Leitungsposition losgewesen. Für einen schwer angeschlagenen Mittfünfziger hätte dies den programmierten Kurzschluss bedeutet. Für den zweiten Klienten nicht minder. Auch das hat man in Betracht zu ziehen, wenn man den eigenen Klienten nicht zerstören will. Obwohl es gewiss Fälle gibt, wo der Bruch der Vertraulichkeit als ultima ratio geboten sein wird.

Es ist wichtig, einem derart mitgenommenen Klienten fühlbar zu machen, dass man bei ihm ist und ihn nicht alleine lässt. Nicht weniger wichtig ist die Botschaft, dass die Situation zwar aussichtslos erscheinen mag, dass es aber tatsächlich ernstzunehmende und erfolgversprechende Alternativen gibt, die der Klient in seiner Verfassung nicht mehr bedacht hat. Diese Aktionen sollten konkretisiert werden, damit sie als echt erlebt werden, und sie sollten unbedingt mit dem Angebot eines persönlichen Beitrags kombiniert werden: Beim ersten Klienten half mein Angebot, ein Mitglied der Politik einzuschalten, das über gewissen Einfluss verfügte. Beim zweiten war es der vielversprechende Kontakt zu einer Anwältin. – Erstaunlich war, wie positiv und erleichtert beide Klienten reagierten, nachdem sie die angebotenen Alternativen als realistischen Ausweg aus der Zwangssituation erkannt hatten. Der Gedanke an das eigene Ende nämlich ist vorrangig der Ausdruck des Wunsches, dass die als unerträglich empfundene Situation sich ändern möge. Diese Änderung muss als realistisch und machbar präsentiert werden, damit der vermeintliche »Ausweg« seine Attraktivität verliert.

Eine detaillierte Diskussion darüber, wie nun in den nächsten Schritten zu verfahren sei, hob das Stimmungsbild der Klienten (und übrigens auch des Coaches). Erst wenn der Klient wieder als gefestigt erscheint, kann die Sitzung beendet werden, dies aber keinesfalls ohne die klare Vereinbarung eines umgehenden Arztbesuchs, um den Klienten in die eigentlich dafür vorgesehenen Hände zu überführen. Es sind Stunden höchster Verantwortung und höchster Konzentration. Wäre auch nur der geringste Punkt offen geblieben, hätte ich die 110 gewählt. Aber auch erst dann.
Beide Klienten suchten am nächsten Tag einen Arzt auf. Beide überwanden die Krise und leben wieder normalen Alltag.

Depersonalisation

»Es geht ja genau genommen gar nicht um mich«, sagt die Klientin, die um einen kurzfristigen Termin gebeten hat. Sie sitzt zusammengesunken, wirkt verschüchtert, mutlos und sehr belastet. »Obwohl ich Sie derzeit auch ganz gut brauchen könnte.«

»Um wen geht es denn?«

»Um meinen Mann. Ich blicke nicht mehr durch. Ich mache mir solche...« Und schon fließen die Tränen. »Bitte entschuldigen Sie!«

Als ob es da etwas zu entschuldigen gäbe.

Die Klientin ist Anfang Vierzig und im öffentlichen Dienst, ihr Mann ebenfalls. Beide sind seit neun Jahren in zweiter Ehe miteinander verheiratet. Die Beziehung wird als glücklich und intensiv geschildert. Doch was ist nun das Problem?

»Ich hab mir anfangs gedacht, vielleicht hat er eine andere, weil er immer komischer wurde. Oder er ist unglücklich mit mir.«

»Was meinen Sie mit ‚immer komischer'?«

»Er saß... er sitzt... oft da... und ist ganz weit weg, ich kann ihn überhaupt nicht mehr erreichen. ... Und dann sieht er krank aus,... irgendwie mitgenommen... leidend...«

»Hat er gesagt, was ihn beschäftigt?«

Sie zögert lange.

»Es muss aber wirklich unter uns bleiben.«

»Nichts verlässt diesen Raum.«

»Also... er hat vorgestern zum ersten Mal mit mir darüber geredet: Er hat Angst, wahnsinnig zu werden. Er war richtig verzweifelt. – – – Und ich natürlich auch. Ich habe ihm gesagt, er soll zum Arzt gehen, aber er befürchtet, dass sie ihn dann einweisen. – Da bin ich auf Sie gestoßen.«

Weitere Fragen ergeben: Der Ehemann, beruflich ein Mitglied der zweiten Führungsebene, hat zusehends öfter »so ein seltsames Gefühl, als wär ich nicht mehr ich selber. Als würd ich neben mir stehen und beobachten, was mit mir passiert.« Dabei fühlt er sich extrem angespannt. Die heftigen Spannungsgefühle wirken auf ihn, »als kämen sie von einem anderen Stern. Das bin jedenfalls nicht mehr ich.«
»Was meinen Sie, ist mein Mann dabei, wahnsinnig zu werden?«
»Einen Wahn würde er nicht als solchen erkennen, sondern von dessen Inhalt überzeugt sein. Er erlebt sich ja eher als gespalten... – Hat er noch weitere Wahrnehmungen?«

Und wieder fließen die Tränen. »Er sagt, wenn er das hat, dann kommt ihm alles um ihn herum unwirklich vor. Als wär die Wirklichkeit auf einmal durchsichtig-grün eingefärbt, sagt er. Alles wirkt fremd und unerreichbar. – Ja, unerreichbar, das hat er gesagt.«

Es war im April 1983, als ich mit drei Norwegern die Nordspitze von Spitzbergen über das Inlandeis erreichte. Auf der Rückfahrt stürzte ich mit meinem Schneemobil einen Steilhang hinunter und überschlug mich zweimal. Ich schlotterte am ganzen Körper, als ich nach einer halben Minute Bewusstlosigkeit wieder aufstand. Von der Gewalttour bereits extrem erschöpft, hatte ich noch einen langen Trip über mehrere Gletscher vor mir, – infolge der Beschaffenheit des Terrains oft ein Rodeoritt. Irgendwann, verloren in der weißen Wildnis, müde, ausgebrannt und benommen, saß ich hinter mir auf der Maschine und begann mich selber von außen zu erleben. Auch die lebensfeindliche Umgebung, die ich durch seltsame Nebelfetzen wahrnahm, war auf einmal ganz weit weg von mir und begann doch gleichzeitig auf mich einzureden. Eine Kakophonie hämmernder Gedanken und Gefühle, während mein Gehirn mit jeder Bodenwelle auf und ab hüpfte wie ein Stück Butter. Nach vierzehn Stunden Fahrt war ich überzeugt, meine drei Begleiter hätten mich absichtlich hierher gebracht, um mich fertig zu machen, weil sie scharf waren auf meine teuren Kameras, und ich war entschlossen, mich mit Klauen und Zähnen zu verteidigen. – Kein ungefährlicher Zustand, wenn man eine großkalibrige Waffe am Gürtel trägt. Nach einer Gewalttour von vierundzwanzig Stunden, in denen mir jeder Bezug zu mir selbst und meiner Umgebung entglitten war, erreichten wir schließlich unsere Hütte im Gipstal. Ich brauchte gut drei Stunden, bis die gewaltigen Sturmwellen in meiner Psyche sich halbwegs gelegt hatten, während meine Begleiter längst ausgepowert vor sich hinschnorchelten.

»In der Depersonalisation fühlt sich der Mensch in seiner Ich-Wahrnehmung und Identität verändert. Er empfindet sich als fremd, in sich gespalten oder gar gedoppelt, als neben sich stehend oder weit entfernt. Auch die Gefühle können als fremd, wie von anderen gesteuert, erlebt werden«, beschreibt es der Psychosomatiker Prof. H.H. Studt vom Klinikum Benjamin Franklin in Berlin. »Bei etwa der Hälfte der Patienten tritt auch eine Derealisation auf: Eine Störung der Realitätswahrnehmung, so dass bekannte Gegenstände, Menschen und die weitere Umwelt als fremd und unwirklich wahrgenommen werden.« – Die Ursachen sind vielfältig, und sie reichen von den Reifungskrisen der Pubertät über Schreckeinwirkungen und schwere Konfliktsituationen bis zu Neurosen, Borderline-Syndrom, beginnender Schizophrenie, endogener Depression, Epilepsie und hirnorganischen Störungen. – Von Drogenwirkungen mal ganz abgesehen.

Es war also mit einiger Besorgnis anzunehmen, dass der Ehemann eine Depersonalisations- und Derealisationssymptomatik entwickelt hatte. Umso mehr, als er offenbar schon längere Zeit unter extremem beruflichen Druck stand, da er aus parteipolitischen Gründen in seiner Behörde kaltgestellt werden sollte. Von der Ehefrau als eher ruhig und introvertiert beschrieben, schien er unter massivem Leidensdruck zu stehen, den er in einer Mischung aus Gehemmtheit und dienstlicher Loyalität nicht sichtbar werden lassen wollte. Die beschriebenen Zustände jedenfalls waren schon mehrmals aufgetreten. Nach meiner Meinung ein Alarmzeichen.

»Und? Was raten Sie mir?«
»Überzeugen Sie ihn, schnellstmöglich einen Facharzt aufzusuchen. Das hier ist keine Sache für einen Coach.« Es war dringend abzuklären, ob eine ernsthafte Grunderkrankung vorlag. Erst nach deren Ausschluss konnte überlegt werden, mögliche Fehlhaltungen zu bearbeiten, die zu der persönlichen Belastungssituation geführt hatten.

Es gab, wie ich erfuhr, einen veritablen Ehekrach. Doch wer die Persistenz von Partnerinnen kennt, wird nicht überrascht sein, dass der Gatte sich am Ende einsichtig zeigte. Es wurde eine beginnende psychische Erkrankung diagnostiziert, die sich medikamentös gut einstellen ließ. Sie führte zu einer einjährigen Krankschreibung des Gatten, da Krankheit und Medikation seine Leistungsfähigkeit stark herabsetzten. Danach arbeitete er sich wieder vorsichtig ein und erreichte nach einigen Monaten wieder sein vertrautes Leistungsniveau.

Über die Depression

»Er sitzt nur und sitzt und sitzt und redet nichts mehr«, sagt die ehemalige Klientin. »Ich erkenn meinen Mann nicht wieder!«
»Wie lange schon?«
»Seit sie ihm den Stuhl vor die Tür gesetzt haben. – Ich hab alles probiert, aber ich erreich ihn nicht. Das ist wie ein völlig fremder Mensch. Nur manchmal, wenn er in meinen Armen liegt, spür ich ihn noch!«

Tja. Erst Deutschland-Chef eines internationalen Unternehmens, dann gerade mal fünf Minuten, um den Schreibtisch auszuräumen. Aus dem Nichts heraus, scheinbar. Als ich ihm ein paar Monate zuvor begegnet war, hatte er mir noch mit professioneller Coolness von seinen Gesprächen in Moskau, Riga und Tallinn erzählt. Der Europachef sei extra aus Madrid eingeflogen, um ihn zu begleiten, und sofort hatten sich mir ein paar Härchen aufgestellt: In der Industrie ist das nicht selten das Zeichen, dass der Obere etwas an sich ziehen will. – Sie hatten ihn noch benutzt, um ihnen die Kontakte zu den Regierungsspitzen herzustellen, dann hatten sie seine Stelle gestrichen und die Kompetenzen nach Madrid verlagert.

Zu Zeiten Helmut Kohls hatte ich einmal mitbekommen, wie ein enger Freund von mir, Leiter einer wichtigen politischen Institution, vier Wochen vor seiner zugesagten Wiederwahl von ihm fallen gelassen wurde: Von einem Tag auf den anderen ohne Büro, ohne Sekretärin, ohne Dienstwagen, ohne Gehalt, ohne Aufgabe. »Ich bin nur froh, dass wir unser Haus schon abbezahlt haben«, hatte er blass und verstört geseufzt, als ich bei ihm gesessen war. Einige Jahre später starb er, viel zu jung. Wo Macht ist, geht es nun mal eiskalt zu.

»Ich kann hinreden an ihn, wie ich will«, seufzt die Klientin. »Es geht da rein und da raus. Und ich kann nichts für ihn tun. Er sitzt nur und starrt.« Wenigstens geht sie tags darauf mit ihm zum Arzt, weil er unklare Herzbeschwerden hat und darüber klagt, dass jede Bewegung ihm unendlich schwer falle. – Für einen passionierten Tennisspieler und Nordic Walker mehr als beunruhigend. Nebenher erwähnt sie, dass er sich nicht mehr rasiert und die Körperpflege vernachlässigt.

Depressionen, so schreiben Gaust/Hole/Wolfersdorf, werden in ihrer Gefährlichkeit oft unterschätzt. Nicht nur wegen des stets immanenten Suizidrisikos, sondern auch wegen ihrer verheerenden Auswirkungen auf alle Lebensbereiche: Denn sie werden oft nicht erkannt, und die Behandlungsversuche fixieren sich auf die vordergründige Symptomatik statt auf die kausale Erkrankung. Dabei spricht die Fachliteratur von jedem Zehnten bis jedem Dritten, der mit dieser Erkrankung im Lauf seines Lebens konfrontiert ist. – Das muss man sich mal auf der Zunge zergehen lassen.

Traurige Verstimmung, Unfähigkeit zur Freude, Apathie, Entschlussunfähigkeit, innere Leere, Hoffnungslosigkeit, Untergangsphantasien sind die bekannteren psychischen Symptome. Dass es auch zu einer depressiven – also nichtorganischen – Denkhemmung kommen kann, ist nicht so geläufig. Auch die sogenannte Pseudodemenz – also eine demenzähnliche Vergesslichkeit und Verwirrtheit – gehört dazu. Während der Demente allerdings nichts von seinem Zustand bemerkt, erkennt der Pseudodemente ihn genau und leidet darunter, wodurch die Depression sich oftmals verstärkt. Zu

den psychomotorischen Symptomen gehören entweder innere Getriebenheit und motorische Unruhe (sogenannte Plus-Symptomatik) oder Antriebsverlust, der sich bis zum depressiven Stupor auswachsen kann (Negativ-Symptomatik): Keinerlei Reaktion erfolgt mehr auf äußere Reize, obwohl der Kranke bei klarem Bewusstsein ist.
Im körperlichen Bereich – immer wieder übersehen – manifestiert sich die Erkrankung im Verlust jeglicher Frische und Spannkraft. Nicht selten zu beobachten bei unglücklichen Ehefrauen, die sich »sooo kaputt« fühlen, während sie ihre Ehekrise hartnäckig verdrängen. Kreislaufstörungen, Appetitlosigkeit und Gewichtsverlust können hier ihre Ursache haben, wie auch unklare Schmerz-, Zug-, Bewegungs- und Druckgefühle. – Eigentlich gibt es kaum etwas, das die Depression NICHT in Szene zu setzen vermag. Darum sollte bei organisch nicht erklärbaren Beschwerden auch geprüft werden, ob nicht etwa eine »larvierte Depression« vorliegt: eine depressive Erkrankung, die sich körperlich manifestiert, während der Betroffene überaktiv und agitiert wirkt, reizbar, nörgelig und schnell explodierend, so dass man nie im Leben an eine Depression denken würde. – Auf jeden Fall gehören solche Menschen in die Hand eines Facharztes.
Dort landete, nach gemeinsamen Anstrengungen von Gattin und mir, auch der Ehemann der Klientin. Er erhielt Antidepressiva und begab sich in eine längere Behandlung. Auch wenn man heute allgemein bei Depressionen eine körperliche Prädisposition annimmt, so sind es meist bestimmte Lebensumstände, die ihren Ausbruch bewirken. Ermutigend allerdings, dass dieses Zustandsbild in der überwiegenden Zahl der Fälle weitgehend bis vollständig abklingt. – So auch bei diesem Betroffenen. Er fing sich nach einigen Monaten und hatte das Glück, dass er bei vollem Gehalt bis zur Mitte des Folgejahres freigestellt war, so dass seine Krankheitspe-

riode in keiner Personalakte auftauchte. Wiederhergestellt, flog er mit seiner Frau für mehrere Wochen nach Kalifornien, um mit ihr die legendäre Küstenstraße »Route 1« von San Francisco Richtung Süden zu befahren. Dann übernahm er eine neue Führungsposition.

Über den Schmerz der Frauen

Ein französischer Freund von mir ritzte einmal den Rand einer Auster leicht mit dem Messer, um mir zu zeigen, wie sie sich reflexhaft zurückzog. Daran, so erzählte er, konnte man erkennen, dass sie lebte und somit frisch und genießbar war. Anschließend nötigte er mich, einundzwanzig von ihnen herunterzuwürgen und seither hasse ich sie, doch das ist ein anderes Thema. Wenigstens weiß ich jetzt, woran man erkennt, dass eine lebt, bevor ich sie genervt weiterreiche.
Klientin Lil, die mir seit einigen Terminen gegenübersitzt, erinnert mich an dieses Bild: Ursprünglich erschienen wegen eines heftigen Konflikts mit zwei Kolleginnen, liefert sie bald schon Material, das sich weit über ihr Arbeitsleben hinaus erstreckt. Ganz generell scheinen Beziehungen etwas zu sein, mit dem sie nur schwer umzugehen vermag. Sie lockt zur Nähe, um bei Annäherung sofort zurückzuzucken. Sie lebt ein Wechselspiel zwischen Verschlossenheit und vorsichtigem Herauslugen, zwischen Vorantasten und blitzartiger Abweisung, sobald sie sich auch nur irgendwo verunsichert oder gar geritzt fühlt. Ein ständiges sicherndes Peilen. Vorsichtig aufklappen, schnell zuklappen. Wolf, ihr aktueller Partner, scheint mit diesem Verhalten ebenfalls nur schwer zurecht zu kommen, berichtet sie.

»Er sagt, er kommt nie wirklich an mich ran. Und wenn er meint, er hat mich mal, dann glitsch´ ich ihm durch die Finger, sagt er.«
»Wie geht er damit um?«
»Für ihn, sagt er, ist es wie ein kalter Eimer. Er sagt, ich lasse ihn ständig in der Luft hängen.«

Das klingt analog zu dem, was die beiden Kolleginnen sagen: »Du weißt nicht, was du willst. Mal bist du so nett, dass man dich knuddeln könnte, und wenn man auf dich zugeht, schaffst du es mit einem Halbsatz, einen so vor den Kopf zu stoßen, dass einem jede weitere Lust auf ein Gespräch mit dir vergeht.« – Nur: Lil hat für alles eine Erklärung, legitimiert jeden Affront mit dem, was sie schließlich selbst braucht und erwartet, dass die Gegenseite alles versteht und alles nachsieht. Auch bei mir probiert sie solche Strategien wiederholt und widersetzt sich wortreich jeder analytischen Deutung. Das neurotische System ist hermetisch dicht. Sie leidet in ihrem Turm, doch sie verteidigt ihn auch verbissen. – Bis Wolf ihr den Laufpass gibt.

»Er hat das Gefühl, dass ich nur mit ihm spiele und niemals wirklich bei ihm bin«, berichtet sie fühlbar niedergeschlagen. »Aber er muss doch verstehen, dass ich das anders nicht kann.«

Ich überlege, was die Betroffenheit zeigen soll: Trauer, Kränkung, Enttäuschung? Es bleibt im Nebel.

Lil monologisiert. Wolf mag vielleicht zu kurz gekommen sein, meint sie, aber »als erwachsener Mann« hätte er sich da doch zurückstellen müssen »und meine Ängste verstehen«.

»Und dann seine ständigen Angriffe!«

»Angriffe?«

Wolf hat sie als »frigide« beschimpft, was auch immer das sein soll. Es hat sie tief getroffen. Dennoch trägt sie es sehr sachlich vor, als hätte es mit ihr selbst nichts zu tun.

»Wie kommt er darauf?«

Als Antwort ein Wortschwall, der vernebelt, anstatt aufzuklären. – Manchmal ist die Uhr der Partner des Coaches: Je länger jemand monologisiert, desto größer ist das Problem, das mit dem Redestrom verborgen werden soll. Ich bekomme eine Ahnung, denn zwischen den Zeilen wiederholt sich das Thema, das Lils Verhalten bestimmt: Das brüske Zurückzucken bei Berührung.

»Es scheint Ihr Leitmotiv zu sein, dass Berührung weh tut, und dass man sie deshalb vermeiden muss.«
Lil wird kreidebleich, schickt mir mehrere angstvolle Blicke, zieht sich vollständig in sich zurück. An die zwanzig Minuten schweigt sie, vermeidet Blickkontakt, wirkt so starr, dass man sie kaum atmen sieht.
»Ja«, sagt sie schließlich. »Es ist so. Und ich weiß nicht warum.«

Erst vorsichtig tastend, dann mit immer mehr Zutrauen beginnt sie zu erzählen, worüber sie bisher noch mit niemandem redete: Sie erträgt Berührung nicht. Selbst die leiseste Berührung durch einen Mann im Intimbereich löst bei ihr stark brennende Schmerzen aus. So stark, dass sie die zärtliche Hand brüsk von sich schiebt und – natürlich – die »Schuld« dafür beim anderen sucht. Wolf war nicht der erste, dem es so erging und der irgendwann die Segel strich. Mehrere fachärztliche Untersuchungen blieben ohne organischen Befund. Ein Frauenarzt riet ihr zu autogenem Training, eher ein Ausdruck von Hilflosigkeit.

In der Fachliteratur gibt es das Beispiel einer Frau, die allen Ernstes siebenundzwanzig Mal operiert wurde, bis sie endlich an einen Psychosomatiker gelangte, der sie richtig diagnostizierte: Dyspareunie. Eine psychogene Schmerzempfindlichkeit im Intimbereich ohne jede organische Ursache. Für die betroffenen Frauen eine massive und schmerzvolle

Einschränkung, verbunden mit einer Beschädigung des Selbstwertgefühls und nicht selten auch mit Zweifeln, als Frau »vollwertig« zu sein. Für den Partner meist ein Zustand völliger Hilflosigkeit, denn er weiß nicht mehr, wie er sich zu verhalten hat. Nicht selten Ausgang für eine sich spiralförmig aufschaukelnde Beziehungskatastrophe.

Irr geht in der Regel, wer hier ein Paarproblem vermutet: »Dahinter verbergen sich seltener Paarkonflikte, sondern eher individuelle neurotische Konflikte«, schreiben Becker/Gschwind und definieren das Symptom als oft »letzte Bastion einer (Pseudo-)Autonomie«, der eine Identifizierungsstörung mit der Mutter zugrunde liege. Anders formuliert: der eindringende Partner zerstört die mühsam imaginierte Unabhängigkeit im Elfenbeinturm. Nähe als Zerstörung.

Diese Störung wird leider nur allzu oft als Zickigkeit, weiß-nicht-was-sie-will oder als Spielchen-treiben diffamiert und ist am Ende doch die Manifestation einer individuellen psychischen Problemlage. Einzuordnen ist sie unter dem Rubrum »Somatisierung«: Körperliche Symptombildung ohne körperliche Ursache, verbunden mit der Suche nach medizinischer Behandlung, während sie in Wirklichkeit den Durchbruch eines unbewussten psychischen Konflikts illustriert.

Wer sich so massiv abschirmt, dessen Autonomie steht auf tönernen Füßen: Eine »Freiheit«, die permanent reflexhaft verteidigt wird, ist keine, sondern Zwang. Lil allerdings beginnt im Verlauf der Sitzung zu erkennen, dass da ein übergeordneter Zusammenhang besteht: Massive Berührungsangst, vom Schreibtisch bis zum Bett. – Wilhelm Reich hat in seiner »Charakteranalyse« einmal das treffende Bild eines

Patienten entworfen, der sich unter innerer Anspannung kontrahiert, bis er hinter einem Wall von »muskulärer Panzerung« gefangen ist. Lils häufige Rückenprobleme könnten auch hier ein Indikator sein.
Gefährlich wäre es, jetzt nach dem spezifischen Ereignis zu forschen, das zur Herausbildung der Problematik geführt hat. Eher ist zu überlegen, welches Kindheitsmilieu dafür verantwortlich ist, dass Berührung nicht als angenehm empfunden werden kann.

In den Folgesitzungen berichtet Lil, dass sie sich als Acht- bis Neunjährige mehrfach einnässte. Und zwar immer, wenn die unbeherrschte Mutter sie wieder einmal wegen einer Nichtigkeit zurechtwies und sie dabei hart und zerrend am Arm packte. Es war eine Situation, die sie als außerordentlich demütigend empfand; insbesondere, weil es einmal vor anderen Mitschülerinnen geschah und die Mutter auf die Scham und Verzweiflung der Kleinen nicht die Spur von Rücksicht nahm. – Eine doppelte Berührung also: körperliche und seelische Bloßstellung. Wobei ohnehin zu fragen war, woher die massive Angst kam, die zum Einnässen führte.

»Das, was andere so kennen... mal in den Arm nehmen und drücken... das gab es bei uns nie... Nur Bestrafung, wenn man mal was falsch gemacht hatte.« – So kann man für ein Kind konnotieren, dass Berührung mit Schmerz verbunden ist und mit Abwertung. Es schält sich heraus, dass Lil als Einzelkind in einem familiären Milieu aufwuchs, in dem Grenzverletzungen der Regelfall waren, stets verbunden mit sehr unangenehmen Gefühlen. Lil ist eingeschnürt in Berührungsängste wie in einen Kokon. Schritt für Schritt entdeckt sie die Zusammenhänge.

Am Ende erkennt sie ihre heillose Verstrickung in den betrieblichen Konflikt, und in einem mutigen Schritt entschließt sie sich zum Jobwechsel, verbunden mit einem Ortswechsel. Sie meldet sich noch ein paarmal per Email und berichtet von einer »Aufwärtstendenz«, auch mit einem neuen Partner. Dann versiegen die Mitteilungen.

Über die Handlungsstörung

»Junge, hier stinkt´s vielleicht«, sag ich. »Reiß doch mal´n Fenster auf!«
Seit Evi den Horsti verlassen hat, ist er abgetaucht, drum wollte ich mal nach ihm sehen. »Für ´nen Chemiker lebst du ganz schön im Dreck!«
Als Evi noch bei ihm wohnte, war das hier ein ganz normaler Bungalow. Jetzt ist es, mit Verlaub, ein einziger Sauhaufen.

Horsti sitzt und starrt mich hilflos an. Es hat etwas Kindliches an sich, wie er wortlos die Hände hebt. Auf dem Tisch steht das Geschirr von mindestens zwei Wochen. Kopfkissen und zerwühlte Bettdecke auf der Couch. Ein Berg ungeöffneter Post auf dem Fußboden, etwa dreißig Zentimeter hoch, darunter zwei amtliche Zustellungen in leuchtendem Gelb. Als ich den Stapel gebrauchter Klamotten vor der Balkontür beiseite kriege und sie öffne, überfällt einen die Frischluft wie eine Reiterhorde. Horsti sitzt zusammengesunken und beobachtet alles. Auf der Terrasse liegen, Krallen nach oben, Evis drei geliebte Zebrafinken; vermutlich verhungert, verdurstet oder sonst irgendwas. – Risiko Internet: Evi hat einen Archäologen kennengelernt, und weg war sie nach elf Jahren, Horstis große Liebe.

Aufräumen, naja... man bräuchte eigentlich eine Schubkarre. Der Sonntagnachmittag vergeht damit, dass wir versuchen klar Schiff zu machen. Horsti muss ich kommandieren wie ein Kind. Er schlurft energielos durch den Raum, muss sich immer wieder hinsetzen und rasten, schwer atmend. – Wie ein Schwerkranker, aber das ist er ja auch. Im Poststa-

pel finden sich einige Mahnungen und zwei Mahnbescheide, deren Widerspruchsfrist bereits abgelaufen ist.
»Sechshundertzwölf Euro der hier, und der andere vierundsiebzig Euro zwanzig«, konstatiere ich. »Hast Du das Geld?«
»Klar«, zuckt er die Schultern. »Das ist nicht das Problem. Aber ich schaff´s nicht, es zu überweisen. Es ist, als wär ich unter ner Glasglocke und komm nicht raus. Mein Arbeitgeber hat schon zweimal angerufen wegen meiner Krankschreibung. Ich hab die hier irgendwo liegen, aber ich krieg ´s nicht fertig, die in ein Kuvert zu stecken. Es ist so, als wär ein elektrischer Draht abgeklemmt. Ich will, aber es geht nicht.«
»Und der überquellende Briefkasten da draußen?«
»Ich steh immer wieder davor und denk mir, ich muss ihn unbedingt leeren. Aber wenn ich den Arm heben will, um ihn aufzumachen, krieg ich´n nicht hoch. Als wär er aus Stein.« Sagt Horsti und schält sich mit dem gleichen Arm eine Banane.
Was wie eine schlechte Schnurre klingt, ist bittere Realität und für die Betroffenen oftmals eine Katastrophe existentiellen Ausmaßes: Handlungsstörung, bisweilen auch Handlungssperrung genannt. Wer danach googelt, findet eine einzige Publikation von Slaby und Stephan (2012). Faust und Uexküll, die beiden Klassiker der Psychiatrie und Psychosomatik, schweigen sich darüber aus. In Skripten für angehende Heilpraktiker Psychologie findet sich ein knapper Hinweis. – Eine Fußnote des depressiven Krankheitsgeschehens eben, und doch so furchtbar, als würde man jemandem eine Handgranate ins Wohnzimmer werfen.
»Nur wer handeln kann, situiert sich in der Wirklichkeit«, schreibt Slaby. – Anders gesprochen: Wer seine Handlungsfähigkeit verliert, der ist im Leben verloren. Tatsächlich kommt es als Folge einer Depression oder einer schweren

Traumatisierung oft dazu, dass ein Mensch in bestimmten Bereichen seine Fähigkeit verliert, aktiv zu werden, während andere völlig problemlos funktionieren: Es ist, als hätte jemand die zugehörige Software deinstalliert. Nichts geht mehr. Mir ist ein Fall bekannt, wo jemand außerstande war, eine behördliche Anfrage zu beantworten, obwohl die zügige Beantwortung ihm einen finanziellen Vorteil gebracht hätte. Nicht selten betreffen diese Störungen, unbewusst verbunden mit Selbstwertgefühl und Entwertungserlebnissen, wichtige Bereiche der existentiellen Daseinsvorsorge. Dass die basale Erkrankung, – also meist Depression – durch solche Komplikationen noch weiter verschlimmert wird, bedarf keiner Erläuterung.

Da diese Störung weitgehend unbekannt ist, erschöpfen sich Ratschläge des engeren Kreises und der Hausärzte nicht selten in einem banalen: »Du musst dich eben zwingen«, verbunden mit einem Appell zu mehr Disziplin. – Das ist ungefähr so, als würde man einen Rollstuhlfahrer dafür tadeln, dass er keinen Stabhochsprung betreibt. »Etwas technizistisch könnte man sagen, dass die operative Stabilität der Person vermindert und schließlich mehr und mehr erodiert ist; dazu zählen sowohl die Fähigkeit zu handeln als auch die Fähigkeit zu widerstehen. Als Folge erscheinen selbst routinemäßige Tätigkeiten als Herausforderungen, die größte Anstrengungen erfordern, bis sie irgendwann zur Gänze unmöglich erscheinen«, beschreibt Slaby es nüchtern.

Freuds altes Diktum, dass die Neurose sich mit allen Mitteln selbst schützt, bestätigte sich leider auch bei Horsti: Jeglichen Vorschlag, sich wegen seiner Probleme behandeln zu lassen, lehnte er brüsk ab. »Ich krieg das schon selber wieder hin. Eigentlich kann ich´s ja auch. Auf´n paar Tage kommt´s ja nun wirklich nicht an.« – Erst als sie ihm das Konto pfändeten und er plötzlich total blockiert war, rief er mich in heller Panik an. Ich schickte ihn zu einer befreundeten Psychiaterin, mit der er nach einigen Sitzungen einen Riesenkrach vom Zaun brach und wutentbrannt die Behandlung beendete.

Sie war professionell genug, dies nicht persönlich zu nehmen, sondern als Manifestation eines gewaltigen unbewussten Widerstands, der sich seine intellektualisierende Rechtfertigung suchte: Es kommt immer wieder einmal vor, dass bei analytisch orientierten Gesprächen die Klienten massive Ausbruchsversuche unternehmen, für die sie teilweise recht durchsichtige Begründungen konstruieren. Man darf getrost annehmen, dass Horstis Gespräche einen Punkt erreicht hatten, wo es ans »Eingemachte« ging. – Sprich: einen verdrängten und höchst schmerzvollen Konflikt, dessen anstehende Auflösung einen unwiderstehlichen Fluchtreflex auslöste. Kommt es nach einiger Zeit der Abstinenz dann zu einer Wiederannäherung, so wird die gemeinsame Arbeit intensiv und fruchtbar, wenngleich für den Klienten emotional äußerst fordernd. – Bevor er dann sein Veränderungspotential aktiviert.

Auch Horsti kehrte nach achtwöchiger Abstinenz in seine analytische Beziehung zurück. Es gelang, seine Selbstwertstörung und seine von Evi offenbar als erstickend empfundenen Anklammerungstendenzen so zu bearbeiten, dass er tatsächlich eine sogenannte »Nachreifung« vollzog. Erst jetzt erkannte er auch, dass Evi schon frühzeitig Signale ihrer Unzufriedenheit gesetzt hatte. – Horsti fing sich wieder, wenngleich in kleinen Schritten. Allerdings hatte er einen Berg aufgestauter Probleme abzutragen. Interessanterweise stand nach fast einjähriger Trennung unerwartet Evi vor seiner Tür: Ihr neuer Partner hatte infantile Abhängigkeits- und Kontrollmechanismen entwickelt, die ihr noch viel mehr zusetzten als die ihres Ehemannes. Anscheinend wies auch sie die unbewusste Tendenz auf, sich solche Partner zu suchen. Sie machten ein paar gemeinsame Sitzungen und probierten es nochmals miteinander. Bisher läuft es. Einigermaßen.

Herr Jung

Der Druck scheint infernalisch zu sein, denn der junge Mann, ein sensibler, nachdenklicher Endzwanziger, hat zittrige Finger und sieht irgendwie »verbraucht« aus. Dabei, meint man, sollte es ihm gut gehen: Seine Familie ist wirtschaftlich hervorragend aufgestellt, ihre Wirtschaftsberatung in der Nähe von Frankfurt floriert, und in einigen Jahren wird der Vater, ein gütiger Patriarch, die millionenschwere Firma an seinen Junior übergeben. Er hält viel von ihm und baut ihn seit Jahren dafür auf. Und der Junior sitzt hier und spricht von Suizid, der ihm als »Ausweg aus allem« gelegentlich durch den Kopf schießt. – Nicht konkret, nicht aktuell, – nur so als Gedanke.

Hat er sich denn im Job so aufgearbeitet? Oh nein, den macht er »gern«. Wie sieht es aus mit Beziehungen? Mit seiner Partnerin »läuft es ganz okay«. Naja. Die Gleichaltrige ist ehrgeizig, karriereorientiert, wirtschaftlich denkend »und steht voll hinter mir bei dem, was da auf mich zukommt.« Begeisterung klingt anders, irgendwie. Vorsichtig stellen sich mir die Ohren auf. Alles ist bestens, so wie es sein soll, nur mir selber geht´s besch... Klaro.

Im Verlauf mehrerer Sitzungen zeichnet sich ein differenzierteres Bild des jungen Mannes: ein eher introvertierter Typus mit reicher Gefühls- und Gedankenwelt, künstlerisch geprägt mit Neigung zur Architektur, querdenkend, voller Kreativität und seltsam eingefangener Lust am Leben. Denn er lebt, um Erwartungen zu erfüllen, was dazu führt, dass sein eigenes Leben unerledigt liegen bleibt. »Nicht abgeholt«, sozusagen. Sukzessive nämlich wird deutlich: Das

Ausmaß an Verdrängung, mit dem er sich selbst und all den Neigungen und Eigenschaften begegnet, die ihn einzig und wertvoll machen, ist umgeschlagen in Selbstverleugnung, weil die Art, wie er wirklich ist, mit den Erwartungen seiner Unternehmerfamilie konfligieren würde. Die Liebe zum bewunderten Vater ist so unendlich, dass er alles tun wird, um diesem seine Träume zu erfüllen: Der Sohn, auf den ich so stolz bin, wird mein Nachfolger und führt meine Firma in die nächste Generation. Oder anders formuliert: Unternehmerische Tradition ist eine der häufigsten Ursachen für Tragödien in Unternehmerfamilien.

Da fällt mir Luke wieder ein, mein Schulkamerad aus der Parallelklasse: Ein vor Einfällen sprudelnder schräger und quirliger Vogel, der aus dem Nichts heraus die witzigsten Comics zeichnen konnte, während er nebenher die verrücktesten Geschichten erzählte, bis wir Tränen lachten. Er kleidete sich wie ein Künstler, und er dachte und fühlte auch so. Der Vater allerdings, als Mitglied der Kriegsgeneration frühzeitig hart geworden, hatte sich in den Nachkriegsjahren eine Apparatebaufirma aufgebaut und hatte »entschieden«, dass der Älteste – eben Luke – sie übernehmen und fortführen sollte. Luke studierte folgsam und widerwilligst BWL und fiel zweimal durch das Examen. Der Vater »entschied« daraufhin, ihn an eine Privatuniversität in der Schweiz zu schicken, denn der Junge sollte »was Gescheites lernen«. Dort wurde Luke magersüchtig und starb fast daran. Als Ergebnis seiner Magersucht fiel er zum dritten Mal durch das Examen.

Nun entschied der Vater, Luke habe sein Wissen dann eben in der Praxis zu erwerben, und er schickte ihn ins Zweigwerk nach Flensburg. Dort kippte Luke von einem Moment zum anderen mit einem Aneurysma vom Stuhl und überlebte die anschließende Gehirnoperation nur knapp. Kaum genesen, folgte er dem Wunsch des Vaters und fuhr mit dem Auto zu diesem nach Hause. Unterwegs baute er einen schweren Unfall, der ihm sein ganzes Gesicht zerschmetterte. Die Silberplatte am Schädel und die Silberdrähte aus seiner Gesichts-OP trägt er heute noch. Seither tut er mehr oder weniger nichts mehr und lebt zurückgezogen von den Erträgen dessen, was der längst verstorbene Vater angelegt hatte. Die Firma wurde aufgekauft. Lukes lebenslang gescheiterte Autonomiebestrebungen beschränken sich auf gelegentliche spitze Bemerkungen gegen seinen Erzeuger, zu dem er »nie wirklich ein echtes Verhältnis« hatte. Ziemlich hoher Preis für so ein Nicht-Verhältnis.

Seltsamer Zufall: Als ich beim Studium der Werke C.G. Jungs erstmalig auf den Ausdruck vom »immanenten Lebensentwurf« traf, saß ich in Lanzarote auf der Hotelterrasse und grübelte als Mittvierziger gerade darüber, ob ich mich als geschäftsführender Gesellschafter meiner eigenen Werbeagentur eigentlich glücklich fühlte. Trotz Zwölf-Zimmer-Haus, Indoor-Pool, Sauna und Mercedes 600, – ich fand mich nicht imstande, aus vollem Herzen *ja* zu sagen. Meine Faszination für die Tiefenpsychologie und meine ausgeprägte literarische Neigung standen irgendwie quer zu dem, was ich tat. Freud-Schüler Jung jedenfalls stellte die These auf, dass Menschen von Geburt an eine Art natürlichen inneren Lebensentwurf auf ihren Genen tragen.

Ist einer als Pianist zur Welt gekommen, wird er alles daransetzen, später als Pianist zu leben. Ein geborener Landwirt wird kreuzunglücklich werden, wenn er auf einmal Cello studieren soll. Ein geborener Mediziner wird innerlich verzweifeln, wenn er – wie zu Stalins Zeiten üblich – auf die Ingenieurschule geschickt wird. – Will sagen: die Anlagen sind gegeben, die Fähigkeiten können entwickelt werden oder unterdrückt. Je nachdem, lebt der Mensch dann frei und bewegungsfähig in seiner Realität oder ziemlich eingequetscht.

Aussage genug ist jedenfalls, dass mein junger Klient vor einer Hausaufgabe kapituliert, die ich ihm mitgegeben habe: Er möchte sich doch einmal hinsetzen und alle eigenen Wünsche an all sein eigenes Leben festhalten, damit wir darüber sprechen können.
»Mir ist nichts eingefallen«, sagt er beim nächsten Mal schuldbewusst. Er hat es als meine Leistungsanforderung erlebt, vor der er versagt hat, – und nicht als Möglichkeit, sich selbst tiefer kennen zu lernen. Die Identifikation mit dem Vater und dessen Wünschen also ist inzwischen so vollständig, dass der Sohn aufgehört hat, als Wesen zu existieren. Er ist zum Anhängsel des Firmenchefs geworden, oder – analytisch gesprochen – zur Erweiterung von dessen »Größen-Selbst«. So verabschiedet man sich von der eigenen Persönlichkeit.

Dann, aus dem Nichts heraus, ruft der jüngere Bruder des Firmenchefs an, ob ich Zeit für ein Gespräch hätte. Da staunt man erst mal, aber man kann es ja schlecht verweigern. Der Onkel meines Klienten ist gerade fünfzig geworden und psychisch abgestürzt. Er will nicht über seinen Neffen reden, sondern über sich selbst, denn es geht ihm schlecht. Er nimmt nämlich die Veränderung an seinem Neffen wahr, seit der sich coachen lässt. Und nun fragt er sich, wofür ER eigentlich gelebt hat. Dies umso dringlicher, als mein junger Klient soeben in der Firma bekannt gegeben hat, er werde jetzt erst einmal NICHT einsteigen, sondern stattdessen ein Jahr lang auf Weltreise gehen, um seinen Kopf freizukriegen. Die Mitarbeiter kriegten den Mund nicht zu, der Vater bekam einen Blutdruck von 220/130 und lag für einen Tag stationär zur Beobachtung. Sage niemand, Coaching könne nichts bewirken.

Und so haben die Dinge eine erstaunliche Wendung genommen: Der Sohn, ein Mann von plötzlich unbeugsamer Entschlossenheit, durchquert auf eigene Faust Afrika, Asien, Australien und Neuseeland. Sein Onkel hingegen sitzt nun regelmäßig bei mir und versucht herauszufinden, was in seinem Leben falsch gelaufen ist. Zuallererst einmal trennt er sich von seiner Frau.

Dann allerdings beginnt er eine neue Rechnung aufzustellen: Er ist finanziell so gut aufgestellt, besitzt mehrere Mehrparteienhäuser und mobiles Vermögen, dass er sich auf einmal fragt, warum er siebzig Stunden die Woche arbeitet. Ihn hat nämlich wie ein Schlag die Einsicht ereilt, dass er das gar nicht braucht. »Es war halt immer so. Mein Bruder hat die Firma geführt und ich war der Prokurist und hab ihm zugearbeitet. Ich hab da eigentlich nie groß drüber nachgedacht.« Nur, jetzt denkt er nach. Und er kann überhaupt nicht mehr aufhören mit dem Nachdenken. Er kommt ein halbes Jahr lang zweiwöchentlich, dann erklärt er seinem verdutzten Bruder, dass er in zwölf Monaten aus der Firma ausscheiden werde.

Der Sohn hingegen sitzt mir ein Jahr nach seinem Abflug braungebrannt und bester Dinge gegenüber. Er hat bereits seinen Entschluss verkündet, dass er in die väterliche Firma nicht mehr eintreten und sie auch nicht übernehmen werde. Denn ausgerechnet in Neuseeland hat Amors Pfeil ihn ereilt, in Gestalt der Tochter eines Winzers auf der Nordinsel. Er sei nur noch hier, um seine Sachen zu verkaufen, erzählt er mir mit leuchtenden Augen. Außerdem will er mit seiner neuen Eroberung noch für ein halbes Jahr nach Südamerika. Ach so, ja klar...

Und auch der Onkel, anfangs ein Häufchen ausgebranntes Elend, strahlt wieder Zuversicht aus. Er freut sich auf den neuen, endlich selbstbestimmten Lebensabschnitt mit einer neu gefundenen Partnerin. Dennoch, ich frage besorgt, wie es dem Firmenchef geht. »Ach der? Der bereitet gerade den Verkauf seiner Firma vor. Danach will er mit seiner Frau auf seine Farm in Maine.« Ach, in Maine? »Hat er sich vor kurzem gekauft. Er hat gesagt, ich soll Sie herzlich grüßen!« – »Schön´ Dank«, sage ich. Auch als Coach kriegt man ja manchmal den Mund nicht mehr zu.

Hypnose

»Ist nicht ihr Ernst, oder?«
»Doch«, sagt der Leiter eines Nachhilfeinstituts am Telefon.
»Soll ich die jetzt Englischvokabeln abfragen?«
»Wie Sie das machen, ist mir wurscht.«
»Ihr habt schon Nerven, Freunde!«
»Es geht um alles für die. Kriegen Sie die irgendwie hin! Wir schaffen´s nicht.«
»Ich hab Wochenende.«
»Jetzt nicht mehr!«
Den Trip auf die Gindel-Alm kann ich mir abschminken.

Die Dame ist einundzwanzig, BWL-Studentin aus Augsburg und erkennbar am Boden. Denn sie muss im Rahmen ihres Studiums eine Englisch-Prüfung absolvieren. Nur, leider, hat sie die schon zweimal in den Sand gesetzt, trotz intensiven Beistands der Nachhilfler. Und wenn sie´s zum dritten Mal verfehlt, ist ihr Studienplatz verloren. Es wird also eng, – auch zeitlich, denn wir haben noch knapp zwei Wochen. Man merkt an den bleichen, verspannten Gesichtszügen, den eckigen Bewegungen, den stets leicht zitternden Fingern: Panik, mit letzter Kraft beherrscht.
Die probeweise Übersetzung geht schleppend, doch müsste ihre Arbeitsweise eigentlich ein »noch ausreichend« rechtfertigen. Auffallend ist allerdings, dass die Klientin sehr verschlossen wirkt. Man kommt mit nichts an sie heran, kein Lächeln, kein Kontakt; Informationen gibt sie nur, wenn man sie ihr aus der Nase zieht. Insgesamt wirkt sie areaktiv, auch nach einer Stunde noch.

Natürlich kann ein solches Verhalten vielfältig gedeutet werden. Von der körperlichen Erkrankung mit resultierender Apathie bis zur psychiatrischen Erkrankung wäre erst einmal alles denkbar. Dann hat der Coach an den Facharzt zu verweisen. Allerdings bekommt die Klientin ihren Alltag normal geregelt, betreibt Sport und war vor kurzem in ärztlicher Behandlung wegen leichter Herzrhythmusstörungen, zu denen eine umfangreiche Diagnostik durchgeführt und eine Herzerkrankung ausgeschlossen wurde. Die eigenartig starre Verhaltensweise und die Arhythmien geben somit Anlass zu der Vermutung, dass etwas ganz anderes als kausal gewertet werden darf: schlichte Angststarre. Die nach außen hin ruhige Klientin weiß um die Schicksalhaftigkeit ihrer »letzten« Prüfung. Und sie weiß nicht mehr weiter.

Gezielte Fragen schaffen letzte Klarheit: Plötzlich beginnt sie von sich aus zu reden und beschreibt tonlos einen Zustand, der Vielen von uns nicht unbekannt sein dürfte. Sie schildert, wie ihr beim Austeilen der Prüfungsbögen »eine schwarze Kappe übers Gesicht fällt«. Dinge, die gut eingelernt wurden und ebenso gut abrufbar waren, sind plötzlich nicht mehr da. Das Gehirn wirkt wie abgeschaltet, nichts mehr funktioniert. Sie sitzt, erstarrt in einem Grübeln fast ohne Denkinhalte, während eine dunkle Wand sich zwischen sie und das erworbene Wissen geschoben hat. Zum Prüfungsende gibt sie ein Blatt mit sinnlosem Gekritzel ab, wohl wissend, was die Note sein wird. Und wohl wissend, dass vom Ausmaß ihrer Vorbereitung her mehr Kenntnisse hätten verfügbar sein müssen.

Als die Klientin zu sprechen aufhört, wirkt sie leer. Wie jemand, der zwar ein letztes Mal mitmacht, aber eigentlich schon aufgegeben hat. Wenn sie noch etwas ausstrahlt, dann ist es Ratlosigkeit. Freud hat immer wieder darauf hingewiesen, dass die Neurose sich selbst vor ihrer Entdeckung schützt. Auch bei Prüfungsphobien habe ich immer wieder die Erfahrung gemacht, dass die Betroffenen sich in Selbstvorwürfen verstricken bis hin zur Selbstzerfleischung. Nur an das Vorliegen einer Prüfungsphobie denken sie nicht.

Schwierige Situation. Der normale Weg wäre, eine Therapie zu empfehlen, am besten bei einem ärztlich ausgebildeten Analytiker oder einem Klinischen Psychologen. Und dann in einem langen Prozess geduldig die Ursachen der Phobie aufzudecken. Nur allzu oft liegen ihr massiv Angst erzeugende frühkindliche Erlebnisse zugrunde. Da die Angstüberflutung von der noch sehr fragilen Kinderseele nicht verarbeitet werden kann, wird sie oft als Trauma im Unbewussten abgekapselt. Dort wirkt sie nicht nur weiter und verfärbt die gesamte Persönlichkeit des Betroffenen zum Angstgesteuerten hin. Häufig richtet sie sich – vereinfacht gesagt – im Rahmen eines sogenannten »Objektwechsels« auf ein neues, an sich eher harmloses Objekt, beispielsweise Spinnen, beliebige andere Tiere, Türme, Brücken, Plätze, Tunnel, Aufzüge, was auch immer. Oder eben auf Prüfungssituationen, Bewerbungsgespräche und dergleichen. Die Konfrontation mit dem Angstauslöser reicht, um Angststarre zu bewirken, die in schweren Fällen bis zur völligen Handlungsunfähigkeit führen kann. – Nur ist es so, dass meine Therapieempfehlung brüsk abgeblockt wird. Die Zeit würde ohnehin nicht reichen. Jetzt mach was.

Tatsächlich hat sich für solche Konstellationen Hypnose als wirkungsvoll erwiesen. Oft diskreditiert durch Bühnen-Hypnosen, in denen Menschen auf abstoßende Art zur Schau gestellt werden, ist die Hypnose als Therapieverfahren eine erstaunlich mächtige Methode, die von den Betroffenen noch dazu als äußerst angenehm empfunden wird. Allerdings erfordert sie sorgfältigste Vorbereitung. Milton H. Erickson, der Vater der modernen Hypnotherapie, feilte oft Tage lang an seinen Induktionen und Suggestionen für einen einzigen Hypnotisanden. Als Lohn seiner Arbeit lag seine Erfolgsquote über neunzig Prozent.

»Wir könnten etwas mit Hypnose versuchen.«
»Ich glaub, bei mir funktioniert sowas nicht«, kommt die erwartete Standardantwort, die darauf hinweist, dass es gut funktionieren wird. Nach einem intensiven Vorbereitungsgespräch geht die Klientin beim nächsten Termin problemlos in eine Trance, die ich behutsam überführe in eine Tiefentrance. Es würde den Rahmen sprengen, hier nun alle Einzelheiten darzustellen, doch sei darauf hingewiesen, dass der Hypnotiseur jederzeit genau wissen muss, was er macht. Mit einem Verfahren, das ich mir selbst entwickelt habe, versuche ich, das Aufkommen der lähmenden Prüfungsangst zu unterlaufen und sie durch positive Empfindungen zu ersetzen. Die Klientin kehrt zurück und ist wach, erholt und entspannt. Sie beschreibt die Tranceerfahrung als »sehr, sehr angenehm.« Das ändert sich auch nicht in den folgenden Sitzungen. Sie schafft die Prüfung mit »befriedigend«. Das holt mich echt vom Stuhl.

Nun ist das, nüchtern betrachtet, noch kein Beweis. Prüfungsvorbereitung, Prüfungsaufgabe oder Tagesform können genauso entscheidend gewesen sein. So begnüge ich mich damit, mich über das Ergebnis zu freuen. Ein gutes Jahr später allerdings begegne ich der Klientin auf dem S-Bahnsteig am Münchener Marienplatz. Sie erkennt mich zuerst und schießt auf mich zu.

»Hey«, sage ich und ergreife die entgegengestreckte Hand, »wie geht´s Ihnen?«
»Prima!«, strahlt sie und hetzt weiter zur S4. »Ich weiß nicht, was Sie mit mir gemacht haben, aber ich geh´ in jede Prüfung total entspannt!«
Wusch, verschwindet sie im Waggon. Ja no, denk ich, ja no ...

Über ein Kindergefängnis

»Ich hab keine Erinnerung an meine Kindheit«, sagt Sandy und dreht ihre Kaffeetasse zwischen den Fingern. »Echt nicht, bis ich so zehn bin, dann fängt es langsam an.« Abkapselung? Hmmm, hmmm, hmmm…. Sandy hat ein paar Arbeiten für mich erledigt, mit größter Hingabe, und nun sitzen wir und quatschen zum Abschluss ein bisschen. Aber, so scheint es, etwas drängt heraus aus ihr.

»Was war vorher?«

»Keine Ahnung.«

»Irgendwas? Vater? Mutter?«

»Naja, mein Vater war abgehauen, als ich drei war, und hat sich nie um mich gekümmert. Und Mama hat dann nur noch schlecht von ihm geredet und danach gar nicht mehr. Aber mein Stiefvater war ganz okay.«

Sagt Sandy, die mir gerade erzählt hat, dass sie mit achtzehn Jahren in einem Sexclub gelandet ist und dort drei Jahre als Prostituierte arbeitete. »Der Typ, mit dem ich damals zusammen war, der hat gesagt, er liebt mich. Deswegen bin ich da reingeraten.«

Ich kann es mir vorstellen. Die zierliche Sandy wirkt warm, liebevoll, aufopferungsbereit, auf eine naive Art treu, – eine junge Frau, die nach Zuneigung hungert, sie nie bekommen hat und niemals ein Gefühl für den eigenen Wert entwickeln konnte.

»Wolltest du nie aussteigen?«

»Das wollt' ich dauernd. Aber er hat gesagt: Nur noch paar Monate, Liebling, dann sind wir aus dem Gröbsten raus.«

»Wir?«

»Nuja… er hatte Schulden in der Szene, irgendwelche Dealereien, die schief gelaufen waren. Er hat gesagt, wenn er die nicht bezahlt kriegt, legen die ihn um. Und ich wollt´ ja unbedingt zu ihm halten, er hat mich ja geliebt.«

Schließlich, als sie es nicht mehr ertrug, haute sie einfach aus dem Club ab, in einer Pause zwischen zwei Kunden. Ohne einen Euro in der Tasche und ohne eigene Wohnung. Sie verkroch sich bei einem älteren Bekannten, einem früheren Kunden, dem sie dafür den Haushalt führte und zu Willen war. »Der hat mich wenigstens nicht geschlagen.« Später heiratete sie einen Halbwelttypen, der ohne ihr Wissen ihre Nacktfotos auf seine Website stellte und sie jeden zweiten Sonntagnachmittag für vier Stunden aus dem Haus schickte, damit er seine Internet-Bekanntschaften vernaschen konnte.
»Wie bitte? In Eurem Bett?«
»Nee, natürlich nicht. Nur auf der Wohnzimmercouch, da haben wir uns drauf geeinigt.«
»Feiner Zug von ihm, sehr einfühlsam.«

Aber Sandy machte immer alles mit: Von frühester Kindheit an hatte sie gelernt, dass über sie verfügt wurde und dass ihre bedingungslose Gefügigkeit der Preis war, mit dem sie sich »Liebe« gefälligst zu erwirtschaften hatte. Am Ende nichts anderes als ein Benutzungs- und Missbrauchsverhältnis.
Und über allem stand der Leitsatz: Mir steht nichts zu, ich habe nichts zu fordern und dankbar zu sein für die abgenagten Knochen, die man mir hinwirft. – Man sollte niemals unterschätzen, welche tiefen Ängste der abrupte und damit unverarbeitete Verlust eines Elternteils für ein Kind bedeutet: Wenn der andere Teil auch noch geht, dann bin ich ganz alleine. – Für ein Kind bedeutet das im archaischen Sinne Lebensgefahr, die schon im frühen Alter sehr genau verstan-

den und empfunden wird. Also unterwirft Sandy sich der herrischen Mutter bedingungslos, die ihr Kind als unappetitliches Überbleibsel aus der ersten Ehe mitschleppt. Und Sandy kapselt im Unbewussten ab, was sie bewusst nicht mehr erleben darf: glückliche Zeiten mit ihrem Daddy, der zur Unperson geworden ist, und offenbar auch die anschließenden Jahre von Vereinsamung und seelischem Absturz.

Immer wieder einmal meldet sie sich, mal telefonisch, mal auf eine Tasse Kaffee. Es tut ihr gut, ernst genommen und geachtet zu werden. »Ich bin am Ende doch nur ne kleine Nutte.« – Sagt eine treue Seele, die im Zweifel ihr letztes Hemd hergeben würde.

Unsere Gespräche zeigen einen unerwarteten Effekt: Sandy, mit sich ringend und psychisch stark angeschlagen, beschließt sich nicht länger entwürdigen zu lassen und beantragt die Scheidung. Daraufhin macht der Noch-Gatte mich ausfindig und schickt mir ein paar Drohungen. Ich mache ihm klar, worauf er sich einlässt, und dann gibt er ganz schnell Ruhe.
»Hast du nix anderes zu tun, als dich wegen einer kleinen Nutte in Schwierigkeiten zu bringen«, fragt mich ein Bekannter, dem ich davon erzähle.
»Ich seh keine Nutte«, sage ich, »sondern eine wertvolle junge Frau, mit der immer nur alle Schlitten gefahren sind.«

Meine dringende Empfehlung, sich in eine langfristige Therapie zu begeben, erledigt Sandy auf die ihr eigene chaotische Art: Sie geht dreimal hin und haut dann wieder ab. Es würde ja ans Eingemachte gehen. Lieber sammelt sie mehrere Niederlagen in Einzelhandels-Jobs, die sie mit Feuereifer beginnt, und denen sie psychisch nicht gewachsen ist, weil sie in jeder Vorgesetzten die endlich einmal liebevolle Mutter sucht, nur denkt die Chefin gar nicht daran. So schickt man sie jedes Mal während der Probezeit wieder nach Hause. Schließlich findet sie Anstellung in einem Büro, wo sie sich sehr wohl fühlt: Sandy ist das nette, hilfsbereite, stets zuverlässige Faktotum für alle. Sie wird gebraucht. So sehr sogar, dass sie sich zu aufreibenden Wochenendeinsätzen bereit erklärt und dann über zwei Jahre brav auf das vereinbarte Zusatzhonorar wartet, das nie kommt: »Uns geht´s nicht gut, Sandy«, sagt der Boss. »Wir brauchen dich. Du musst mir da vertrauen. Nur noch paar Monate, dann sind wir aus dem Gröbsten raus!« – Und natürlich vertraut sie und lässt sich auf altvertraute Weise verschleißen.

Zwei Jahre lang höre ich nichts.
»Weißt du, was ich getan habe?«
»Erzähl!«
»Ich hab meinen Vater besucht!«
»Wow!«
»Ich hab ihn ausfindig gemacht und ihn einfach angerufen. Dann bin ich zu ihm gefahren und hab sehr lange mit ihm geredet. Seine neue Frau war auch sehr nett zu mir.«
»Und? Hat es dir gut getan?«
»Nein.«
»Wieso?«
»Sie haben mich belogen und im Stich gelassen! Alle!«

Es stellte sich heraus: Der Vater, ein einfacher Handwerker, hatte seine Familie gar nicht verlassen; vielmehr hatte die Mutter ein Verhältnis mit dem späteren Stiefvater begonnen und den Ahnungslosen eines Abends einfach hinausgeworfen. Tage später zog der Stiefvater ein. Die Versuche des

Vaters, Kontakt zu seiner Tochter herzustellen, wurden von der Mutter kaltherzig blockiert.
»Wenn er anrief, hat sie immer gesagt, ich wär´ nicht da, oder ich würd´ schon schlafen!«
Stattdessen baute sie ihn gegenüber der Tochter als Monstrum auf, das die Familie im Stich gelassen hatte. »Ohne deinen neuen Papa hätten wir auf der Straße gesessen, hat sie mir erzählt! Dabei saß mein Vater damals auf der Straße!«

Gar nicht so selten, diese Zwecklügen: Sie erhalten die Fassade und dienen der Verdrängung einer Schuld, die flugs nach außen projiziert wird.
Doch für Sandy bringen die Begegnungen eine bittere Erkenntnis: »Mein Vater war ein Weichei. Er hat nicht wirklich um mich gekämpft, sondern einfach aufgegeben und sich mit seiner neuen Frau ein neues Leben eingerichtet, in dem ich nicht mehr vorkam. Und ich hing alleine rum und hatte niemanden.«

Nun beginnt auch Sandy´s retrograde Amnesie – offenbar eine traumainduzierte – sich zu lockern: Bilder und Gefühle tauchen auf, an glückliche erste Jahre mit dem geliebten Daddy. An den totalen Absturz, als ihre wichtigste Identifikationsfigur am einen Abend noch da war, und am nächsten Morgen für immer verschwunden. An die Einsamkeit, als die Mutter ihren Schmerz kaltherzig ignorierte und ihr herrisch verbot, vom Vater zu sprechen. Doch mit den Erinnerungen kommt auch die Einsicht, dass Sandy´s Verhalten und ihre Niederlagen nur ein einzige Triebfeder hatten: Den verzweifelten Wunsch, irgendwo dazuzugehören, nicht nur Faustpfand zu sein, sondern ein Kind, dessen Seele verstanden und geachtet wurde. »Communion« nennt es die Fachliteratur: Teil eines Ganzen sein zu dürfen.

Sandy trifft ihren Vater noch mehrmals in größeren Abständen, doch auch bei ihm ist sie darauf konditioniert, sich klein zu machen und nicht zu »stören«, um wenigstens dabei sein zu dürfen. So stellt sie nicht die Fragen, die ihr auf den Nägeln brennen, und so versandet der Kontakt allmählich wieder.

Mitten im Büro bricht die stets so gefügige und pflegeleichte Sandy psychisch vollständig zusammen. Sie wird abtransportiert, für ein Jahr krankgeschrieben, verbringt zwölf Wochen in einer psychosomatischen Klinik und wird mit neununddreißig Frührentnerin, nachdem mehrere Versuche, die Arbeit wieder aufzunehmen, in Zusammenbrüchen endeten. Auf Mails antwortet sie nicht mehr. Als sie sich nach Jahren wieder bei mir meldet, lebt sie von Hartz IV und holt ihr Essen bei einer Tafel. Meine Einladung zum Kaffee lehnt sie ab, weil sie ihr Einzimmerapartment so gut wie nicht mehr verlässt.

Hauptsache was zu managen!

»Sie können doch Hypnose! Können Sie uns nicht ein paar Tricks beibringen, damit wir die Jungs endlich im Griff haben?«
»Soll ich Ihnen dreihundert Außendienstler hypnotisieren oder was?«
»Öhmmm... naja... hmmff... wenn das möglich wäre...?«
»Und dann?«
»... sollen die ... öhmmm... endlich Ruhe... geben. Oder so.«
Man buchte ein anderthalbtägiges Coaching für ein dreiköpfiges Marketingteam. Drei richtig patente, gute Typen in den Dreißigern. Zwei Männer und ein Bild von einer Frau. Man konnte sich kaum vorstellen, dass man mit denen Krach kriegen konnte.
Es war nur so: Jedes Mal bei der quartalsweisen Tagung mit ihren dreihundert Außendienstlern flog ihnen schon nach zwanzig Minuten die Versammlung um die Ohren. Und zwar so prächtig, dass die Geschäftsführung ihnen in der vergangenen Woche eine auf den Hut gegeben hatte. Es brannte lichterloh, vielversprechende Managerkarrieren waren kurz davor, in den vielzitierten Bach zu plumpsen. Angst war spürbar, bereits beim gemeinsamen Abendessen kurz nach meiner Ankunft.

Glaubte man den deprimierten Schilderungen, war der Feind dumm, dreist, laut und gemein, dreihundertköpfig, und für die Präsentation des jeweils neuesten Marketingkonzepts in keinster Weise zugänglich. Er sollte kleingehalten oder, noch besser, dauerhaft erledigt werden. Möglichst so, dass er nie wieder aufstand. Und ich sollte die psychologischen Tricks dazu liefern: also Techniken, deren Zweck

Überrumpelung und eine Art von Massenkastration waren. – Sie nannten es: »Konfliktmanagement«. Eine Art von psychologischem Kampfsporttraining demnach. Tritte anbringen, nach denen der Gegner liegen bleibt. Selbstverständlich im Unternehmensinteresse.

Es ist keine Seltenheit, dass Konfliktparteien sich einen Berater als eine Art Trainer vorstellen, der sie so stark macht, dass sie den Feind einfach zertrampeln können. Darin liegt eine Art magischer Omnipotenzphantasie, – aber auch eine Riesenmenge Angst: der Gegner führt mich vor und macht mich klein. Er will nicht so, wie ich will, und er zeigt mir und allen anderen, dass ich nicht alles kann, sondern schlicht ein Mensch mit seinen Grenzen bin. Da diese Situation als zutiefst entwertend empfunden wird, generiert sie bisweilen Hass, der bis zu Vernichtungsphantasien reicht. – Ob die Vernichtung des Außendienstes das Unternehmen befrieden wird? Lassen wir´s mal offen.

Klar jedenfalls, dass die Enttäuschung riesig ist: Man arbeitet wochenlang an seiner Marketingstrategie, stellt sie vor und bekommt nach fünfzehn Minuten eine auf den Deckel.
»Ich versteh die nicht«, sagt die Dame des Trios, eine hochintelligente Frau mit messerscharfem Verstand. »Die wollen ständig nur gelobt werden!« Genervt zustimmendes Nicken der beiden Herren.
»Mhm«, sage ich, »und was wollen Sie?«
Betretene Mienen, Schweigen. »Naja... bisschen mehr Anerkennung für...«
»Also auch gelobt werden?« – Man windet sich.
»Beide Seiten wollen also Anerkennung vom jeweils anderen, und beide verweigern sich´s?«
»So hab ich das noch nie gesehen«, sagt einer.

Ich bringe diese Geschichte deshalb, weil sie so prototypisch ist: Da sitzen drei Top-Leute ganze Nächte lang, um tolle Vorschläge auszuarbeiten, die das Unternehmen weiterbringen sollen. Ich möchte den sehen, der sich dann nicht insgeheim wünscht, dafür auch richtig rauschenden Applaus zu bekommen. – Und nun passiert´s: die Außendienstler sind die Frontleute, die´s nachher umsetzen müssen. Sie leben mit dem Gefühl, dass »die da oben« sich über ihren Kopf hinweg mal wieder was ausdenken, was weit an der Praxis vorbeigeht. Und sie wollen endlich gehört werden, aber keiner hört zu. Zusätzlich sind sie durch die letzten fehlgeschlagenen Meetings vorbelastet und aufgebracht. Sie bringen also ihre Einwände, und sofort setzt die Spirale sich in Gang: die ebenfalls verunsicherten Manager ziehen sich beim ersten kritischen Ton zusammen und nehmen eine Defensivhaltung ein: sie wehren ab, anstatt das Gesagte erst einmal anzunehmen. Die Außendienstler haben – wieder einmal – das Gefühl, gegen Wände zu reden: »Die halten uns doch für blöd!« Die Explosion folgt auf dem Fuß.
Und der Geschäftsbereichsleiter betreibt seine Art von Konfliktmanagement: Er faltet hinterher die drei Manager zusammen.
Am nächsten Tag sprechen wir ganz offen über die persönlichen Schwächen der Drei: Der eine hat Angst vor Kontrollverlust und will managen, was nicht mehr zu managen ist; der Zweite ist ein grundsympathischer Sunnyboy, der unbedingt angenommen werden will und nun verstört darauf reagiert, wie man ihm seine offene Art »vergilt«; und die Dame ist aufgrund frühkindlicher Erfahrungen schnell kränkbar. Ihr Selbstwertgefühl kollabiert, wenn man ihre Leistung in Frage stellt, denn nur über diese kann sie sich definieren: Sie ist nie um ihrer selbst willen geliebt worden. – Will sa-

gen: In jedem Konflikt bringen ALLE Beteiligten ihre persönliche Geschichte und ihre persönliche Sicht auf die Welt mit.

Die nächsten Stunden sind Knochenarbeit: In mehreren Rollenspielen simulieren wir die Situation. Ich bin der Außendienst, agiere richtig mies, haue unter den Gürtel, was geht, und schon nach Minuten brüllen wir uns gegenseitig an. Gesichter werden bleich, Finger zittern, Augen werden feucht. Dann analysieren wir das Geschehene, und plötzlich erkennt jeder seinen sogenannten »Eigenanteil«, mit dem er unbewusst den Konflikt ansteuert. Persönliches bricht auf, Tränen fließen. Pause. Unbedingt frische Luft.

Hier sieht man, wie wichtig Vertrauen ist: Ein Klient muss die absolute Sicherheit haben, dass er persönlichste Dinge berichten kann, die niemals den Raum verlassen werden. (Ich habe schon Personalleitern eins auf die Nase gegeben, die allen Ernstes einen schriftlichen Bericht über ein Coaching von mir wollten.) Und man sieht, wie wichtig Gefühle sind, die in aller Regel nie ausgesprochen werden und gerade deshalb umso aktiver wirken. Nichts schlimmer, als wenn der Konflikt sich auf eine formal-intellektuelle Ebene zurückzieht, wo Argumente wirkungslos hin- und herfliegen, weil die dahinter stehenden Gefühlsbedürfnisse ignoriert werden. Und die heißen nun mal: Wertschätzung, Anerkennung und – ja, tatsächlich! – Liebe.
Die Strategie ist also einfach und wirkungsvoll: Den Kritiker nicht als Feind sehen, sondern als Bereicherung. Ihn nicht abwürgen, sondern seine Gedanken loben und ihn bitten, mehr dazu zu sagen. Ihn zum Beispiel fragen, ob er dazu einzwei Seiten Papier ausarbeiten könnte. Und ihm vor allen anderen danken. – Wenn er jetzt aggressiv wird, ist er isoliert. Wir spielen die Situation mehrmals durch, kommen im-

mer wieder an den Punkt, wo das Ganze ins Defensiv-Abwehrende kippt. Die eingeübten Reflexe sitzen tief. Aber schließlich klappt es, und ich verabschiede mich von drei begeistert leuchtenden Klienten.
Anerkennung ist was Schönes. Am Montag nach der Tagung habe ich nacheinander alle drei in der Leitung: »Es war sagenhaft... So toll war es noch nie! ... Ohne Sie wären wir untergegangen!« Kein Wort mehr von Hypnosetricks. Keine Allmachtsphantasien mehr, um die eigene Hilflosigkeit zu kompensieren. Und – noch viel wichtiger: kein Triumph über den Gegner, sondern Freude über das gemeinsam Erreichte! Fazit: Einen Konflikt rein zu »managen« ist eine fromme Illusion, die die Konfliktentladung bestenfalls verschiebt. Denn wer über technische Tricks manipuliert wird, wird sich irgendwann wehren. Die Bereitschaft hingegen, eigene Haltungen selbstkritisch zu reflektieren und sich selbst zu verändern, ist die wirksamere Strategie. Wer nicht bereit ist, Gegner zu sein, sondern Partner, kann schwerlich zum Feind werden und braucht auch nicht »ausgeschaltet« zu werden. Allerdings, der Weg setzt nicht »Know-How« voraus, sondern persönliche Statur. Die aber muss man von Führungspersönlichkeiten erwarten können.

Über die Konfliktumleitung

Massoud war ein junger Omani und ein Sonnenschein von einem Hotelbediensteten. Er mochte um die zwanzig sein, und wenn ich die Poolterrasse des Abu Dhabi Sheraton betrat, dann blitzten die dunklen Augen in seinem von der Wüstensonne schwarz gebrannten Gesicht, und sein breites, herzliches Lächeln ließ zwei strahlend weiße Zahnreihen erkennen. Sobald er mich erblickte, stürzte er auf mich zu, eine Sonnenliege unterm Arm, und richtete sie für mich her. Blitzschnell baute er mir dazu einen großen Sonnenschirm auf. Über den Dinar, den ich ihm dafür schenkte, freute er sich jedes Mal wie ein Kind. – Man konnte sehen, dass sein Interesse an Europäern echt war, und die angeborene warme Herzlichkeit der Araber mischte sich mit seinem Ehrgeiz, einen möglichst guten Job zu tun, zu einem hervorragenden Service. Entgegen der bei uns weit verbreiteten Klischees: Araber sind sehr freundliche Menschen und ausgesprochen »caring«.

Ich genoss die ein-zwei Stunden am Pool, denn mein Tagesprogramm in Abu Dhabi war eng gepackt. Abdulrahman, mein geschäftlicher Berater, hatte mir die Türen zu verschiedenen Kabinettsmitgliedern und anderen arabischen Granden geöffnet, und mit einem von seinem eigenen Sohn gestürzten arabischen Herrscher, der seither zornkochend in Abu Dhabi sein Exil aufgeschlagen hatte, war ich ebenfalls in vielversprechenden Gesprächen. Schon zweimal hatte ich nachts durchgearbeitet, um Konzepte und Kalkulationen auszuarbeiten. Zum Ausgleich legte ich mich dann an den Pool, oder ich ließ mich von Ben, einem chinesischen Masseur, zwei Stunden durchwalken, bis ich schnurrte wie eine junge Katze.

Bisweilen auch ließ ich mir von einer der quietschvergnügten jungen Philippinas im Untergeschoss des Hotels eine Maniküre verpassen. Es waren Mädchen, für die der Job in den Emiraten das große Los im Leben war, denn zu Hause hätten sie, falls überhaupt, nur ein Zehntel ihres Gehalts verdient. Die Unterhaltung mit diesen bemerkenswert hübschen Damen machte mindestens genauso viel Spaß wie die Nagelpflege selbst, und hinterher ging ich wesentlich entspannter in den nächsten Termin als zuvor. So erhob ich mich nach einer guten Stunde Sonnenbad und begab mich ins Untergeschoss.

Darauf vorbereitet, wie stets recht herzlich begrüßt zu werden, schrak ich ein wenig zusammen angesichts der Bulldogge, die mich mit unfreundlichem Knurren in Empfang nahm und mich auf den Stuhl kommandierte. Sie sandte mir ein paar Blicke, die mir bedeuteten den Schnabel zu halten und mich ihren gebellten Kommandos zu fügen, anderenfalls ich mit meiner Enthauptung zu rechnen hatte. Ein paar Versuche mit ihr ins Gespräch zu kommen, scheiterten an einem hingeworfenen »No!« oder »Yesss!« – Die Dame war Philippina, Ende vierzig, und sie zeigte sehr verhärmte Gesichtszüge.

So ging meine Nagelpflege, anders als sonst, völlig wortlos vonstatten, und ich war froh, als meine Wohltäterin zum Ende kam.
»You want tarnish?«, bellte sie schließlich mit einem drohenden Unterton.
»Öhmmm... tarn...???« Ich kannte den Ausdruck nicht.
»Yesss! Tarnish!« Ihre Kiefer schnellten auf und zu wie die einer Schnappschildkröte. Mir war noch unbehaglicher als zuvor.

»Aaaahhh... what... exactly...«, stotterte ich ratlos, doch schon ergriff sie meine rechte Hand und begann, mir einen zartrosafarbenen Nagellack aufzutragen. Sehr zartrosafarben. – Ich saß und beobachtete sie mit offenem Mund. Vermutlich war ich in eine Art Angststarre verfallen – phylogenetisch betrachtet ein Totstellreflex –, denn ich wehrte mich nicht, als sie meine Linke ergriff und sie mir ebenfalls lackierte. Ich schaute nur zu. Schließlich sandte sie mir einen Blick voller Verachtung und verschraubte ihr Nagellackfläschchen. Ich saß und starrte auf meine Fingernägel.

Mürrisch erhob sie sich von ihrem Stuhl und schnürte mir feindselig den Friseurumhang ab, den sie mir verpasst hatte. Ich saß und starrte auf meine Fingernägel. Dann bedeutete sie mir mit einer Kopfbewegung, gefälligst meinen A... aus dem Stuhl zu heben. Ich saß und starrte auf meine Fingernägel.
»Öhmmm... – – – ähmmm...«, quetschte ich zwischen den Zähnen hervor.
»Whattt?«, schnappte die Schnappschildkröte.
»Excuse me....«
»Whattt?«
»Excuse me.... do... many men ... in Abu Dhabi... have this...???«
»NO! ONLY YOU!«
»Ah.«
Mein Mund blieb offen. Schnappschildkrötenartig.

Dann stellte ich mir vor, wie Abdallah dreinschauen würde, mein finanzstarker Partner, dem neben einer Bank, einer Versicherung und ein paar Bürotürmen in Abu Dhabi noch jede Menge europäischer Industriebeteiligungen gehörten. Und wie seine sehr zurückhaltende pakistanische Vorzimmerdame mich beäugen würde. Und vermutlich alle, die auf dieser Etage arbeiteten: Emiratis, Palästinenser, Jordanier, Algerier, Iraker, Pakistanis, Inder, Bengalis, Afghanis, Iraner. Mittendrin ein vereinzelter Bayer, der sie alle um mindestens einen Kopf überragte. Im dunkelblauen Valentino-Anzug mit Seidenkrawatte aus Hongkong. In italienischen Stiefeletten aus Rom. Und mit zartrosa lackierten Fingernägeln.

Ähnliche Reaktionen würde ich wohl erwarten können, wenn ich heute Abend zur Madjlis im Palast von Sheikh Nahyan Bin Mubarak ging, dem Minister für Höhere Erziehung, bei dem sich jeden Abend drei Dutzend arabischer Geschäftsleute zu Kaffee und Plausch trafen. Der Sheikh, ein feiner und hochgebildeter Mann, würde mich freundlich begrüßen. Aber irgendeiner der anwesenden Ägypter oder Libyer würde mich freundlich fragen, zu welchem Zweck Bayern im Valentino-Anzug sich die Fingernägel lackierten.

Tief in angstvollen Gedanken versunken, wie ich in den lokalen Abendnachrichten zum Aufmacher werden würde und wie man mich am nächsten Abend in allen Emiraten kennen würde, bis hinüber ins ferne Umm al Quain, befiel mich ein Gefühl tiefer Verzweiflung, als ich ein feindseliges Zischen vernahm und spürte, wie eine Hand herrisch die meine ergriff. Dann füllte sich die Luft mit dem Geruch von Aceton, und drei Minuten später sah ich wieder so aus, wie ich mich bisher immer zu kennen geglaubt hatte. Ich bezahlte und schoss hinaus in die Pool Area.

»Oh, you make manicure?«, schoss Massoud strahlend auf mich zu.
»Oh yeah«, stöhnte ich.
»What happen, Sir, what happen? Why you look so stress?«

In Momenten tiefsten Schmerzes braucht die menschliche Seele ein menschliches Ohr. Ich gab mir einen Ruck und berichtete.

»Ah, you with Nana!«, strahlte er. »I know she hate all German. We all know!«
»Does she?«
»Bad man German very disappoint. She very disappoint.«
Einer der zahlreichen deutschen Industrievertreter, die hier herumliefen, hatte vor Jahren eine Affäre mit ihr begonnen. Um sie herumzukriegen, hatte er ihr offenbar weisgemacht, sie sei die Frau seines Lebens und er würde sie mit sich nehmen nach Deutschland. Sie hatte drei Kinder aus ihrer gescheiterten Ehe auf Palawan zurückgelassen, als sie nach Abu Dhabi ging, und er hatte ihr versprochen, sie könne sie dann nach Deutschland holen. Über ein Jahr hatte der Typ sie so benutzt, dann war er nach Deutschland zurückgekehrt, ohne sie zu informieren. Die Telefonnummer, die er ihr schon früher gegeben hatte, existierte nicht. Nana war buchstäblich daran zerbrochen, und seither hasste sie alles Deutsche.
»You know«, sagte Massoud leise. »Hotel staff like big family. Know everything.«
»I see«, sinnierte ich.
»You tall, elegant, black hair with grey and beard like him. Understand?«
»Hell«, sagte ich. »I´m sorry.«

Hanns Peter Euler und Hans Linde haben 1968 in Karlsruhe die Theorie der Konfliktumleitung entwickelt. Sie besagt, dass Menschen nicht immer unmittelbar gegen den eigentlichen Konfliktanlass bzw. dessen Verursacher vorgehen. Unter bestimmten Voraussetzungen kommt es zu einer Konfliktverschiebung. Der Konfliktaustrag richtet sich dann gegen andere Inhalte oder Personen, die mit dem ursprünglichen Konfliktanlass nichts zu tun haben. Wird bei unverändertem Konfliktinhalt nur der Adressat der Aggression gewechselt, so spricht man von einer Konfliktumleitung durch Adressatverschiebung. In den Etagen der deutschen Wirtschaft ein täglich zu beobachtendes Phänomen.

So unwirklich das Ganze war, nun verstand ich Nanas Hass. Ich kaufte im Hotelshop eine Rose und brachte sie ihr vorbei. Sie nahm sie völlig verdattert entgegen.
»Why?«, bellte sie schließlich.
»You know and I know«, sagte ich und tätschelte ihr kurz die Hand.
»You know and you not hate me?«
»Try to smile again. Somehow«, sagte ich.

Dann rief ich mir ein Taxi und fuhr zum Palast des Sheikhs. Er stand mit seinem Vater am Rondell vor dem Eingang und begrüßte jeden von uns mit jener lächelnden Lässigkeit, die die Araber so einzigartig macht.

Über Coaching und Manipulation

»Okay, ich komm vorbei«, sage ich der Fürther Personalberaterin, »wir haben damals ja gut zusammengearbeitet.« Damals ging es um einen Manager der »E2«, also zweite Führungsebene, der nicht mehr mit sich klar kam und sich restlos aufarbeitete. Er saß mir gegenüber wie ein Gespenst, und da er sich gegen jede Einsicht wehrte, half nur die brutale Methode: Ich machte ihm klar, dass er nur noch vier bis sechs Wochen hatte bis zum Überlastungskollaps. Da wurde er sehr still, bat mich, ihn zehn Minuten alleine zu lassen und entschloss sich dann zur Zusammenarbeit. Ab da fuhr ich einmal pro Woche die zweihundert Kilometer zu ihm, um mit ihm einen Nachmittag lang zu arbeiten, bis ich ihn wieder auf den Beinen hatte. Das Ergebnis freut mich heute noch.

Überhaupt ist das Wunderbare am Coaching-Beruf, dass man mithilfe analytischer Deutungen massiv positiv in ein fremdes Leben hineinwirken kann, das andernfalls höchstwahrscheinlich an die Wand fahren würde. – Coaching ist nun mal eine Investition, bei der der »revenue« nicht in Prozent gemessen wird, sondern in Vielfachen.

»Ich möchte Ihnen nämlich einen neuen Klienten vorstellen. Mit mir kommt er angeblich nicht klar.«
»Ah so«, sage ich diskret. Schon der vorige Klient hatte mir anvertraut, dass sie ihn erst selber »gecoacht« hatte und er sich nach der zweiten Sitzung geweigert hatte, mit ihr weiter zu arbeiten.
»Das versteh ich überhaupt nicht«, hatte sie mir gesagt. »Dabei hab ich ihn echt gechallenged!«

Der Gentleman schweigt bei sowas. Aber ich transplantiere ja auch keine Leber, weil ich weiß, dass man sowas nicht in drei Wochenendseminaren erlernen kann. Ebenso wenig, wie man »Empathie« als Technik erlernen kann. Sie ist Ausdruck einer reflektierten menschlichen Haltung und nicht Ergebnis eines Abendkurses.
Nun gut, ich fahre hin und bin wie stets sehr interessiert, wen ich da treffen werde.

Da staune ich aber nicht schlecht: der Klient ist gar nicht da. Vielmehr begegne ich der Personalberaterin und dem Geschäftsführer eines Unternehmens. Der geht ans Flipchart und hält mir ein Kurzreferat, in dem er mir einen Mitarbeiter seines Hauses schildert sowie dessen Stärken und – leider, leider – auch Schwächen. Und dann kommt es: Der fachlich überragende Mitarbeiter soll in die Geschäftsführung aufgenommen werden. Und damit er dort auch besteht, sind ihm folgende Eigenschaften anzucoachen: Flexibilität (er ist auf seinem Gebiet nicht zu schlagen, aber leider etwas schwerfällig in der Reaktion gegenüber Mitmenschen); Durchsetzungsvermögen (er ist ein sehr akademischer Mensch, der lieber prüft, als anzuordnen und Mitarbeiter zur Schnecke zu machen); und letztlich noch etwas mehr Rückgrat gegen seine äußerst ehrgeizige Freundin, die ebenfalls in der Firma aktiv ist und, wie die Geschäftsführung weiß, ihn leider sehr unterm Pantoffel hat (»Da sehen wir ein Problem.«). Die Personalberaterin diskutiert engagiert mit.

Unübersehbar ein guter Kunde, den sie bei Laune halten will.
»Ich hab gesagt, wenn einer das kann, dann Sie!«

Da sitzt man dann ja erst mal, so als Coach. »Sehr freundlich«, sage ich schließlich.
»Wir wollen natürlich nichts über seinen Kopf hinweg entscheiden«, sagt die Personalberaterin und der Geschäftsführer nickt.
»Natürlich nicht«, sage ich. »Wer käme auf so eine Idee.«
»Aber wir brauchen Ergebnisse. Und möglichst zügig.«
»Bei der Gelegenheit könnt´ ich ihm ja auch noch ne andere Haarfarbe ancoachen. Falls die Sie stört.«
Irritiertes Schweigen. Man grübelt offenbar, ob ich das auch kann. Nach einigen weiteren Minuten verlasse ich das Gespräch. Mit einem Hals wie ein Pelikan.

Der Vorstellung, ein Coach habe im Auftrag der Geschäftsführung einen Mitarbeiter nach den Maßgaben des Unternehmens so zu modellieren, dass er für die Firma noch nützlicher wird, bin ich mehr als einmal begegnet. Sie basiert – neben einem beträchtlichen Maß an Naivität und Anmaßung – auf der Annahme, dass der Coach dem Klienten »etwas sagt«, was ihn/sie in die vom Auftraggeber gewünschte Richtung bugsiert, egal ob er/sie das will oder nicht. (»Sie können doch Hypnose, können Sie uns da nicht... etc.?«).

Da wird nur nix draus. Denn ein Coach wird seinen Klienten als solchen annehmen und ihm helfen, die Eigenschaften zu entwickeln, die a) in ihm sind, und die er b) selber entwickeln will. Am Ende des Coachingprozesses steht nicht ein williger Zombie, der nun noch besser funktioniert, sondern ein Mensch, der sich aus den eigenen Ressourcen heraus weiterentwickelt hat. Und zwar gemäß seiner inneren Anlagen. – Also Klartext: Über die Coachingziele entscheidet der Klient und sonst gar niemand. Und das setzt voraus, dass er/sie auch selbst entscheidet, welche Probleme als belastend empfunden werden und bearbeitet werden sollen. – Es gab aber auch schon einen Fall, wo die Unternehmer-Ehefrau einen Klienten zu mir sandte, damit er sich gefälligst in ihrem Sinne weiterentwickelte. Schon nach wenigen Sitzungen entschloss der Klient sich zur Abschaffung der Ehefrau und blühte anschließend so auf, dass das Coaching abgeschlossen werden konnte.

Ein Coach also ist Partei: Er steht immer auf der Seite seines Klienten, den er zu verstehen versucht, den er hält, und den er gegebenenfalls auch schützt. Dies mit gebotener professioneller Distanz: Konstant, positiv, zugewandt, doch ohne dabei zum Kumpel oder gar zum Komplizen zu werden. Denn das wichtigste Kapital, das der Coach erwerben kann, ist Vertrauen. Würde er sich dieses erschleichen, um »hinten herum« fremde Vorgaben zu erfüllen, wäre dies nichts anderes als ein Parteiverrat, wie er bei Anwälten zu Recht unter massive Strafdrohung gestellt ist.
Damit erledigt sich dann auch ein weiteres Problem: Manche Unternehmen wünschen nach Ende des Coachings einen »Abschlussbericht«, für welche Akte auch immer. Ich habe noch keinen Klienten erlebt, der dem zugestimmt hätte. Dann gibt´s eben auch keinen.
Denn ein/e Klient/in wird nicht manipuliert, sondern verändert. Zum eigenen Besten. Und sonst zu gar nichts.

Mama managt mit

Darf man einen Mann in einer Führungsposition als zart bezeichnen? Oder verwendet man besser ein paar Euphemismen, um den Manager-Mythos nicht zu beschädigen? Der vor mir sitzt jedenfalls, sieht durchsichtig aus, und ich frage mich, wann er mir vom Stuhl fällt. In seiner Verantwortungsposition in einem namhaften Werftbetrieb hat er sich, gerade mal Anfang fünfzig, aufgearbeitet. Er wirkt wund, nach innen gekehrt wie ein krankgeschossenes Tier, das sich ins Unterholz verzieht und hofft, dass niemand vorbeikommt, der es beißt.

Der Mann ist fertig. Das Problematische ist, wenn und dass die Betroffenen dann in einen tranceartigen Trott geraten: Sie marschieren und marschieren und funktionieren wie benommen. Auch zuhause kommen sie nicht zur Ruhe, und der Nachtschlaf ist ein nervöses Hetzen durch Wachträume, bis morgens – kurz vor dem Aufwachen – der Absturz in eine erschöpfte Tiefschlafphase erfolgt, die vom Wecker jäh zerrissen, – pardon: zerfetzt – wird. Dann stehen sie auf und roboten weiter. Ich schicke ihn zuallererst einmal zum Arzt, das sieht mir alles zu gefährlich aus.
Burn-Out-Klienten haben ein ganz brutales Problem. Es heißt: Grenzziehung.
Wo ein Mensch mit einem intakten psychischen Apparat ganz selbstverständlich nein sagt, sind sie paralysiert. Sie machen praktisch alles mit und vergessen dabei, sich selbst zu schützen: Sie sind für sich selbst nicht mehr wichtig. Es geht nur noch darum, Wünsche und Erwartungen der Anderen zu erfüllen. Usque ad exitum. – Wer sich etwas damit auskennt, der weiß, dass hier viel kindliche Verzweiflung im

Spiel ist, natürlich prächtig kaschiert hinter Managerattitüde. Es ändert nur nichts: Ein Kind schreit, es will ganz, ganz dringend in den Arm genommen werden. Für Kinder gibt es nichts Wichtigeres, und wenn man es ihnen verwehrt, schreien sie weiter. Manche ein ganzes Leben lang. Da sie sich dann aber bereits in einem Erwachsenenkörper befinden, kann das für den Erwachsenen zur Hölle werden.

Mein Klient jedenfalls hat Teile seiner Handlungsfähigkeit verloren. Egal, was man ihm auf den Schreibtisch knallt, er macht es. Negation und Selbstschutz sind abgeschaltet. Geht er durch die Produktion und stößt auf ein technisches Problem, dann delegiert er nicht, sondern sagt: »Ach lass nur, ich mach es gleich selbst.« Dann klettert er aufs Gerüst. Sein Wirken hat keinen Vektor mehr, er hastet hin und her zwischen Einzelaufgaben, in denen er sich hoffnungslos verzettelt. Es fällt auf im Betrieb. Als ein Vorgesetzter ihn fragt, wie man ihm helfen kann, antwortet er: »Ich hab längst aufgegeben.« – So gibt man den vollständigen Kontrollverlust über das eigene Leben bekannt. Es ist der Vorgesetzte, der mich anruft.

Hinterfragt man dieses intensiv selbstschädigende Verhaltensmuster, so kommen intensive Wünsche zum Vorschein, die vom Klienten in totalitärer Weise Besitz ergriffen haben. Nur vordergründig heißt es: »Ich will mich nützlich machen und meine Pflicht erfüllen.« Dahinter jedoch stehen massive Zweifel im Hinblick auf den eigenen Selbstwert: »Ich muss mich nützlich machen und reibungslos funktionieren, denn sonst bekomme ich nicht die Zuwendung und die Anerkennung, die ich mir wünsche.« – Wohlgemerkt: der Mensch läuft nicht mit solchen Gedanken herum, aber sie steuern ihn aus dem Unbewussten. Sitzungen, in denen genau diese

Automatismen zu Bewusstsein kommen, können für beide Seiten sehr bewegend und ergreifend sein. Sie lassen etwas spürbar werden von einer kreatürlichen Not, die keinem von uns fremd ist, der die Fährnisse des Lebens schon erfahren hat. Aber es ist nun mal ein Unterschied zwischen dem Wunsch sich nützlich zu machen und dem selbstzerstörerischen Zwang sich nützlich zu machen. So ein Mensch verbrennt sich selbst, ohne von außen neue Energie aufzunehmen.

Nun ja: Jeder Erwachsene braucht Zuwendung, Wertschätzung und Anerkennung. Würde mir aber jemand eine selbstschädigende Leistung abverlangen, wäre meine Reaktion eindeutig: »Ja, i spinn doch net!« – Was also treibt den Burn-Outer? Erwachsene Überlegungen werden es kaum sein, denn wenn ich ein Karriereziel verfolge, an dessen Ende ich mit fünfundvierzig drei Bypässe habe, eine lausige Frührente und meine geplatzte Hausfinanzierung, dann muss noch etwas Anderes im Spiel sein. Irgendetwas ganz Verborgenes mit ganz viel Macht. Sowas kommt eigentlich immer aus den Jahren, wo es noch ganz wichtig war, von Mami und Papi fest in den Arm genommen zu werden.

Also nicht weiter verwunderlich, dass in den Gesprächen mit meinem Klienten recht bald die inzwischen greise Mutter auftaucht, und dies mit deutlich negativer Konnotation. »Sie geht mir eigentlich nur auf die Nerven. Die Gespräche mit ihr sind belangloses Blah-blah, und wenn sie alle zwei Wochen anruft, erzählt sie mir, dass der Nachbar sein Garagentor gestrichen hat.« – Übersetzt heißt das: Ich vermisse so sehr die Nähe zu meiner Mutter. Da wird man als Coach hellhörig: Eine Führungskraft wäre gerne bei Mama auf'm Schoß.

Behutsames Hinterfragen offenbart sukzessive das Elend einer Kindheit in einem Managerhaushalt: Der Vater, ebenfalls Führungsposition, ständig unterwegs und als Ansprechpartner ein Ausfall. Er stirbt bei einem Autounfall in Dänemark und hinterlässt Frau und vier Kinder: drei Töchter in den Teens und unseren achtjährigen Manager, einen Nachzügler. Der Kleine fühlt sich hoffnungslos vernachlässigt. Die Mutter behandelt ihn kühl und abweisend, signalisiert ihm fortwährend, wie unwichtig und – ja! – lästig er für sie ist. Ein einziges Mal streicht sie ihm mehr abwesend als liebevoll über die Haare, als er etwas für sie erledigt hat. »Ich hab gebettelt und gebettelt und gebettelt«, sagt er voller Bitterkeit, »und sie hat mich immer nur übersehen. Jetzt kann sie mir gestohlen bleiben.« Dann schaut er mich an mit einem Blick, den ich nie wieder vergessen werde. Und dann beginnt er bitterlich zu schluchzen. Und ich sitze da und frage mich, ob ich jetzt ein erwachsenes Mannsbild einfach in den Arm nehmen soll.

In den weiteren Sitzungen kommen all die seelischen Defizite zur Sprache, die der Kleine erfahren musste. Und auch die prägende Kraft des Sich-Nützlich-Machens: Mama hat mich gestreichelt (man wird ja bescheiden), als ich etwas für sie getan habe. Wenn ich noch viel mehr für sie tue, dann streichelt sie mich bestimmt noch viel mehr. Und so beginnt er, kleine Dienste zu übernehmen. Erst auf Zuruf, später sogar mit wachem Blick vorauseilend. Mehr von Hoffnung getragen als von Erfolg, denn Mama bleibt kühl. Aber immerhin: Dienen macht nützlich, und dann brauche ich mich auch nicht ganz so wertlos zu fühlen. – In diesem oder in ähnlichen Erlebnissen liegt ganz oft die Wurzel für eine gewisse, stets auf Entwertung des Gegenübers abzielende, Präpotenz in manchen Managerkreisen. Sei es die Mama, sei es der

Papa, oder auch mal beide. Jedenfalls, bei meinem Klienten wandert dieses Muster als fester Programmsatz ins Unbewusste.

»Und wenn man mit ihr reden will, weicht sie immer nur aus«, sagt er. »Die ist wie ein Stück Seife.« Dann scheint er einen Entschluss zu fassen: »Aber das nächste Mal, wenn sie mich besucht, stell ich sie. Und dann gnade ihr Gott. Und wenn sie dann wieder ausweicht, werf´ ich sie raus!«
»Mhm«, sage ich, »und dann sind Sie genau da, wo Sie bisher schon immer waren.«
Erstaunter, verunsicherter Blick. »Was soll ich ihr denn sagen?«
»Mama, ich möchte, dass Du meine Gefühle wahrnimmst.«
Ein sehr, sehr nachdenklicher Abschied.

Die Gesamtverfassung des Klienten hat sich in den letzten Sitzungen deutlich gebessert. Die Einsicht in seine intrapsychischen Verflechtungen hat ihn wehrhafter werden lassen gegen die eigenen Unterwerfungsimpulse: Zwar hat er sie nach wie vor noch, doch erkennt er sie jetzt als solche und steuert auf Bewusstseinsebene dagegen. Da sie nicht mehr aus dem Unbewussten heraus agieren können, beginnen sie ihre Wirksamkeit zu verlieren. Und der Klient beginnt, ihnen etwas mindestens ebenso Mächtiges entgegenzusetzen: Seine langsam aufkommende Wertschätzung für sich selbst. Als Person, unabhängig vom Grad seiner Nutzbarkeit. Einfach als So-wie-ich-bin. Damit beginnt er, deutlich gesünder auszusehen, bisweilen ist er sogar richtig heiter. Denn sukzessive gewinnt er die Kontrolle über seinen Job zurück. Und das fällt auf und hat Rückwirkungen.

Aber noch etwas passiert: der anfangs flammende Hass gegen die Mutter weicht dem Wunsch, sich mit ihr ernsthaft auszutauschen. Der Klient spricht viel darüber, denn nun kann er zulassen, worauf es ihm wirklich ankommt: gegenseitige ehrliche Zuneigung, die schon aus sich heraus den Entwerteten wieder aufwertet. Dennoch: Heute, als erwachsener Mann, will er wenigstens verstehen, warum Mama so gemein war. Und Mama hat ihren Besuch angekündigt. Diesmal bereitet er keinen Überfall vor, sondern eine behutsame Annäherung.
Terminbedingt vergehen einige Wochen, bis wir uns wiedersehen. Ich treffe auf eine glücklich strahlende Führungskraft, es ist richtig ansteckend. »Oh Mann, wir haben beide geheult wie die Schlosshunde«, sagt er begeistert. »Soso«, sage ich und fühle mich irgendwie nicht ganz auf dem Laufenden. – Mein Klient hat sich verhalten wie ein erwachsener Sohn, und nicht wie ein wütendes Kind. Er hat seiner Mutter gesagt, wie wichtig sie für ihn war und ist, und wie schwer es ihm fiel, ihr völliges Desinteresse an ihm zu verstehen. Ihre Antwort allerdings zog ihm die Füße weg.

Vor ihm saß eine Frau, die von ihrer Schuld fast erdrückt wurde, und die sich selbst ihr Versagen niemals verziehen hatte. Eine Mutter, die schon zu Lebzeiten des ständig abwesenden Vaters mit vier Kindern hoffnungslos überfordert gewesen war, und die sich unter dem Druck der Situation einer alleinerziehenden Witwe in eine Erschöpfungsdepression manövriert hatte. Sie hatte auf jedes private Glück verzichtet (also ein für den Klienten vorgelebtes Schema), doch hatte bei aller Selbstaufopferung ihre Kraft für den Jüngsten nicht mehr ausgereicht. Ihre Scham über das eigene Versagen hatte ihr jede Kommunikation mit ihm unmöglich gemacht. Gequält von Schuld und Selbstvorwürfen, hatte sie sich geschworen, ihm gegenüber nie mehr etwas falsch zu machen. Doch, wie bei Vielen ihrer Generation, hatte sie emotionale Kommunikation niemals erlernt. So flüchtete sie sich in hilflose Allgemeinplätze, nicht weniger verzweifelt als er, die Liebe zum eigenen Kind nicht leben zu können und »draußen« zu bleiben. Es muss ein sehr dramatisches Gespräch gewesen sein. Am Ende verlor die Mutter ihre Schuld und der Sohn seinen Hass, und sie lagen sich in den Armen. Tatsächlich sind sie seither unzertrennlich.

Was sich für Manche vielleicht wie Courts-Mahler liest, ist die Ausnahmesituation, die in einzelnen Fällen lebenslang befreit. Und man sollte nicht dem Irrtum erliegen, dass sich ein Coaching von vornherein »auf ein bestimmtes Problem« beschränken lässt. Man weiß nie, was auftaucht, bis es aufgetaucht ist.

Meinem Klienten jedenfalls geht es hervorragend. Alle sechs-acht Monate meldet er sich mit einer quietschvergnügten Mail.

Über Manager und Kuscheln

Etwas Unruhiges geht aus von Product Manager Joe. Etwas Greifendes, Saugendes, Auf-sich-Hinweisendes, das man als bedrängend empfindet: Er benötigt unentwegt Aufmerksamkeit und Zustimmung, Bestätigung, Rückversicherung, muss die Gewissheit haben, dass er im Zentrum des Interesses seines Gegenübers steht, und besteht darauf, dass nichts von ihm ablenken darf. Aufmerksamkeitsverlust kränkt ihn schmerzhaft. Und – so haben wir es inzwischen erarbeitet – die Verlusterfahrung steigt in ihm hoch wie eine saure Fontäne und verzerrt seinen Blick auf die Realität wie ein umgelegter Schalter: Das vielleicht nur gedankenlose oder anderwärts beschäftigte Gegenüber wird als lieblos erlebt, als verwehrend, und wenn der Schmerz darüber zu stark wird, gar als Verräter. Dann ist es nicht mehr weit bis zum klagend-anklagenden Gegenangriff, der die Konfliktspirale in Gang setzt, an deren Ende Joe dann mal wieder als Geschlagener abziehen muss: »Geh zu Mama und wein´ dich aus, du Pussy!« Oder etwas vornehmer: »Die von Ihnen als Mitarbeiter häufig grundlos initiierten Konflikte in unserer Firma veranlassen uns, die Sinnhaftigkeit einer weiteren Zusammenarbeit kritisch zu hinterfragen.«

Ja, etwas Seltsames geht von Joe aus: Er hungert nach Annahme, und dieser Hunger schiebt sich in jeder Beziehung, sei sie arbeitsmäßig oder privater Natur, vor die coole Pose, und sie stellt sich zwischen Joe und seinen Gesprächspartner, – und damit auch zwischen Joe und den Erfolg. Denn sein Gezicke lädt nicht dazu ein, den Kontakt mit ihm zu vertiefen. Andererseits, wird die Beziehung zu nahe, so erlebt Joe sie als erstickend und wird zum Flüchter. – Selbstverständlich nicht ohne die Schuld dafür auf das Gegenüber zu projizieren: »Die wurde mir zu besitzergreifend.« Mehrere Frauenbeziehungen hat er nach diesem Muster erst feurig initiiert und dann überstürzt gekappt. Am Ende bleibt er allein, privat und im Job, und er irrt planlos weiter umher, auf seiner steten Suche nach Zuwendung, die er sich am Ende selbst sabotiert. Zusätzlich piesacken ihn körperliche Beschwerden, die sich klinisch nicht diagnostizieren lassen. – Man wird sich fragen müssen, wie Joe´s Cortisolspiegel aussieht.

Schwer zu übersehen, dass etwas mit Joe´s Beziehungsfähigkeit nicht stimmt. Sein Beziehungsverhalten ist zutiefst unsicher: Er kann Beziehungsangebote nicht annehmen, da sie ihn offenbar ängstigen. Andererseits terrorisiert er seine gesamte Arbeitsumgebung mit seinem unausgesprochenen Beziehungs- und Nähewunsch. – Also, was jetzt, Joe? Kaum spreche ich es an, werde ich empört angefahren: »Wieso muss ICH in Vorleistung gehen? Wieso denn ICH? Habe ICH nicht auch das Recht darauf, geliebt zu werden?« – Schon, Joe. Nur gibt es leider keinen einklagbaren, geschweige denn vollstreckbaren Anspruch darauf. Stabiles Geliebtwerden muss erarbeitet werden. Einzige Ausnahme: Kinder. Sie, und hier herrscht weltweiter Konsens, haben ein Recht darauf, bedingungslos und grenzenlos geliebt zu werden.

Bedingungslos heißt: Sie haben dafür keine Vorleistung zu erbringen. Grenzenlos heißt: Sie können niemals auf ein Territorium gelangen, wo sie nicht mehr geliebt werden. – Sentimentales Geschwurbel? Weit gefehlt! Wissenschaftlich belegte Grundvoraussetzung für eine intakte psychische Entwicklung als Bedingung sozialer Funktionsfähigkeit. Basta.

Daran allerdings hapert es bei Joe: Die bisherigen Sitzungen haben ein subjektiv erlebtes Mutterbild ergeben, das Fragen aufwirft.
»Ein Trampel. Vom ersten Tag an hat die nie kapiert, was ich brauchte, und man wusste nie, wie sie reagieren würde. – Mal so, mal so.«
»Sie meinen, Sie wussten nie, ob sie liebevoll oder abweisend bzw. zurechtweisend reagieren würde?«
»Milde ausgedrückt: ja. Eigentlich hat sie mich mit ihrer Launenhaftigkeit tyrannisiert. Wenn man als Kind mit ihr kuscheln wollte, nahm sie einen liebevoll in den Arm und fand mittendrin einen Anlass, mich richtig zur Sau zu machen. Ich hab´ meist gar nicht begriffen, worum es ging. – – Ich glaube, die Ehe mit meinem Vater war nicht besonders gut.«
»Was hätten Sie gebraucht?«
»Irgendwas Stabiles. Jemanden, der auf mich eingeht. – – Aber sie hatte nur immer so schlaue Allerweltsweisheiten, mit denen sie mich abgefertigt hat. Mir schien, sie hatte den ganzen katholischen Katechismus auswendig gelernt.«
Nicht wirklich böse, aber oft herrisch, unsensibel, grenzverletzend, kaum Einfühlungsvermögen, und leider allzu stark beschränkt auf die eigene enge Vorstellungswelt.- Und am Ende nicht verlässlich im Hinblick auf die Nähebedürfnisse little Joe´s.

Zu fragen also ist, was mit Joe´s Beziehungsfähigkeit los ist: In jedem Lebensbereich fordert er eine feste Bindung ein und zerschlägt sie, wenn sie einzutreten droht. Aber was eigentlich ist Bindung und wie wirkt sie sich aus? Eine Antwort findet sich bei dem britischen Psychiater John Bowlby, dessen Arbeiten zur sogenannten Bindungstheorie aus der zweiten Hälfte des vorigen Jahrhunderts noch heute als bahnbrechend gelten. Eine gute Darstellung des Forschungsstandes hierzu gibt uns der Kinderpsychiater Karl-Heinz Brisch vom Hauner´schen Kinderspital in München: »Bindung ist ein motivationales System, welches das Überleben des Säuglings sichert. Sobald der Säugling eine sichere Bindung emotional erfährt, wird ein weiteres motivationales System, das der Neugier und Erkundungsfreude, angeregt. Die Qualität der Bindung im erwachsenen Alter wird durch Erfahrungen mit der Feinfühligkeit der Mutter während des ersten Lebensjahres, aber auch durch die Erfahrung der Feinfühligkeit des Vaters beim Spiel mit zweieinhalb Jahren beeinflusst. – Das Bindungssystem, das sich im ersten Lebensjahr entwickelt, bleibt während des gesamten Lebens aktiv.«

Und was passiert, wenn die Etablierung einer stabilen Bindung im ersten Lebensjahr schief läuft? Mehr als man sich gemeinhin vorstellen würde: Während Kinder, die eine stabile Bindung durch eine einfühlsame Mutter erfahren, sich in aller Regel lebenstüchtig, neugierig und zuversichtlich entwickeln, läuft es gänzlich anders, wenn sie eine abweisende Mutter-Erfahrung machen: Hier entwickelt sich eine »unsicher-vermeidende« Bindungsqualität, da das Fehlen von Nähe, Schutz und Geborgenheit dazu führt, dass – vereinfacht dargestellt – Nähe aus reinem Selbstschutz erst gar nicht mehr gesucht wird. Dies allerdings führt zu einem reduzierten Explorationsverhalten (sprich: kindliche Neugier) und einer erhöhten inneren Stressbelastung des Säuglings, die sich an erhöhten Cortisol-Spiegeln messen lässt. Erfährt ein Säugling – so wie Joe – eine ambivalente Mutter, die sich mal fürsorglich, mal abweisend verhält, so entwickelt sich eine »unsicher-ambivalente« Bindungsqualität. Vereinfacht dargestellt: Der Säugling klammert sich bindungssuchend an seine Mutter, strampelt jedoch auch aggressiv und tritt mit den Füßchen nach ihr. Wird der Widerspruch noch stärker, – verursacht die Mutter also das eine Mal Nähe, das andere Mal Angst, so ergibt sich eine sogenannte »desorganisierte Bindung«, die schon bei Säuglingen zu schweren Störungen führt: Stereotype motorische Verhaltensweisen; »Einfrieren« mitten in der Bewegung; kurzfristige trancehafte Zustände. Auch hier sind die Cortisolspiegel deutlich erhöht. Alle diese Bindungsmuster werden im implizit-prozeduralen Gedächtnis abgespeichert, sozusagen als Blaupause für das zu erwartende Verhalten der menschlichen Umwelt.

Übrigens schlugen sich Unterschiede mütterlicher Fürsorge sogar im Tierversuch bei Ratten nieder: Fürsorgliche Rattenmütter hatten weniger ängstlichen Nachwuchs, der in Stresssituationen angemessenere hormonelle Reaktionen von Hypothalamus, Hypophyse und Nebennierenrinde (sog. HPA-Achse) zeigte. Sogar die molekulargenetischen Strukturen veränderten sich.

Für Joe, der sich selbst niemals kritisch reflektiert hatte, taten sich mit diesen Arbeitsergebnissen neue Welten auf. Er begriff unter erheblichem emotionalen Aufwand, dass er ein eingelerntes kindliches Reaktionsmuster unbewusst auf seine gesamten menschlichen Kontakte übertragen hatte: »Kann sein, dass du jetzt gerade nett zu mir bist, aber eigentlich weiß ich nie, woran ich mit dir wirklich bin, und das macht mich ziemlich wütend.« In weiteren Sitzungen ergab sich, dass er sich stets auch Partnerinnen gesucht hatte, die diese ambivalent-oszillierenden Verhaltenssignale abgaben, – die ihm zwar vertraut waren, ihn jedoch auch immer wieder enttäuschten. Es gelang ihm, nach einer mehrmonatigen Phase stiller Selbstbeschäftigung aus seiner Spirale herauszufinden, indem er begriff, dass er die abgespeicherten

Negativerwartungen solange auf seine Umwelt projiziert hatte, bis diese in seinem Sinne reagierte: abweisend. Da die Arbeitssituation schon ziemlich verfahren war, bat er um seine Versetzung in eine andere Abteilung, wo er sich problemlos neu etablieren konnte.

Der Verlust

»Das müssen die doch merken, dass ich nicht mehr kann! Sowas spürt man doch!«
Dietmar, ein ambitionierter Jungmanager, der sich im neuen Job völlig verschätzt hat, wirkt ziemlich ausgelutscht. Doch delegiert er die Verantwortung für seinen Zustand auf die Führungsebene und verweigert die Verantwortung für sich selbst: Die, die ihn eingekauft haben, müssen auch dafür Sorge tragen, dass es ihm gut geht. Nur, irgendwie tun sie das nicht. Und da sie sich dieser Aufgabe entziehen, geht es ihm jetzt schlecht: Innerhalb der ersten acht Wochen hat er sich schon aufgearbeitet.

»Seit ich in dem Job bin, schlaf ich auch nicht mehr. Ich lieg´ die meiste Nacht wach, in so nem nervösen Halbschlaf, und ständig geht mir so wirres Zeuch durch den Kopf. Nix konkretes irgendwie, aber ich bin ständig überdreht.«
»Was für Gedanken sind das?«
»Die sind nach dem Aufwachen wieder weg.«
»Was sagt Ihr Hausarzt?«
»Hat mir nen Tranquilizer verschrieben, damit ich runterkomm. Aber sowas will ich nicht.«
Klappe zu.

Es fallen also zwei Dinge auf: (1) Eine infantil-regredierte Anspruchshaltung, die Fürsorglichkeit passiv erwartet, wo sie nur selten zu kriegen ist, während sie den Vorgesetzten gegenüber nicht eingefordert wird. Klare Grenzsetzung unterbleibt. Und dazu (2) ein hochaktiver unbewusster Prozess, der den Klienten nachts stark agitiert, so dass er keine Rekuperation findet. – Dietmar will einen Trick von mir, eine

»Methode« oder »irgendwas, was mein Unterbewusstsein aufräumt«. Möglichst in Form eines Zauberspruchs (»Können Sie mich nicht hypnotisieren?«) oder falls kein Zauberspruch, »dann brauch ich vielleicht nen Tritt in den Arsch.« – Auch hier imponiert die passive Haltung: Er will, dass man aktiv mit ihm »macht«, während er selbst inaktiv bleibt. Zusätzlich wirkt seine Selbsteinschätzung arg unfreundlich: Ich soll ihn treten, um eine Besserung zu erzielen.

Wie geht man hier vor? Fragen nach den Eltern werden beiläufig beantwortet: »Alles okay, mir ging´s da echt gut.« Vorsichtige weitere Fragen führen dazu, dass ein demütigender betrieblicher Vorfall immer und immer wieder erzählt wird, dessen Analyse jedoch zu keinen Ergebnissen führt: eine klassische Deckerinnerung, mittels derer die im Unbewussten aktiven Prozesse verschleiert bleiben. Nachdem Dietmar mir wortgewaltig versichert, dieser Vorfall sei verantwortlich für seine Schlafstörungen, beginne ich präzise Fragen zu stellen: Welche Gedanken, welche Themen, welche Bilder und nicht zuletzt welche Gefühle bemächtigen sich seiner, auf diesen ruhelosen Nachtreisen? Und, siehe da, entgegen seiner Anfangsaussage sind die morgens »vergessenen« Bilder und Gefühle wiederbelebbar, und sie liefern eine Fülle an Material. – Womit sich der Verdacht nur bestätigt, dass ihr scheinbares Abtauchen nicht echt war, sondern ein initialer Widerstand gegen ihre Aufdeckung. Doch Widerstand ist meist lösbar, Geduld und Fragetechnik vorausgesetzt.

Die Traumbilder, die Dietmar liefert, zeigen ihn in einer passiv-vereinsamten Position. Begleitende Gefühle von Abgelehntsein, Am-Rande-Stehen, Sich-Verloren-Fühlen, werden nach und nach deutlich und wühlen ihn emotional so stark auf, dass wir mehrmals unterbrechen müssen. Dazu fällt auf, dass er in seinen Träumen seine Reaktionsfähigkeit verloren hat: In den beschriebenen Situationen ist er nicht imstande, die erlebte Erstarrung zu lösen, die Situation aktiv zu verändern, sich letztlich selbst zu befreien. – Eine eigenartige Fesselung, die er bildlich repräsentiert. Als Nachwirkung seiner Träume verbleibt ein Gefühl von Unwert-Sein, das ihn noch geraume Zeit in den Tag hinein verfolgt.

Werden solche Gefühle dazu gebracht, vom Unbewussten ins Bewusste durchzudringen, so schlaucht einen das nicht anders als ein operativer Eingriff. Auch Dietmar geht durch eine harte Zeit, in der die oben beschriebenen Wahrnehmungen mit unerwarteter Heftigkeit in ihm aufsteigen. Zugleich wirkt er verändert.

»Mir ist seit unserem letzten Gespräch klar geworden, dass ich diese Sache da schon mein ganzes Leben mit mir herumschleppe.«
»Welche Sache genau?«
»Das Nicht-verstanden-werden; das Schnauze-halten-und-wegducken; das Nichts-wert-sein.«
So ein Selbstbild entsteht nicht ohne Ursache.
»Aber komisch… Ich bin noch vier Nächte lang wach gelegen. Seither schlaf ich wie´n Stein.«
Lässt vermuten, dass etwas in Bewegung gekommen ist.

Zwei Sitzungen lang tut sich so gut wie gar nichts, wir drehen uns im Kreis. Dann kommen verschlüsselte Andeutungen über »das Leben an sich«. Erst schleppend, dann schneller und eindringlicher, bis zur Feststellung: »Aktuell weiß ich nicht mehr richtig, wer ich bin.«

Es stellt sich heraus, dass auch dieses Gefühl ihn schon sehr lange begleitet.

»Mom ist nicht meine Mom«, sagt er schließlich unvermittelt.
»Nicht Ihre leibliche Mutter?«
»Sie war immer gut zu mir. Ich war noch ziemlich klein, als sie zu uns kam. Und ich war sehr froh darüber.«
»Und Ihre richtige Mutter...?«
»Mir wurde immer gesagt, sie ist die richtige. Das ist jetzt deine Mama, und nun ist Ruhe!«
Aber wo ist die richtige Mama? Es kostet ihn große Überwindung, sich an das Thema heranzuwagen.
Mama war an einer nächtlichen Gehirnblutung gestorben, als er dreieinhalb Jahre alt war. Der Vater war am Morgen neben seiner leblosen Gattin erwacht. Sie wurde nicht einmal dreißig Jahre alt.

»Normal ließ mich Emmy, unser Dienstmädchen, morgens immer zu ihr ins Schlafzimmer, aber diesmal durfte ich nicht. Ich war sehr aufgeregt und schrie nach ihr. Mein Vater war bleich und fassungslos. Emmy weinte die ganze Zeit und sagte unentwegt: ‚Jetzt, sowas Trauriges, gell?' Und ich verstand nicht, was los war.«
Seine Augen schließen sich, die Hände wandern vors Gesicht, der Atem geht stampfend. – Kinderschmerz, drei Jahrzehnte alt.
»Ich hab sie in Erinnerung... jung,... schön..., herzlich... eine tolle Mama. – Inzwischen bin ich älter, als sie jemals geworden ist...«

»Hat man sich denn nicht um Sie gekümmert, in dieser Situation?«

»Wer denn? Mein Vater war völlig gaga, dann kamen Männer mit ernsten Gesichtern, die Aluminiumkoffer trugen, und gingen zu meiner Mama. Als sie wieder gingen, weinte mein Vater bitterlich. Ich wollte zu ihm, aber Emmy fing mich ein und trug mich weinend aus dem Zimmer. Ich hab´s damals so erlebt, als... nun ja.... als würde ich bei all dem nur stören. Später kamen dann schwarze Männer und trugen sie in einem Sarg aus dem Haus, ohne dass ich sie nochmals zu sehen bekam. ‚Schau, da is jetzt deine Mama drin!', sagte Emmy noch. Da stürzte ich zu ihr, klammerte mich an den Sarg, kratzte und biss einen der Männer in die Hand, so dass mein Vater mich von ihm wegriss. – – – Am Abend vorher noch hatte ich beim Einschlafen mit ihr herumgeschmust, und plötzlich war sie da drin, und sie nahmen mir meine Mama weg.«

In der Folgezeit fiel der kleine Dietmar in Erstarrung: Egal, was man ihm sagte, er reagierte kaum mehr und ließ alles mit sich machen. Nicht schwer sich vorzustellen, dass Schmerz, Trauer und Überwältigung das Kind an den Rand eines depressiven Stupors gebracht hatten.
»Nun ja, mein Vater stürzte sich in Arbeit. Und Emmy kündigte kurz danach, weil sie ihre kranke Mutter pflegen musste. Ich stand nur noch rum und gehörte zu niemandem mehr.«

Zwei Jahre später heiratete sein Vater Tanja, die von ihm eine Tochter erwartete, und Mama wurde – *par ordre du mufti* – offiziell vergessen, denn die Neue schien etwas eifersüchtig zu sein. Bilder und Erinnerungsstücke wurden entfernt, auch aus Dietmars Kinderzimmer. Sein schwacher Protest wurde übergangen. Mit seiner kleinen Schwester

verstand er sich sehr gut, nahm aber wohl wahr, dass beide Eltern ihr mehr Aufmerksamkeit schenkten als ihm.
»Sie waren schon gut zu mir, aber irgendwie… unsensibel. Die Lücke… in meiner Seele… die blieb halt.« Er schaut mich verzweifelt an. »Ich kann ja nix dafür!«
»Die anderen können was dafür«, sage ich. »Sie sind draußen gestanden, ungehört, unversorgt, allein gelassen. Selbst Ihre Trauer hat man ihnen weggezwungen, damit wieder alles seine Richtigkeit hat.«

Der Gedanke an eine Kindertherapie wäre nahe gelegen, doch hätte dies das Eingeständnis bedeutet, dass etwas nicht in Ordnung war, wo alles wieder in Ordnung zu sein hatte. Offenbar war die Stiefmutter weder willens noch imstande, dem kleinen Dietmar bei der Trauerarbeit um seine Mama zu helfen. – Er lernte, dass er sich zu fügen hatte, wenn er angenommen sein wollte, und dass weder seine Gefühle noch seine Bedürfnisse interessierten. Niemand spürte, wie es ihm ging.

Einem plötzlichen Impuls folgend, fuhr er nach unserer Sitzung zu seinen Eltern und brach – für diese völlig unerwartet – einen Riesenkrach vom Zaun. Sie waren so eingeschnappt, dass der Kontakt für ein Vierteljahr abbrach, dann suchten sie von sich aus das Gespräch. – Es wurde eine Serie abendlanger Auseinandersetzungen, in denen beide Seiten über einander viel Neues erfuhren, bis sie eine neue Basis zueinander gefunden hatten.

Dietmar schläft seither wieder. Jobmäßig hat er sich gut etabliert, sucht allerdings neue Herausforderungen, da ihm die Unternehmenskultur seines Arbeitgebers nicht mehr zusagt.

Narziss und Niedergang

Nicht, dass man ihn nicht sympathisch finden konnte, er hatte ja seine weichen und gewinnenden Seiten. Aber eben auch diese unglaubliche, gönnerhafte Überheblichkeit, die einem Dreißigjährigen schlicht nicht zustand. Vor allem, wenn ihr wesentlicher Zweck darin bestand, andere kleinzumachen. – Doch jetzt war er nun mal der Boss.
»Wenn mein eigener Sohn mir das so ins Gesicht gesagt hätte, dann hätte er jetzt links und rechts eine drin gehabt, Sie verdammter Schnösel!«, hatte der knorrige alte Vertriebschef Winterstein ihn angebellt. Nur um zuzusehen, wie Dickie es kaltlächelnd abperlen ließ. »Aber ich weiß natürlich auch, welchen Respekt ich einem jüngeren Chef schuldig bin…« Winterstein hatte knurrend die Tür von Dickies opulent dekoriertem Büro mit den asiatischen Teakholzskulpturen zugeknallt. Kurz darauf zwangen sie ihn in den Vorruhestand.

Es war nicht zu leugnen: Dickie hatte sein Ziel erreicht. Mit einer unglaublichen Härte, die man hinter seinen weichen, stets etwas schwammigen und verletzbaren Zügen niemals vermutet hätte, hatte er seinen über siebzigjährigen Vater aus der Geschäftsführung des Unternehmens gedrängt und diese selbst übernommen. Ab jetzt, so erklärte er, würde alles anders laufen, – professioneller jedenfalls.

Das war gewagt: Der Seniorchef nämlich hatte mit einer Mischung aus Höflichkeit, gewinnender Freundlichkeit und beträchtlicher Skrupellosigkeit ein Familienimperium aufgebaut, das sich sehen lassen konnte: Am Sitz der Firmenzentrale hatte er mit den Gewinnen aus der Firma mehrere

Straßenzüge aufgekauft. Er selbst residierte im einundzwanzigsten Stockwerk der Zentrale mit Blick über die Großstadt. Das Zweigwerk in Hannover brachte gute Gewinne und trug damit zum Anwachsen des Imperiums bei, nicht anders als die profitablen Niederlassungen in den Nachbarländern und der Lizenzhersteller in Belgien. Eine branchenfremde Schwesterfirma, die man erst kürzlich aufgekauft hatte, sollte für Diversität sorgen. – Der Grandseigneur selbst, über dessen unternehmerische Anfänge nicht unbedingt die allerfeinsten Geschichten erzählt wurden, war zum angesehenen Mitglied der Stadtgesellschaft avanciert, und ein Mitglied des Clans hatte es zu einer Position in der Bundespolitik gebracht. Aber Dickie fand sie alle unprofessionell. Und nun würde er dafür sorgen, dass das Unternehmen eine Zukunft hatte, sagte er.

Sowas ist meist mit Geldausgeben verbunden, und das ging er zügig an. Er kaufte drei neue Geschäftsführer für die einzelnen Geschäftsbereiche ein, stattete sie mit exquisiten Dienstwagen aus, neben dem eigenen Porsche selbstredend, und erklärte, die eigenen, bisher recht erfolgreichen, Produkte des Hauses seien nicht mehr zeitgemäß, daher müsse die Produktpalette erweitert werden. Das tat er, indem er ein »Sensationsprodukt« einkaufte, von dem niemand in der Firma etwas hielt, und das schon kurz nach der Markteinführung mit zweiunddreißig Millionen floppte. Sowas komme halt mal vor, meinte er. Wer das kritisiere, habe nie begriffen, welch großen Pläne er mit dem Unternehmen habe. Die Luft im Hause wurde ziemlich dick; auch außerhalb, in Verbänden und Institutionen, sprach man wenig Schmeichelhaftes. Aber wer die Macht hat, hat das Sagen.

Irgendwann redete ich unter vier Augen mit ihm: »Ich weiß nicht, ob Ihnen klar ist, wie sehr Sie dem Unternehmen mit Ihrem Auftreten schaden«, sagte ich, nachdem ich meinen ganzen Mut zusammengenommen hatte.
»Ooch ja, ein paar gibt´s ja immer.«
»Ich bin es jedenfalls leid, mir jedes Mal, wenn sie auftauchen, anzuhören: Da kommt Hedenkamp, dieses Arschloch!«
»Das sagen die?«
»Das sagen die.«

Für einen kurzen Moment durchzuckte ihn Schmerz.
»Dieser Staat hat Tausende in Ihre Erziehung investiert! Das muss sich doch irgendwann einmal bemerkbar machen!«, hatte ihn vor wenigen Tagen ein Bundestagsabgeordneter in meinem Beisein angefahren.
»*Arschloch* sagen die?«
»Sie hören es nie. Aber ich höre es jedes Mal.«
»Ich hab denen die ganze Tagung finanziert!«
»Ihr Geld nehmen die gerne. Aber das, worauf es Ihnen ankommt, werden Sie bei denen nicht kaufen können.«
Er überlegte lange. »Und? Was meinen Sie? Worauf kommt es mir an?«

Mir war unwohl. Ich war ein junger PR-Mann, und ich war gerade dabei, einen wichtigen Klienten zu riskieren. »Wir sind gleich alt«, sagte ich. »Wir haben beide jede Menge eingesteckt. Sie hungern nach grenzenloser Anerkennung. Aber die werden Sie mit Geld allein nicht kriegen können.«
Vor meinem geistigen Auge sah ich gerade Dreihunderttausend Jahresumsatz davonflattern, auf Nimmerwiedersehen.
»Wissen Sie«, sagte er plötzlich leise, »wenn Sie das erlebt haben, jahrelang, wie Ihnen jeden Morgen aufm Schulweg

das Rübenkraut aus den Stullen lief...« Dann straffte er sich. »Selber Arschlöcher!«, sagte er. »In zehn Jahren redet niemand mehr von denen!«
Ich fühlte mich hilflos, doch als sein PR-Berater hatte ich wenigstens getan, was ich als meine Pflicht ansah. Ansonsten blieb alles beim Alten.

Otto Kernberg, der große US-österreichische Psychoanalytiker, den die Nazis mit seiner Familie nach Chile vertrieben, hat sich in seinem Klassiker »Borderline-Störung und pathologischer Narzissmus« mit der hochproblematischen Struktur solcher Patienten wissenschaftlich befasst.
Dickies unübersehbare Phantasien eigener Grandiosität und Wichtigkeit, eigenen Erfolgs und persönlicher Einzigartigkeit, dokumentieren seine narzisstische Persönlichkeitsstörung lehrbuchartig. Auch seine permanente Gier nach Bewunderung, die er auf vielen von ihm organisierten gesellschaftlichen Ereignissen auslebte, sowie die völlige Skrupellosigkeit, mit der er immer wieder Menschen erhob und schlagartig fallen ließ, sobald sie ihm nicht mehr nützten, passten perfekt ins Schema. Mit seiner kurzen Bemerkung über das Rübenkraut hatte Dickie die tiefsitzenden kindlichen Entwertungserlebnisse angedeutet, die seiner Störung zugrunde lagen.

Entgegen dem hochherrschaftlichen Eindruck, den solche Charaktere zu vermitteln vermögen, ist ihr Selbstwertgefühl in einer jämmerlichen Verfassung: Den rasenden Schmerz ihrer nie verdauten Entwertungserlebnisse kompensieren sie mittels völlig realitätsferner Selbstüberhöhung, die sie bis zur Realitätsverweigerung führt. In deren Folge versteigen sie sich zur Annahme, andere Menschen hätten ausschließlich ihrer Einmaligkeit zu dienen. Misserfolge und

Kränkungen verursachen ihnen schwere »narzisstische Abstürze« bis hin zur gefürchteten »narzisstischen Raserei«. – Man denke nur an Hitlers Wüten nach dem 20. Juli 1944 oder an Saddam Husseins Vernichtungsorgien, mit denen er wegen irgendwelcher Kleinigkeiten ganze Dörfer auslöschte.

Problematisch ist hierbei vor allem die sogenannte »narzisstische Abwehr«: Die Entwertungsängste sind so groß, dass nichts Kritisches von außen mehr durchkommt, denn es würde die Zerstörung des mit größter Mühe etablierten Selbstbildes bedeuten. »In seinem innersten Kern ist der pathologische Narzissmus von destruktiver Aggression durchdrungen, die sich nicht nur gegen das eigene Selbst, sondern auch gegen äußere Objekte richtet«, schreibt der Klagenfurter Psychoanalytiker Axel Krefting. Oder anders formuliert: Der narzisstisch Gestörte entwertet, um nicht selbst entwertet zu werden; er macht klein, um sich nicht selbst klein fühlen zu müssen. Nur so kann er vor sich selbst – und vermeintlich vor den Anderen – überleben. Jedenfalls bis zum Absturz.

Der kam nach sieben Jahren, als der Vater einen Anruf seiner Hausbank erhielt und aus allen Wolken fiel: In einem Zusammenspiel mit den von ihm abhängigen Geschäftsführern hatte Dickie ihm stets alle Informationen vorenthalten und ihm den wenig ermutigenden Zustand des Firmengeflechts verschleiert. Innerhalb weniger Tage setzte der alte Herr seinen Sohn ab und übernahm selbst wieder die Führung. Das allerdings war auch dringend erforderlich, denn es stand Spitz auf Knopf.
»Oiso, wous glouben Sie?«, hatte der Geschäftsführer der österreichischen Tochterfirma mich aufgebracht angerufen. »I houb ousg´rächnet, der hot ja in sieben Johren aanhoun-

dert Milliounen aussig´hout! Aanhoundert Milliounen! Vierzigtousend am Tag!«

Der Senior verkaufte innerhalb kürzester Zeit das Zweigwerk in Hannover, um die Banken ruhigzustellen. Dickie, aller Privilegien ledig, erklärte seinen Vater und dessen Berater zu Vollidioten, handelte eine fürstliche Apanage aus und zog sich erst mal zurück in seine Villa in der Provence, die er einem prominenten britischen Schauspieler abgekauft hatte. Ab da hörte man unternehmerisch nichts mehr von ihm, doch fand man ihn dafür umso öfter in BUNTE, GALA und anderen Blättern, – am Arm irgendwelcher Schönheiten, die er selbstverliebt anstrahlte. Er war dort angekommen, wo er immer hin wollte: »Ganz oben.« – Seine Firma durchlief einen harten Schrumpfungsprozess. Die Schwesterfirma, die er zum Weltmarktführer hatte machen wollen, ging 2015 in die Insolvenz.

Ein Vater frisst sein Kind

Wenn einer die Gabe hat, einen Menschen zwei Stunden lang ohne Atemholen gegen die Wand zu schwafeln, dann er. Danach hat man einen Schädel, als wäre man gegen einen Dachsparren gerannt. Der millionenschwere Unternehmer, der das beträchtliche väterliche Erbe nochmals deutlich vermehrt hat, bietet eine Logorrhoe der allerfeinsten Art: Ein zwanghafter Redeschwall, ohne die geringste Unterbrechung. Aneinander gereihtes Gefasel, dem man irgendwann nicht mehr folgen kann, und dessen Sinn und Zweck unerschlossen bleiben. Wortdurchfall, nicht anders als bei der Diarrhoe. Irgendetwas lässt sich einfach nicht verdauen.

»Du würdest mir echt einen Gefallen tun, wenn du ihn hinkriegst.«
»Mhm.«
»Der Junge ist zwanzig, der muss ja irgendwann mal funktionieren. Und du verstehst doch was von diesem Psycho-Quatsch.«
»Mhm.«
»Nur lass MICH da außen vor, sonst heißt es am Ende noch, *ich* hätt´ ein´ an der Waffel.«
»Mhm.«
Sagt es, springt in sein rotes Ferrari-Cabriolet und donnert davon. Seine Waffel nimmt er mit, selbstredend, soll ja nichts drankommen.

»Der Junge« ist zwanzig und fast genau so breit wie hoch. Ich schätze ihn auf mindestens fünfzig Kilo Übergewicht bei 170 cm Körpergröße. Meist schweigt er. Stets wirkt er seltsam abwesend, völlig in sich zurückgezogen, hermetisch dicht. Manchmal strahlt er eine kaum merkbare Trauer aus. Auch auf Freundlichkeiten reagiert er starr und ohne Lächeln. Die meiste Zeit sitzt er in seinem Appartement, guckt Fernsehen und isst. Freundin hat er keine, dafür ist er unsterblich verliebt in Jennifer Aniston, mit deren Bildern er sich die Wände vollgepflastert hat. Er hat, nach väterlicher Meinung, »einen an der Waffel«, und das trübt nicht nur dessen Perfektionsanspruch, sondern auch das Bild der erfolgreichen Gesamtfamilie. Demnächst soll er in einer der elterlichen Firmen unterkommen. Gnade ihm Gott, wenn er nicht endlich mal gescheit funktioniert, wozu haben wir ihn denn?

Keine Aufgabe für einen Coach, indeed, sondern für einen Facharzt, denn die schwere psychische Störung ist manifest: Massive Essstörung, irgendwie das Gegenteil zur Magersucht, dazu eine »larvierte« Depression, die sich nach außen kaum zeigt. Unübersehbar die Mutlosigkeit und die Selbstverachtung. Reine Zeitfrage bis zum ersten Suizidversuch. Aber als Freund der Familie kann man sich ja engagieren, um »dem Jungen« den Einstieg in eine Therapie zu bahnen. Der nämlich beginnt gerade zu begreifen, dass das Leben wie hinter einer Glaswand an ihm vorbeiziehen wird, wenn er nichts verändert. Und dass es außerhalb der eigenen vier Wände ein Leben gibt, das für den verschlossenen und höchst unsicheren jungen Francis irgendwie unerreichbar ist. Es stellt schon eine Gefühlsexplosion dar, dass er mit mir Badminton spielt. Selbst dabei reagiert er mechanisch, roboterhaft, ausdruckslos. Und gewinnt am Ende haushoch, was er ausdruckslos zur Kenntnis nimmt. – Es heißt: Ich hätte ja so viel Kraft in mir, aber ich kriege sie nicht nach draußen.

Das Gespräch mit ihm ist einfach: Er hört zu, sagt nichts, nickt am Ende. Man hat ihm ja seit jeher gesagt, was gut für ihn ist. Das Gespräch mit dem Vater, dem ich eine mehrjährige Tiefenanalyse für seinen Sohn empfehle, wird schwierig, denn ich brauche geschlagene vierzig Minuten, bis ich gegen den sofort einsetzenden Redeschwall meine Empfehlung durchsetzen kann: »Ich halt da ja nix von. Die haben eh alle selber einen an der Waffel. Also meinetwegen, mach´s mit ihm, aber halt mich da raus. Nicht dass es am Ende heißt, *ich* hätte...«
»Schon gut«, sage ich, »aber dann bleib auch draußen.« Essstörung und Autonomiekonflikt sind praktisch Synonyme.

Der Psychiater, zu dem ich ihn schließlich vermitteln kann, erkennt seine Herkulesaufgabe. Nach drei-vier Monaten erzählt Francis mir, er fühle sich wohl in der Analyse, weil er sich verstanden fühle. »Ich kenn das gar nicht, dass mir mal jemand zuhört.« Er hat ein paar Kilo abgenommen, nachdem der Arzt ihn therapiebegleitend auf die Weight Watchers verpflichtet hat. Am Ende werden es über dreißig Kilo sein.

Doch zwischendrin kommt es zum Eklat: Der Psychiater will ein gemeinsames Gespräch mit Francis, dem Vater und der sehr liebevollen, wenngleich überforderten Stiefmutter. Beim gemeinsamen Termin redet der Vater ihn taub, auch ein Folgetermin verläuft so. Der Sohn wird zu dem, was er auch sonst ist: eine Randfigur, denaturiert zum Dekor des väterlichen Machtanspruchs. – Der Psychiater, nicht frei von feinem Humor, schickt dem Vater eine Beratungsrechnung, in der er ihm eine Angststörung attestiert. Da geht Papa endgültig in die Luft, ruft den Psychiater an und faltet ihn zwanzig Minuten lang zusammen.

»Wie kommen Sie darauf, ich hätte eine Angststörung?«
»Weil Sie die haben.«
»Quatsch! – – – Wovor hab´ ich denn Angst?«
»Sie haben eine große Angst vor Ent-wer-tung.«
Verdutztes Schweigen. Dann legt einer auf.

Danach allerdings ruft er mich an und verlangt wutschäumend, dass ICH diese Rechnung überweise, damit sie in seinen Büchern nicht auftaucht. Er würde mir das Geld anschließend in bar geben.
»Ich bin doch nicht verrückt und geb´ sowas in die Buchhaltung!«
Ich lehne ab.

Francis hält über drei Jahre durch. Mit dem Verlust von dreißig Kilogramm Körpergewicht wird er zwar nicht gerade zur Frohnatur, doch wenigstens etwas offener und gelöster. Die Depression hat sich unter der analytischen Arbeit weitgehend aufgelöst. Er hat begonnen sich einen Job zu suchen, – erster vorsichtiger Schritt in ein eigenes Leben: Da beginnt jemand sich tatsächlich abzulösen. Das zeigt sich auch daran, dass der Vater mich anruft und mir mit schneidender Arroganz nahelegt, mich aus seinen »Familienangelegenheiten« herauszuhalten. Ihm gefällt nicht, dass der Sohn bei mir Rat gesucht hat: Francis soll seinen anstehenden Urlaub im Tessiner Familiendomizil verbringen, doch hat er nicht richtig Lust darauf. Ich rate ihm zu einer unabhängigen Entscheidung.

Sieht also alles ganz gut aus, denke ich, aber ich denke zu früh. Denn zwei-drei Monate später ruft mich der Psychiater an: »Hast du irgendwas von Francis gehört?«

»Nö«, sage ich. »Ewig nicht gesehen. Wir haben uns vor seinem Urlaub zum letzten Mal gesprochen.«
»Ich auch«, sagt der Psychiater, und ich setze mich erst mal hin.
»Er hat die Analyse abgebrochen? Mittendrin?«
»Mhmmmm.«

Diskrete Nachfragen im Umfeld bringen Aufklärung: Francis bekam ein neues Auto versprochen für die Änderung seiner Urlaubspläne und verbrachte seine Zeit am Ende halt doch im Tessin. Freiwillig ins Netz der Spinne gekrabbelt, stand er drei Wochen lang unter dem Dauerfeuer eines Vaters, für den Machtverlust die ultimative Katastrophe darstellte. Schließlich erhielt er das Angebot seines Lebens: ein lukrativer Geschäftsführerjob in einem der elterlichen Büros. Allerdings unter der Bedingung, dass er seine Behandlung sofort abbrach und »endlich mal was Vernünftiges« machte.

Lange später begegne ich Francis im Stadtzentrum. Er hat wieder stark zugenommen. Als er mich erkennt, senkt er den Blick und verschwindet hastig in einer Konditorei.
Vielleicht wartet dort Jennifer Aniston auf ihn.

Über das Problem an sich

Mir ist kein einziger Fall eines Krokodils bekannt, das sich geweigert hätte, eine unangenehme Realität zur Kenntnis zu nehmen. Das Gleiche gilt für Lurche, Störche, Waschbären und Kugelfische wie auch für den Rest der Schöpfung. Die einzige Ausnahme in diesem Reigen evolutionärer Vernunft bildet der Mensch. Jedenfalls weiß ich von keinem Tierarzt, der sich bei seinen Patienten mit Realitätsverweigerung, Realitätsverlust oder – wie es die Kliniker formulieren – mit dem »Versagen der Realitätsprüfung« herumschlagen müsste. Was nicht heißt, dass Letztere aus tierischer Sicht nicht auch einmal schiefgehen könnte: Wenn ein Hund versehentlich einen Besucher beißt. Oder wenn ein Elefantenbulle einen freundlichen Touristen zertrampelt. Aus der Perspektive des verdrehten tierischen Realitätsbezugs jedenfalls bestand Eingriffsanlass.

Das ist auch naheliegend. Denn Realitätsbezug im Tierreich heißt: fressen oder gefressen werden; Territorium behaupten oder verlieren; Reproduktionspartner bewahren oder abgeben. Für eine Antilope ist eine herannahende Löwin nichts, was sich schönreden, umdeuten oder verleugnen ließe. Für einen Frosch ist eine Mücke nährstoffreiche Realität. Der Realitätsbezug ist *conditio sine qua non*, um überhaupt eine Chance aufs Überleben zu haben; und selbst dann funktioniert es bekanntlich nicht immer.

Natalie war da unbeirrbar anderer Meinung. Die gepflegte Anfangsvierzigerin mit der weichen Stimme saß im Vorstand eines mittelständischen Unternehmens und war für gut hundertvierzig Millionen Umsatz verantwortlich. Regelmäßig, wenn wir zusammen essen gingen, beklagte sie sich über den Druck, den rauen Ton, die für ihren Ehrgeiz zu sehr eingeschränkten budgetären Möglichkeiten. Die Situation und die harten Debatten berührten sie längst über das Geschäftliche hinaus und kränkten sie persönlich. Obwohl es letztlich um Finanzen und Strategien ging, begann sie unter dem internen Druck sichtlich abzubauen: Sie sah verbraucht aus, blass, bewegte sich fahrig. Die Stimme wirkte kraftlos und brüchig. Nach der Art ihrer Darstellung vorstandsinterner Debatten war sie das liebe Küken, das von dämonischen und autoritären Männergestalten regelrecht zerhackt wurde. Es waren keine Vorstandskollegen mehr, sondern Monster, deren Ziel nicht mehr in der Unternehmensführung zu bestehen schien, sondern in der Vernichtung eines kleinen Mädchens, als das sie sich dann fühlte. – Rotkäppchen und der Wolf, dachte ich.

»Ich glaube, deine Art diese Sitzungen zu erleben, prädestiniert dich für diese Angriffe.«
»Wie meinst du?« Die Gabel mit den Spagetti Carbonara blieb auf halbem Weg zum Mund stehen.
»So wie du es schilderst, scheinst du unbewusst Opfersignale zu senden.«
»Sag mal, hast du sie eigentlich noch alle?«
»Ich meine, du solltest dich in eine analytische Therapie begeben.«
»Du willst mich hier aber nicht als Klientin akquirieren, oder?«
»Dafür kennen wir uns zu gut. Trotzdem musst du in Behandlung.«
»Ich glaub´s ja nicht!« – Die Gabel knallt auf den Tisch. Madame macht einen rauschenden Abgang und schickt mir am

nächsten Tag eine wütende Mail, in der sie mich ordentlich zusammenfaltet. Man ist schließlich Vorstand.

Ich bin nicht nachtragend, und so treffen wir uns noch mehrere Male beim Italiener, wo das Gespräch nach einem festen Schema verläuft: 1) Beklagen der beruflichen Situation und der Behandlung im Unternehmen; 2) Initiales Interesse für meine Empfehlung, sich in mehrjährige analytische Behandlung zu geben; 3) Gesprächsabschluss mit den Worten »Aber ich hab ja alles im Griff!« und Totalrückzug auf die Ausgangsposition. Schlussendlich platzt mir der Kragen, und ich werde patzig, der Kontakt reißt ab.
Als ich sie zwei Jahre später auf der Straße treffe, fällt sie mir weinend um den Hals: Tags zuvor hatte sie einen psychischen Zusammenbruch, mitten in einer Vorstandssitzung. Sie ist für sechs Monate krankgeschrieben und beruflich suspendiert. – Nun plötzlich erzählt sie: Vom brutalen Regiment ihrer christlich-fundamentalistischen Eltern, für die die Sekte alles war und die Tochter nur ein sündhaftes Wesen, das mit täglicher Züchtigung auf den Weg der Tugend zu bringen war. Vom herrischen Ton des Vaters, der das Alte Testament rezitierte, während er hart zuschlug. Von der Kälte der Mutter, die sie nicht auffing, sondern geifernd ihre Schuldgefühle verstärkte und ihr den letzten Rest von Selbstwertgefühl nahm. Von Panik, Krampf und Erstarrung, die ein autoritärer Ton noch heute bei ihr auslöste bis zur völligen stammelnden Hilflosigkeit. – Der Hausarzt schafft es, sie in eine psychosomatische Klinik zu bringen. Allerdings hat er sie nicht überzeugt, sondern den Aufenthalt autoritär angeordnet und damit bereits dessen Scheitern programmiert: Natalie macht alles der Form halber mit, verweigert sich aber innerlich und wählt eine beliebte Ausweichstrategie: Sie beginnt eine hitzige Affäre mit einem Mitpatienten.

Man spricht von der Sexualisierung eines Konflikts, so dass er nicht mehr bearbeitet zu werden braucht. Nicht ganz überraschend, ist der Klinik-Partner impotent, was ihre Zuneigung eher noch steigert: Der Mann hat seine Gefährlichkeit verloren.

Nach dem Aufenthalt geht es weiter wie bisher: Natalie verweigert jede Einsicht in ihren Zustand, wird gekündigt und stürzt wirtschaftlich vollkommen ab. Das Problem an sich wird weiterhin nicht angenommen, sondern verleugnet. Doch nur wer es für sich selbst akzeptiert, der kann es behandeln.
Alexander und Margarete Mitscherlich haben den »Verlust der Spezifizität« als eine Art Sündenfall des Menschseins beschrieben. Während jedes Tier ganz genaue Determinanten seiner Existenz hat, warf der Mensch diese ab, als der Affe den Urwald verließ: Ein Webervogel wird stets ein ganz bestimmtes Nest auf einem ganz bestimmten Baum bauen, nach einer ganz bestimmten Methode. Ein Löwe wird seine Beute stets durch einen Nackenbiss töten und nicht mit dem Vorschlaghammer. Ein unterlegenes Eidechsenmännchen wird seine Unterwerfung stets durch Treteln mit den Vorderpfoten signalisieren und nicht per SMS. Die verhaltensbiologischen Muster sind seit Millionen Jahren unentrinnbar vorgegeben, und so wird kein Eisbär in der Karibik auf Fischfang gehen.

Mit dem Verlassen seines Affen-Habitats hat der Mensch seine stabilen Muster jedoch abgeworfen: Er ist unspezifisch geworden. Das hat ihm enorme Vorteile verschafft, jedoch auch eine tiefsitzende Unsicherheit, die ihn dazu verleitet sich stabile Wahrheiten zu suchen, um seiner Angst entgegenzuwirken und der verlorenen Spezifizität eine Art selbst erschaffener seelischer Heimat gegenüber zu stellen. Problematisch wird es nur, wenn das so konstruierte Selbstbild auf Kosten der Realitätswahrnehmung zementiert wird. Das Problem verdrängter Realität wird immer größer, während die Akzeptanz belastender Realität dem Menschen ermöglicht, Lösungsstrategien zu entwickeln. – Auch dies wieder eine Folge des Verlustes seiner Spezifizität: Mit den neuen Aufgabenstellungen außerhalb des Waldes hat sich der präfrontale Cortex stark vergrößert, der im menschlichen Gehirn zuständig ist für das Planerisch-Strategische. Das eröffnet eine Palette neuer Möglichkeiten. Umso weniger sollte vergessen werden, dass Realität gnadenlos ist und sich den Verdrängungsspielchen menschlicher Wahrnehmung niemals unterwerfen wird.

Natalie lernte es leider auf die ganz harte Tour: »Um wenigstens etwas zu tun« begab sie sich für ein paar Stunden in eine verhaltenstherapeutische Behandlung, die in diesem konkreten Falle ungeeignet war, denn sie führte die lebenslang erfahrene Konditionierung fort und war außerdem viel zu kurz. Erst als sie psychisch und wirtschaftlich vollständig am Ende war, begann sie ihren Zustand zu akzeptieren: eine zutiefst traumatisierte Frau, die als Kind mehrfach psychisch gebrochen worden war und versuchte sich selbst an der Leistung wieder aufzurichten. Doch eben der Versuch, sich im Unternehmen als »braves Kind« zu beweisen, indem die harten Regeln und die Selbstausbeutung der Kindheit unbewusst fortgeschrieben wurden, führte zur – in diesem Fall heilenden – Katastrophe. Nachdem sie das Problem an sich angenommen hatte, brauchte sie noch gute sechs Jahre psychoanalytischer Betreuung, um aus ihrer Erstarrung herauszufinden und den erfolgreichen Neuanfang in einem völlig neuen beruflichen Umfeld zu starten.

Über die Pseudologen

Wenn man Charly Lenzen zuhörte, verfiel man unwillkürlich in einen leichten Rausch. Er besaß starkes Charisma und dazu eine Fähigkeit, Visionen zu entwickeln, dass man sich diesen nicht mehr zu entziehen vermochte. Umso weniger, als man schon nach kurzer Zeit Charlys Begeisterung intensiv in sich selber verspürte. Dazu verstand er es, seine Aussagen mit Tatsachen und Zitaten zu untermauern, was einem nicht nur die Gewissheit gab, dass sie Hand und Fuß hatten, sondern auch, dass er gegenüber anderen stets einen beträchtlichen Wissensvorsprung besaß. Es war mein erster Agenturjob, frisch nach dem Staatsexamen, alles neu und aufregend, und ich hielt Charly für ein As. – Ein Jahr später, nach redundanten Erfahrungen mit seinen Schaumgebirgen, hielt ich ihn für einen Kriminellen, der Jeden von oben bis unten belog und dessen »Tatsachen« reine Phantasiegebilde waren, und ich kündigte fristlos.

Lenzen wurstelte noch ein dreiviertel Jahr vor sich hin, dann brachte er sich um. Er hatte keinen einzigen Kunden mehr, sein gesamtes Team hatte sich abgesetzt, zusätzlich saßen ihm die Banken im Genick. Einerseits, weil er seinen Mitgesellschafter erpresst hatte, ihm seine Gesellschaftsanteile zu verkaufen, und dies mit einem Kredit finanziert hatte, für den er Unterlagen gefälscht hatte. Andererseits, weil er Kundengelder aus den PR-Etats mit vollen Händen in zwielichtigen Etablissements hinauswarf und diese unentwegt mit gefälschten Belegen abrechnete, ihm nun aber keine PR-Etats mehr zur Verfügung standen, nachdem er bei seinen früheren Kunden Hausverbot hatte. Banken mögen es gar nicht, wenn jemand viel Geld ausgibt, der keine Einnahmen hat.

Also stellte Charly zwei Dutzend brennender Teelichter auf den Rand seiner Badewanne und legte sich im schwarzen Anzug hinein. Dann schluckte er eine Hand voll Tabletten und rief seine Freundin an, was darauf schließen ließ, dass er nicht ernsthaft sterben wollte, sondern wieder einen seiner missglückten Auftritte inszenierte. Die Medikamente allerdings wirkten ziemlich schnell, und da er – offenbar schon benebelt – die Privatnummer seiner Freundin gewählt hatte, während diese schon eine Etage tiefer in der Küche ihrer Weinkneipe saß, fand sie ihn erst am nächsten Tag. Zu seinem Begräbnis erschienen genau zwei Leute: sie und ihr Bruder, weil der sie stützen musste.

Es meldeten sich noch zwei verzweifelte Damen bei mir, denen er seine Freundin verschwiegen und im Bett alles Mögliche vorgelogen hatte: unter anderem, dass er erfolgreicher Verleger für zeitgenössische Lyrik sei und die Gedichte der einen groß herausbringen wollte. Der anderen hatte er einen eigenen kleinen Laden in Frankfurt für ihre selbst entworfene Kindermode versprochen. Ich vergaß ihn, nachdem mein beträchtlicher Zorn auf ihn sich gelegt hatte.

Dreißig Jahre später sprach eine Klientin mich auf ihren Ex-Ehemann an. Der nämlich sei ein hemmungsloser Lügner und verspreche allen möglichen Leuten alles Unmögliche, bis er selber nicht mehr aus seinem Lügengespinst herausfinde. »Sie glauben es ja nicht, aber der steigert sich so rein, dass er irgendwann alles selber glaubt! Und immer haut er ab, wenn´s zu heiß wird für ihn!«

Sein Charakterproblem habe inzwischen nicht nur dazu geführt, dass er seinen Geschäftsführerposten verloren habe, sondern auch zu einem ganzen Bündel strafrechtlicher und zivilrechtlicher Maßnahmen gegen ihn. Sie machte sich große Sorgen, denn der gemeinsame achtjährige Sohn vergötterte seinen Vater, dessen Pathologie er natürlich noch nicht durchblickte; würde dieser ins Gefängnis wandern, dann würde die gesamte Welt des Kleinen einstürzen.

»Sie können es sich nicht vorstellen«, seufzte sie, »aber der Typ hat bei allen seinen früheren Kunden Hausverbot!«
»Doch«, sagte ich. »Kann ich mir vorstellen.«

Tja, das krankhafte Lügen: Lange Zeit wurde es schlicht als Charaktermangel ohne Krankheitswert verkannt, dem man mit entsprechender »Strenge« zu begegnen hatte. In Wirklichkeit handelt es sich um Schwerkranke, deren Störung inzwischen unter dem Namen »Pseudologia Phantastica« Eingang gefunden hat in die internationalen diagnostischen Verzeichnisse. Denn ihr Lügen ist nicht boshaft, sondern »habituell auftretend, zwanghaft, unkontrollierbar« (A. Eckhardt-Henn, Stuttgart). Dabei sind die Betroffenen Opfer ihrer selbst: Sie geben falsche Namen und Adressen an, erfinden völlig unnötig die tollsten Geschichten, brechen permanent Beziehungen ab und enden meist in völliger Entwurzelung und Verwahrlosung.

Ich entsinne mich, dass mir nur kurz nach dem Erlebnis mit Lenzen eine Berliner Bekannte ihren neuen Partner vorstellte. Der begann sofort von seinem kleinen Hotel auf Ibiza zu erzählen, für das er einen Belegungsvertrag mit der US-Armee habe, und lud mich sehr schnell ein, dort als sein Gast eine unentgeltliche Woche zu verbringen. Er müsse nur die

Freigabe durch die US-Armee klären. In mehreren Telefonaten danach nahm er meine persönlichen Daten auf, teilte mir das Okay der Amerikaner mit und stimmte die Woche meines Aufenthalts mit mir ab. Dann brach der Kontakt plötzlich ab. Anschließend meldete seine Freundin sich und deckte auf, was mir ohnehin schon gedämmert hatte: Er war ein arbeitsloser Elektriker, sonst gar nichts, und sie hatte ihn tags zuvor »wegen seiner ewigen Lügerei« hinausgeworfen. – Auch ohne ihn verbrachte ich eine sehr angenehme Woche im Royal Plaza auf Ibiza, jedoch verzichtete ich wohlweislich darauf, mich in der Nobeldisco »Privilège« zu einem kostenlosen Feinschmecker-Menü zu melden, als deren angeblicher Miteigentümer er mich großzügig eingeladen hatte.

Dieses Beispiel illustriert gut, worum es psychodynamisch geht: Die eigene Identität wird als so schmerzvoll geringwertig empfunden, dass sie zwanghaft verleugnet werden muss. Zu diesem Zweck werden nahezu unentwegt Geschichten erfunden, »deren Phantasien – ähnlich den Träumen – unbewusstes Material von Wunscherfüllungs-, Abwehr- und Wiederholungscharakter enthalten.« (A. Eckhardt, Mainz). Auf Deutsch gesagt: Ich fühle mich so elend klein, dass ich mich unbedingt ganz groß machen muss. »Psychopathologisch handelt es sich immer um schwere narzisstische, dissoziale, histrionische und Borderline-Persönlichkeitsstörungen«, schreibt Eckhardt. Nicht zu vergessen, dass bisweilen auch eine begleitende bipolare – also manisch-depressive – Störung unterliegen kann. Jedenfalls: Krankheitselend pur, kompensiert durch besonders großartigen Wortnebel. Vorprogrammiert sind die schweren persönlichen und sozialen Zusammenbrüche, denn das Lügenkonstrukt hält niemals dauerhaft.

Nicht überraschend also, dass die Betreffenden aus sehr schwierigen Familienverhältnissen kommen, in denen Verlusterlebnisse, Inzest, Sucht der Eltern, Kindesmisshandlungen, Delinquenz und Dissozialität die Kindheitsatmosphäre geprägt haben. Die seelischen Schädigungen der Kinder sind so verheerend, dass sie aus diesem Leben massive sogenannte »Desintegrationsängste« mitnehmen, was nichts anderes bedeutet als die Angst vor dem restlosen Zerfall der eigenen Persönlichkeit. Und damit die Reproduktion der seelischen Zerstörung, die ihre ersten Jahre geprägt hat. – Was also von außen betrachtet Kopfschütteln und berechtigte Wut erregt, ist innerpsychisch betrachtet ein verzweifeltes Ankämpfen gegen das innere Zugrundegehen. Mit den bombastischen Lügengebäuden, häufigen Beziehungsabbrüchen, schnellen Ortswechseln und oftmals auch mit Substanzmissbrauch versuchen die Betreffenden einem Schicksal zu entrinnen, das ihnen vorgezeichnet ist, denn die Therapiechancen sind nahe null. – Was nicht die vermeintliche »Verstocktheit« der Betroffenen unterstreicht, sondern das verheerende Ausmaß ihrer psychischen Verstümmelung.

Über Charly Lenzen hatten wir uns oft gewundert: Er kam morgens fix und fertig ins Büro, sah aus wie gespien und verschwand sofort im Bad. Fünf Minuten später kam er angeschossen, überdreht und berstend vor Energie. Klar, jetzt hatte er so viel Schnee in der Nase, dass man dort mühelos Slalom fahren konnte. So schaffte er es, seiner manisch-depressiven Störung wenigstens vorübergehend zu entkommen.

Im Arbeitsleben sollten Mitarbeiter, die derartige Verhaltensmuster aufweisen, unbedingt als solche erkannt und ernst genommen werden. Denn, was ein derart erkrankter Mensch in sich trägt, versucht er unbewusst auf seine Außenwelt zu übertragen. In diesem Fall kann es nur heißen: Zerstörung und Desintegration. Bremst man so jemanden – übrigens zu 80% Männer – nicht aus, können für die Firma tödliche Gefahren entstehen.

Über die Realitätsprüfung

»Bei uns ist die Kacke am Dampfen«, sagt der Personalchef.
»Aber ganz gewaltig. – Ich brauch ´ne externe Meinung.«
»Kriegen Sie«, sage ich, »aber nur ungeschminkt.«
»Ich bitte darum.«

Auch Personaler schlafen manchmal. Anders lässt sich nicht erklären, was in dem Unternehmen passiert ist: Die neun Mitarbeiter der Versandabteilung haben zwei gewählte Sprecher zum Personalchef gesandt und gesagt: »Entweder der oder wir.« – Wird ja echt schwierig, wenn die Bestellungen nicht mehr rausgehen, weil die Abteilung menschenleer ist.

»Und wer ist der?«, will ich wissen.
»Der zuständige Manager.«
»Harter Hund, demnach.«
»Würd ich jetzt nicht so pauschal…«
»Jedenfalls nicht Mutter Theresa.«
»Die könnten wir hier auch nicht gebrauchen. – Wann können Sie kommen?«

Über das Thema »Management und Realitätsbezug« ließen sich ganze Kompendien schreiben. Realität ist etwas, das sehr rachsüchtig ist: Ignoriert man sie, holt sie einen ein, meist recht unangenehm. Aber da sie nicht immer mit dem eigenen Selbstbild korreliert, schiebt man sie gerne mal beiseite. In Managementpositionen fordert der ständige Leistungsdruck, Realitäten nach Priorität zu sortieren, und dies unter dem Primat des Unternehmensinteresses. Nicht selten reduziert sich der Blickwinkel dann nur noch auf den ak-

tuellen Erfolg (»Ich hab schließlich meine Zielvorgaben!«) und spart andere Realitäten aus. Die sind aber trotzdem da. Ich kann auch kein Auto ignorieren, das auf mich zufährt, nur weil ich gerade andere Schwerpunkte habe. Sowohl beim Auto als bei den Realitäten gilt: Die unerwartete Konfrontation damit haut ordentlich rein. Wenn auch bisweilen erst mittel- oder langfristig.
Ich bestehe also darauf, mit jedem einzelnen betroffenen Mitarbeiter des rheinland-pfälzischen Baustoff-Unternehmens vertraulich zu sprechen und mir mein eigenes Bild von der Realität zu machen. Jedem sage ich zu, dass keine Gesprächsinhalte an die Unternehmensführung gehen, – mit Ausnahme anonymisierter Zitate, die ich in meinem Bericht verwenden werde.

Man hat ja viel erlebt, aber so viel Hass habe ich noch in keinem Unternehmen vorgefunden. Der angegriffene Manager ist kein Mensch mehr, sondern Dämon mit ausschließlich negativen Eigenschaften. Sein als cholerisch und herzlos geschilderter Führungsstil gilt als demütigend, seine Art Mitarbeiter gegeneinander auszuspielen als verschlagen und lügenhaft. Man schildert ihn als Kontrollbesessenen, der Kollegen Bespitzelungsaufträge gibt, und als Menschen ohne jede Loyalität gegenüber Untergebenen. Oder anders gesagt: mehr als abgrundtiefe Verachtung lässt sich nicht mehr feststellen. Da schluckt auch ein Coach schon mal. »Wenn der bleibt, sind wir weg!«

Seltsamerweise ergibt das Gespräch mit dem Manager selber das Bild eines Leidenden: Ein Mann, der unter unglaublichem Leistungsdruck steht, der nie etwas Anderes kannte, als den Zwang, gut zu sein, für den »Schwäche« buchstäblich mit Vernichtungsängsten besetzt ist, – und der nun deprimiert und fassungslos wirkt: »Alles, was ich getan habe, war stets im Unternehmensinteresse. Mich selbst habe ich immer am wenigsten geschont.« – Glaube ich ihm sofort. Kein Unternehmen kommt aus ohne diese Art von »Frontschweinen«, die sich für den Laden förmlich zerreißen. Nur, hier hat einer andere gleich mitzerrissen, und jetzt zerreißen sie ihn. Ich soll den Konflikt managen. Und stehe vor zwei ineinander verbissenen Rottweilern.

Mein Bericht an das Management ist schonungslos, folglich ist der Personalchef erst einmal eingeschnappt und wirft mir »mangelnde Distanz« vor. – So viel zum Thema Schuldabwehr. Nur bleibe ich leider unnachgiebig. Ich schlage eine Serie moderierter Versöhnungsgespräche vor, ein intensives Coaching für den Manager und eine grundsätzliche selbstkritische Überprüfung der Unternehmenskultur sowie einzwei versöhnliche Gesten an die betroffenen Mitarbeiter, die diese aufwerten sollen. – Natürlich laufe ich gegen die Wand. Lediglich eine große Gesprächsrunde wird genehmigt, wo es nichts mehr zu genehmigen gibt, denn die Dynamik ist dem Management längst entglitten.

Die Gesprächsrunde ist eine Orgie an Verachtung. Den Manager, der sich selbstkritisch und veränderungsbereit präsentiert und seine Entschuldigung anbietet, lässt man gar nicht erst ausreden. Die Mitarbeiter zementieren einen Status Quo: Man ist fertig mit ihm und will das Management dazu zwingen, ihm die Personalverantwortung zu entziehen. Der Personalchef sitzt schweigend dabei. Während der zweistündigen Gesprächsrunde kristallisieren sich drei Wortführer heraus, die immer dann einschreiten, wenn sich Bewegung im Konflikt ergeben könnte, um die Gruppe – offenbar existiert eine Absprache – auf den Status vollständiger Verweigerung zurückzuholen. Ganz unverfroren erklären sie, beim nächsten interessanten Jobangebot seien sie

weg. – Taktisch nicht gerade das klügste Verhalten. Meine Frage, inwieweit das Unternehmensinteresse hier noch eine Rolle spiele, wird klar beantwortet: »Nicht die Spur, ich bin fertig mit diesem Laden!« – Ja... schon... aber warum sitzt er dann noch hier?
»Das kommunikative Realitätsprinzip ist erfüllt, wenn es Interaktionspartnern gelingt, gemeinsame Handlungen erfolgreich durchzuführen. Dazu müssen sie sich auf die Konstruktion einer gemeinsamen Wirklichkeit mit gemeinsamen Interpretanten geeinigt haben«, heißt es in Uexkülls Klassiker »Psychosomatische Medizin«. Oder anders gesagt: »Die Realitätsprüfung soll die realitätsgerechte Wahrnehmung innerer wie äußerer Wirklichkeit sichern.« (M. Hurvich, Psyche 11/1972). Während schnell nachvollziehbar ist, dass die Realitätsprüfung bei wahnhaften Erkrankungen wie Psychosen oder auch bei schweren Depressionen versagt, wird im Berufsleben oft übersehen, dass übermäßiger Druck zu Versagens- und Entwertungsängsten führt, und dass die damit zu erwartenden Kränkungen des Selbstwertgefühls jemanden veranlassen können, die Gesamtrealität des betrieblichen Geschehens nur noch sektoral wahrzunehmen: Es existiert nur noch, was verhindert, dass ich entwertet werde, denn das ertrage ich nicht. Man muss nicht Psychologie studiert haben, um festzustellen, dass in unserem Fall ausnahmslos alle drei Parteien aus Angst vor Entwertung versagt und damit genau jenes Ergebnis geschaffen haben, das sie jeweils für sich selbst unbedingt vermeiden wollten: Einen Zustand wechselseitiger schwerer Kränkung.

Der Manager, der schon im ersten Gespräch seine verborgenen Versagensängste erkennen lässt, und der wiederholt Bezug nimmt auf die äußerst rigiden Erziehungsbotschaften seines verstorbenen Vaters, hat im obsessiven Wunsch, Versagensvorwürfe abzuwenden, seine Entwertungsängste kompensiert durch Überidentifikation mit den Unternehmenszielen bis zum Prinzip der verbrannten Erde: Er hat die Realität ignoriert, dass er mit Menschen zu tun hat, die gerade in seinem Falle nach Anerkennung und menschlicher Aufwertung förmlich gehungert haben, – bis sie sich endgültig von ihm und dem Unternehmen abwandten. Der Personalchef, der zu Hause eine schwer kranke Ehefrau versorgt und von seinem Job existentiell abhängt, hat den über Jahre schwelenden Konflikt ignoriert, »denn es lief ja alles, und ich hatte genug um die Ohren.« Nichts ist gefährlicher als der Wunsch, dass alles in Ordnung zu sein habe, wo nichts mehr in Ordnung ist. Den größten Fehler allerdings machen die Mitarbeiter der Versandabteilung, die sich aus der Realität ausklinken, dass sie – wie jeder andere Mitarbeiter – Teil eines Unternehmens-Ganzen sind. Und dass dieses Ganze dem Primat der wirtschaftlichen Leistungsfähigkeit untersteht. Sie stellen ihre Kränkung über alles andere und weisen die Geste des Unternehmens ebenso zurück wie das Versöhnungsangebot des deutlich nachdenklicher gewordenen Managers.

Gruppentherapie allerdings ist nicht Aufgabe einer Unternehmensführung. Deren Maßnahmen haben den Unternehmenserfolg zu sichern, und so war auch letztlich die Gesprächsrunde als Maßnahme zu verstehen, die Funktionsfähigkeit des betroffenen Unternehmensbereichs wieder herzustellen. Dieses Angebot jedoch scheitert grandios an der umfassenden Verweigerung der Mitarbeiter: Ihre Identifikation mit dem Unternehmen ist abgewandert auf die eigene Gruppe und die gemeinsame Leidenssituation. Und so geben sie die erfahrene Entwertung an das Unternehmen zurück: »Hier hält mich nichts länger als notwendig!«

»Und jetzt?«, sagt der Personalchef, dessen Frau heute wieder ins Krankenhaus gekommen ist.
»Es ist wie in einer Ehe«, sage ich. »Wenn Kommunikation nicht mehr möglich ist, muss man sich trennen.«
»Heißt konkret?«
»Radikalsanierung«, sage ich. »Setzen sie die drei Wortführer raus, bevor die von selber gehen und Ihnen vorher noch ein Ei ins Nest legen. Nehmen Sie notfalls etwas Geld in die Hand. Und dann wechseln Sie sukzessive die anderen sechs aus und schauen, dass Ihnen sowas nicht mehr passiert.«

Es gab noch einige Aufstände, bis die Trennungen vollzogen waren. Das neue, junge Team funktioniert wieder, ist motiviert und sucht das Gespräch mit dem Manager, der sich jetzt auch mal Kontra geben lässt. Die Frau des Personalchefs starb sechs Wochen nach unserem Gespräch.

Über den vergessenen Schmerz

Die Klientin, obwohl gute einssiebzig groß, wirkt seltsam gedrungen, um nicht zu sagen: gestaucht. Der ganze Körper steht unter Anspannung, ist kontrahiert, die Bewegungen in ständiger Habacht-Stellung. Der Hals ist eng zwischen die Schultern gezogen, der Blick kommt von unten her. Die angespannten Lippen gehen an den Mundwinkeln über in einen deutlichen Abwärts-Knick, wirken kämpferisch-trotzig, während die unruhigen Augen mich prüfend absuchen. Ich fühle mich unwohl, misstrauisch, frage mich, was da auf mich zukommt.

Nina hat Stress. Sie fühlt sich gemobbt, kaltgestellt, abgelehnt.

»Aber«, sagt sie voller Schärfe, »ich lass mich nicht verarschen! Sie haben´s mehrfach probiert mich loszukriegen, – aber nicht mit mir!« – In ihren drei vorigen Jobs wurde sie gefeuert, weil man mit ihrer »unkonventionellen Art« nicht konnte.

»Wie lange geht das jetzt schon?«

»Im jetzigen Job seit über siebzehn Jahren!«

So lange schon steht sie dort täglich auf »gegen die Obrigkeit« und hat inzwischen die gesamte Leitung ihrer staatlichen Organisation gegen sich. Sie fühlt sich im Recht, betrachtet sich als »die Beste im Team« und hat die Moral vollständig auf ihrer Seite. Jetzt will sie einen Coach, »damit die´s am Ende nicht doch noch schaffen mich fertig zu machen.« Aufrüstungs-Coaching sozusagen. Tricks beibringen, wie man die Angreifer erledigt. Klaro.

Die Sitzungen verlaufen flüssig, doch gehen sie alle in eine Richtung: »Die da oben« sind Lumpen, Gauner, Schweine, unfähig, selbstgefällig, korrupt, sehen nicht, was sie in ihrem Beruf leistet, kennen nur sich selber und die eigene Karriere. Nina spricht mit einer Mischung aus Hass und Verachtung von ihnen. Die Realitätsverzerrung springt ins Auge: Wer über mir ist, will mir nur Übles, und ich muss ihn mit allen Kräften bekämpfen, wenn ich ihn schon nicht vernichten kann.

Projektion, so definiert es die Fachliteratur, ist die Verlagerung eines gefürchteten Triebimpulses in die Außenwelt, – sei es auf eine Person oder einen Gegenstand. Nach dem Freud-Schüler Carl Gustav Jung handelt es sich um einen Abwehrmechanismus zur Bewältigung der Negativanteile der eigenen Persönlichkeit. Somit gibt Nina uns wertvolle Informationen: sie ist voller Hass, doch ist es für sie nicht möglich, ihren Hass als Teil ihrer selbst zu akzeptieren. Vielmehr muss sie ihn nach außen verlagern. Damit liegt er dann bei Anderen, wird rückkehrend zur gefühlten Bedrohung für sie selbst und somit auch zur immer wieder erlebten Bestätigung ihrer Sicht der Welt. Nina, so scheint es, leidet nicht einmal darunter. Sie liebt den Kampf gegen die Ungerechten, wirkt hochgradig agil und konfliktbereit, und sie versteht es meisterhaft, die Situationen so zu zeichnen, dass am Ende zwei übrig bleiben: Oben der Missbraucher, und unten diejenige, die sich heftig wehrt. Nina lebt alleine, will allerdings auch nicht »irgend so nen Dödel, der alles mit sich machen lässt.«

So wie sie ihre Bedürfnislage darstellt, geht es nicht um einen liebevollen Partner, bei dem sie sich geborgen fühlen kann. Sondern um einen Mit-Krieger, der den Kampf mit ihr teilt. Nur manchmal, ganz versteckt, offenbart sich eine riesige Sehnsucht nach Männerarmen, in denen sie sich gehalten fühlen kann.

Hier stellen sich zwei wichtige Fragen: Erstens, wo kommt

der ungeheure Hass her, der sich gegen alles richtet, was »oben« ist, also gegen jegliche Autorität insbesondere, und der die Situationen erst erzeugt, die Nina anschließend bekämpfen muss? Und zweitens, fast noch wichtiger: Was macht diesen Hass so verboten und unerträglich, dass sie ihn nicht mehr in sich erleben kann, sondern ihn auf Andere legen muss, die sie nicht anders verstehen kann denn als Bedroher? Es muss einen Zensor im Unbewussten geben, der eine undurchdringliche Sperre gesetzt hat. Dieser Zensor muss eine riesige Macht haben, mit der er sie klein halten kann. Die dahinter liegenden seelischen Verletzungen müssen enorm sein, ohne dass ich sie bereits identifizieren könnte. Wenngleich die Gesamtsituation in mir einen ungeheuerlichen Verdacht entstehen lässt.

Inzwischen kenne ich alle Chefs, die Nina jemals hatte. Alle männlich, und dazu eine Stellvertreterin, »die zwar gesehen hat, wie der mit mir umgesprungen ist, aber sie hat sich nie dafür interessiert. Immer schön rausgehalten.« Es gibt keinen, den Nina nicht hassen würde. – Denn so weit sind wir inzwischen schon: Nina hat begriffen, dass ein Großteil der Aggression von ihr selbst ausgeht, und dass sie mittels ihrer Signalität Konfliktangebote unterbreitet, die von der Gegenseite angenommen werden. Nicht zuletzt deshalb, weil die Gegenseite sich bedroht fühlt und am Ende eben doch mehr Macht in Händen hält. – Einfacher formuliert: Nina schlägt nach oben, und die oben treten zurück. Den Schmerz der Demütigung einer daraus nicht selten resultierenden ungerechten Behandlung transformiert sie in eine aufgesetzte Heiterkeit (»Kann MIR doch nix anhaben!«), die immer unglaubwürdiger wirkt und ein Potential an menschlichem Schmerz erahnen lässt, das einen als Coach zu größter Behutsamkeit zwingt: »Wenn du mich wirklich erkennst, sei ganz sanft zu mir.«

Nur, erst einmal passiert das Gegenteil: Nina eröffnet die neue Sitzung mit einer wütenden Schimpfkanonade gegen mich, und es fallen Worte, die hier nicht wiedergegeben werden müssen. Ich bin der falsche Hund, der nur hinter ihrem Geld her ist und ansonsten nichts bringt. Fünfzig Minuten lang putzt sie mich zusammen, und ich höre so aufmerksam zu wie nur irgend möglich: Denn es wird ein Erlebnismuster sichtbar, das einen Mann – und sei er ihr auch noch so wohlgesonnen – zur riesigen Enttäuschung transformiert. Nun also bin ICH der Lump, der viel versprochen hat und nichts hält. Sie fühlt sich benutzt, hintergangen – und voller Hass.

»Welchen Mann hassen Sie so, Nina? Wer war der Erste, der Sie so enttäuschte?«
»Das mit unserem Geschäft«, kommt es wie aus der Pistole geschossen.
»Welches Geschäft?«
»Mein Vater hatte ein Geschäft für Bilderrahmen. Er hatte es mir von klein auf versprochen, und ich wollte es einmal übernehmen, um es in seinem Sinn fortzuführen.« Mit Nina geht eine seltsame Veränderung vor: ihre Züge werden weich und traurig, die stete Angriffslust ist verschwunden.
»Und?«
»Als er sich zurückzog, übergab er es an meinen älteren Bruder. Dabei verstand der gar nichts davon und ließ den Laden auch verkommen. Und ich war die... die... Beschissene.« Erste Tränen laufen über ihre runden Wangen.

Bisweilen spürt man als Coach den ungeheuren Schmerz eines Klienten, bevor der selbst Zugang findet. Denn während der Klient sich gegen die Aufdeckung seiner Verletzungen wehrt, sitzt man als Coach mit ausgefahrenen Antennen. Und fragt sich bisweilen, wann der richtige Zeitpunkt für die richtigen Fragen ist. Nicht immer einfach.

So viel jedenfalls steht fest: Der Vater hatte ihr den Laden versprochen und dann sein Versprechen nicht gehalten.
»Ich hab mich so hintergangen gefühlt. – – So... benutzt...«
Es war, sagt sie, ihr Lebenstraum, die erhoffte Auszeichnung durch den Vater, die ultimative Bestätigung ihres Werts: »Der Papa vertraut mir das an, was er selber geschaffen hat.«
»Konnten Sie nie mit ihm darüber sprechen?«
»Er ist kurz danach gestorben.«
Die Tränen, die nun im Übermaß fließen, sind nicht nur echt, sondern sie verändern die Klientin: Sie zeigen eine zutiefst verletzte und enttäuschte Mädchenseele. Und sie verstärken meine dunkle Ahnung. Nina wirkt weich und wie eine eröffnete Frucht, als sie mich am Sitzungsende verlässt.

In der Folgesitzung schält sich heraus, dass sie ihren Vater idealisiert hatte, und dass die Übernahme des Geschäfts nicht nur die Bestätigung ihres Werts als Tochter bedeutet hätte, sondern auch etwas an sich hatte von endgültiger Verschmelzung. »Es hätte mir gezeigt, dass er mich wirklich als Person ernst nimmt.« Dennoch, wir kreisen um stets das gleiche Thema. Mehr und mehr sieht es nach Deckerinnerung aus: eine Erinnerung, die strapaziert wird, um eine andere, oft unbewusste, Erinnerung unsichtbar werden zu lassen.

Ich überlege lange. »Nein«, sage ich schließlich. »Es geht um mehr als nur um das Geschäft.«
Sie beginnt unruhig hin- und herzurutschen. »Wie meinen Sie?«
»Ein Mann ist über mir. Er will mir Übles. Eine Frau schaut zu, doch sie unternimmt nichts.«

Der Respekt gebietet es, den nachfolgenden Ausbruch zu übergehen. Der Vater hatte sich seiner Zehnjährigen regelmäßig bemächtigt, in der kleinen Werkstatt hinter dem Laden. Die Kleine hatte sich nicht zu widersetzen gewagt, denn sie liebte und verehrte ihn. Um seine Widerwärtigkeiten zu rechtfertigten, versprach er ihr, er würde ihr später einmal sein Geschäft schenken. Das Mädchen, ohnehin in einem Zustand schwerster seelischer Überforderung, hatte sich daran geklammert, weil die perverse Zusage des Vaters ihr eine Art »Scheinlegitimation« gegeben hatte. Ihm auf Gedeih und Verderben ausgeliefert, hatte sie damit ihren Hass gegen ihn transformieren können in eine »Identifikation mit dem Aggressor«. – Eine kindliche Überlebensstrategie. Erst als er sein Versprechen brach, wurde ihr als Mittzwanzigerin die Perversität dieser Absprache richtig bewusst, und sie brach aus dem seelischen Gefängnis aus, sah sich nach einem eigenen Job um, ohne jemals zu vergessen, dass man sie um den versprochenen »Lohn« betrogen hatte.

So war ihre Aggressivität Männern gegenüber zweierlei gewesen: Angst vor Missbrauch und Rache für den hinter ihr liegenden Missbrauch. Diesen allerdings hatte sie über all die Jahre hinweg abgekapselt und mit niemandem darüber gesprochen. – Zuallerletzt mit der Mutter, die offenbar beflissen weggesehen hatte, um die »Normalität« des Familienlebens zu erhalten.

Ich empfahl Nina eine Traumatherapie oder einen Aufenthalt in einer psychosomatischen Klinik, doch klammerte sie sich verzweifelt an mich: Niemals zuvor hatte sie sich einem Menschen so weit geöffnet. Hätte ich mich ihr entzogen, sie hätte auch ich sie fallen gelassen. Eine verdammt schwierige Situation für einen Coach, aber man weiß halt vorher nie, was auf einen zukommt.

Am wichtigsten ist stets der Schutz des Klienten. – Ich schloss mich wiederholt mit einer befreundeten Psychiaterin kurz, und so arbeiteten wir noch eine ganze Zeit lang zusammen, in der Nina nicht nur ausgeglichener wurde, sondern auch ihre heillose Verstrickung in ihre gesamte Arbeitswelt erkannte. Aber manchmal hat man ja auch Glück: Im Rahmen von Umstrukturierungen bekam sie einen »golden handshake« und ging in den Vorruhestand. Sie arbeitet heute, gut versorgt, als freie Künstlerin. Partner hat sie immer noch keinen, dafür aber vier Hunde.

Über Job und Selbstwerdung

Wenn man wissen will, wie es jemandem geht, braucht man eigentlich nur auf den Unterlidtonus zu sehen: ist er schlaff und hängen die unteren Augenlider nach unten, so ergibt sich ein müder und niedergeschlagener Gesichtsausdruck, der den Verdacht einer depressiven Episode, verbunden mit einer ernsthaften Lebenskrise, rechtfertigt. Optimistische und positiv gestimmte Menschen bieten dieses äußere Bild nicht, – von normalen Alterungserscheinungen der Haut einmal abgesehen. Hinzu kommt die Körpersprache: müde und verlangsamte Bewegungen, beschwerliches Aufstehen aus der Sitzposition, denn alles, alles fällt auf einmal so schwer. Die hinter der Fassade liegenden Gefühle tun ein Übriges: Hoffnungslosigkeit, Untergangsphantasien, Lebensmüdigkeit.

Wer meint, Depression sei eine private Angelegenheit, deren Diskussion im Job nichts zu suchen habe, der liegt gründlich schief: Im Zeitraum von 1 Jahr (!!!), so das Statistische Bundesamt, leiden 12% der deutschen Allgemeinbevölkerung zwischen 18 und 65 Jahren unter einer sogenannten affektiven Störung, also einer mehr als normalen emotionalen Verstimmung. Das sind pro Jahr fast 6 Millionen Menschen in unserem Land (sog. 12-Monats-Prävalenz). Auf die Gesamtlebenszeit gerechnet, geht das Statistische Bundesamt sogar – konservativ gerechnet – von einer Lebenszeitprävalenz von 19% aus (Frauen: 25%; Männer 12%). Werden wir Deutschen also zu einem niedergeschlagenen, resignierten Volk? Verlieren die Menschen in unserem Land millionenfach den Lebensmut? Welche politischen Auswirkungen hat das? Es wäre höchste Zeit, hier ein paar ernste

Fragen zu stellen, aber die Politik ist ja mit anderem beschäftigt.

Offensichtlich sind die gesellschaftlichen Verhältnisse unseres Landes inzwischen so, dass ein Viertel der Frauen und ein Achtel der Männer psychische Überforderungssymptome zeigen. Das muss man sich mal auf der Zunge zergehen lassen. Wobei nicht in Frage zu stellen ist, dass Lebensereignisse wie z. B. der Verlust eines Partners, Tod eines Angehörigen, Jobverlust oder wirtschaftlicher Absturz entsprechende seelische Folgen verursachen, so dass mit einem gewissen Prozentsatz schlechthin immer zu rechnen wäre. – Aber in dieser Höhe? Hier läuft etwas schief, und zwar dramatisch.

»Wenden wir uns nun der zweiten Grundform der Angst zu, der Angst, ein eigenständiges Ich zu werden, die zutiefst erlebt wird als das Herausfallen aus der Geborgenheit.« So schreibt es der Psychoanalytiker Fritz Riemann in seinem Klassiker »Grundformen der Angst«, der inzwischen knapp eine Million mal über den Ladentisch gegangen ist. Und er konstatiert, die Ursache der Depression sei die »Angst vor der Selbstwerdung«. Was ist damit gemeint? Psychologengeschwurbel? Oder doch eher die nüchterne Feststellung, dass jeder Mensch und jede Menschin auf die Welt kommen mit einer psychophysischen Grundausstattung, die die Blaupause ist für ihren »immanenten Lebensentwurf« (so der Freud-Schüler Carl Gustav Jung). Aus einem geborenen Handwerker lässt sich kein Konzertpianist machen und aus introvertierten Physik-Theoretikern keine Metzgermeister. Heißt: Es ist in erheblichem, wenngleich nicht vollständigem, Maße durch die körperlich-seelischen Tatsachen vorprogrammiert, welche Eigenschaften und Neigungen, aber auch welche Erwartungen an das Leben ein Mensch (aus-)zuleben hat. Dabei werden solche Neigungen unbewusst erlebt: Die Liebe zur Rockgitarre lässt sich ebenso wenig rational begründen wie die Leidenschaft, Schilddrüsen zu operieren. – Da zieht etwas Dunkles, Unbekanntes: Der »immanente Lebensentwurf«, angereichert durch eigenes Erlebtes und frühkindliche Prägungen, die entweder motivieren oder hemmen, je nachdem.

Und möglicherweise liegt hier die tiefere Ursache der Massendepression: Haben wir einen gesellschaftlichen Zustand erreicht, der bei Millionen von uns die Selbstwerdung verhindert? Der uns das »Herausfallen aus der Geborgenheit« erleben lässt? Oder etwas ketzerisch gefragt: Haben sich in unserem Arbeitsleben Methoden eingenistet, die nicht nur eine beträchtliche Kühle vermitteln, sondern deren rigide Umgangsformen gegenüber Menschen diese so massiv entwerten und unter Angstdruck setzen, dass sie sich teilweise bis zur Selbstverleugnung deformieren? Dass also im Berufsleben, das ja eigentlich persönliche Erfüllung ermöglichen sollte, die Riemann´sche »Selbstwerdung« nicht mehr lebbar ist? Kommen Geld und Erfolg vor der Erfüllung? Wird die Macht zur Gegnerin des Menschseins?

Wer meint, dies seien fromme Überlegungen, eher anzusiedeln im Bereich der Esoterik: Schauen Sie ruhig weg! Tatsache ist jedenfalls, dass 10.000 Suizide jährlich in Deutschland eine Aussage sind über die verheerenden Folgen der »Volkskrankheit Depression«. (Eine ebenso zutreffende wie politisch folgenlose Bezeichnung.) Aber auch unter volkswirtschaftlichen Aspekten müssen in unserem Land endlich die Alarmglocken läuten, und zwar richtig laut: Ein gemeinsamer Report der Allianz mit dem Rheinisch Westfälischen

Institut für Wirtschaftsforschung (RWI) zur Depression errechnet jährliche Kosten von 22 (!!!) Milliarden Euro. Anders gesagt: In 15 Jahren 150.000 Tote (also praktisch ganz Darmstadt ausgerottet) und der gesamte Bundeshaushalt 2017 an Schadenssumme. – Das kann man sich schon nicht mehr auf der Zunge zergehen lassen, sondern man muss fragen, wie tief die Politik in unserem Lande eigentlich schläft. Oder wie wurscht 150.000 Leichen sind, nebst Kosten, selbstredend. Von den Millionen depressiver Lebender nebst indirekt betroffener Angehöriger und Arbeitskollegen mal ganz abgesehen. Rechnen wir nur drei indirekt Betroffene (Familie, Kollegen) pro depressiv Erkranktem/r, kommen wir auf eine Gesamtmenge von 24 Millionen Deutschen. Macht dreißig Prozent von uns. Frisst die Depression unser Land? Brauchen wir deshalb so viel Comedy und Gut-Drauf-Kultur?

Was wir also bräuchten, wäre eine Art psychologischer Kassensturz in diesem unserem Lande: Was ist los, dass die Leute bei uns reihenweise psychisch in die Knie gehen? Funktionieren die Zerstreuungskonzepte á la Sport-Event, Banal-TV, Fitness, Outfit und Titten nur noch oberflächlich? Gibt es darunter eine massenhafte unbewusste Psychodynamik, die das Ganze durchschaut und sich nicht mehr einfangen lässt? Sind Übersexualisierung (ein klassisches Merkmal von Geisteskrankheit) und Radikalisierung zwei Schwestern? Betrachtet man die Statistik, dann gibt es keine Ausreden mehr: Während die TV-Werbung von »Freiheit«, »Unabhängigkeit«, »Träume verwirklichen« und »Nur du entscheidest selbst« schwafelt, – und uns damit etwas vorgaukelt, was dem »verwalteten Individuum« im Marcuse´schen Sinne längst abhandengekommen ist – erzählen mir Mittdreißiger reihenweise, in Deutschland habe es noch niemals eine so depressive Generation gegeben wie ihre. Kein Wunder bei dem umfassenden Konformitäts- und Anpassungsdruck, der das Leben eher aushöhlt anstatt es zu (er)füllen.

Wäre eine (selbst-)kritische Bestandsaufnahme in unserem Lande möglich anstatt sie in Sprechblasen untergehen zu lassen, dann würden die Konsequenzen sich von selbst aufdrängen: Wir brauchen in weiten gesellschaftlichen Bereichen, nicht zuletzt im Arbeitsbereich, eine Re-Humanisierung unseres Alltagslebens. Und wir brauchen schnelle und möglichst unkomplizierte Anlaufstellen: So wie wir Herzzentren haben und Lungenzentren, so brauchen wir bundesweit schnell erreichbare Depressionszentren. – Das kostet was? Klare Ansage: Würde unsere Gesundheitspolitik ihren Namen verdienen und nicht nur Verteilungskämpfe bedienen, dann wäre längst allgemeine Erkenntnis, dass ich jemanden lieber für zwölf Wochen in eine psychosomatische Klinik schicke als zuzusehen wie er/sie erst psychisch in die Knie geht und dann via Somatisierung und Konversion in die körperliche Erkrankung abgleitet, mit allen ihren massiven Folgekosten. Aber davon sind wir weit entfernt. Denn »Psychodynamik« ist in unserer Politik ein unbekannter Begriff. Es dominieren Juristen, Bürokraten, Pädagogen, und damit Vertreter des Zwangs statt der Einsicht.

Wenn ich in nunmehr sechzehn Jahren Coachingpraxis eines gelernt habe, dann das: Zu viele von uns sitzen im Schraubstock und verlieren den Atem. Wird Zeit, dass sich was ändert. Oder wir lassen sie einfach weiter sterben.

Über den Stress

Die Wortbrandung des Anrufers mündet in einer Frage: »Versteh´n Sie, ich brauch´n Stressmanagement. Coachen Sie sowas, wie lang dauert´s, was kostet´s und geben Sie ´ne Erfolgsgarantie?« Die ganze Hektik steckt einen selber an, wenn man nicht aufpasst.
»So wie Sie sich anhören, geb´ ich Ihnen jedenfalls die Garantie, dass Sie bald auf der Schnauze liegen.« – Manchmal hilft halt nur rohe Gewalt, um gegen solch einen Redeschwall anzukommen.
»Wie? Was? Wie meinen Sie?«
»Erschöpfungsdepression oder psychophysischer Kollaps, würde mich jedenfalls nicht wundern.«
Als Antwort eine erneute Wortexplosion, die mir auf vorwiegend technische Art erklärt, es handle sich letztlich bloß um eine Frage des »Handlings«.
»Zeitmanagement, verstehen Sie? Prio-Management...« und dazu noch ein paar Amerikanismen aus dem letzten Managerseminar. Man ist ja *up to date*. Und selbstoptimiert, dass es raucht. Nur die Herzkranzgefäße nicht. – – »Und das, obwohl er doch sooo viel Sport gemacht hat!« – R.I.P.

Ich bin grundsätzlich der Meinung: Wer heilt bzw. hilft, hat Recht. Das Ergebnis legitimiert insoweit die Methode. Drum ist überhaupt nichts einzuwenden gegen Stressmanagement, es kann einem die Arbeits- und Lebenssituation erheblich erleichtern. Allerdings, wer sich alleine mal auf Wikipedia die Vielzahl möglicher Stressoren zu Gemüte führt, dem wird sich die Frage aufdrängen, in welchem Ausmaß dem Problem rein mit Methodik beizukommen ist. Denn was steckt dahinter, dass eine/r aus dem Stress überhaupt nicht mehr rauskommt?

»Viele Beschwerden, mit denen Patienten zu uns kommen, sind Reaktionen auf Defekte ihrer Beziehungshaut durch ‚zerrissene' oder ‚verknotete' Beziehungen zu ihrer Mit-Welt«, schreiben Thure von Uexküll und Wolfgang Wesiack in Uexkülls brillantem 1300-Seiten-Klassiker »Psychosomatische Medizin«. Und sie ergänzen: »Therapie heißt Antworten geben, die dem Patienten zeigen, dass die Zeichen, die er auf einer körperlichen, psychischen oder sozialen Ebene sendet, verstanden werden und ihn in die Lage versetzen, seine Wirklichkeit in zunehmendem Maße salutogenetisch zu gestalten.«

Anders gesagt: Das »Stressproblem« des Klienten ist meist nicht das wirkliche Problem, sondern die Sichtbarwerdung eines tieferliegenden Konflikts, mittels derer der Klient um Hilfe ruft. Man spricht von »Appellcharakteristik«. Das wird allerdings nur allzu oft übersehen oder – schlimmer noch – bewusst ignoriert. Wer stellt schon gern sein Selbst- und Weltbild in Frage, das bisher doch so wunderbar »funktioniert« hat? Und wer hat den Mut, auf die Notsignale eines Gegenübers einzugehen, die sich allzu oft hinter Schneidigkeit und »Dynamik« verstecken? Noch dazu, wo »Gestresste« in ihrer Ausstrahlung eine Rückwirkung auf die gesamte Umgebung ausüben und sie am Ende selber mit hineinziehen in den Stress. – Gerade hier aber gilt der alte Lehrsatz: Wenn es ansteckend wirkt, ist es pathologisch. Cave!

Um nochmals Uexküll/Wesiack zu zitieren: »In biologischen Systemen und Regelkreisen aktiviert Stress zunächst die klassischen Stress-Achsen: Die Hypothalamus-Hypophysen-Nebennierenrinden-Achse (HHNA) mit Ausschüttungen von Kortisol sowie die sympathische Achse (SA) mit Ausschüttung von Noradrenalin und Adrenalin. Nach jüngeren Erkenntnissen kommt eine dritte Stressachse hinzu mit Ausschüttung von Neuropeptiden (z. B. Substanz P) und Entzündungsmediatoren wie den Zytokinen... Im Verlauf der akuten Stressantwort verändert sich eine Vielzahl von Variablen verschiedener körperlicher Systeme wie: Herz-Kreislauf-Leistung, Tonus der glatten Muskulatur, Sekretion von Schweiß und Verdauungssäften, Aktivierung des Energiestoffwechsels, Immunbalance, Aktivierung von Vigilanz und Bewusstsein wie auch der Tonus des Halte-, Stütz- und Bewegungsapparates...« Einfacher formuliert: Der Mensch geht zurück auf seine tierische Stufe, die da lautet: Fressfeind oder Beute. Und hier zeigt sich auch die gesunde Seite des sogenannten »Eustress«: Kurzes Hochfahren, Stresslösung (durch Flucht oder Beutemachen), Rekreation und Hochgefühl. Anders beim sogenannten »Distress«: Hochfahren des Systems als Dauerzustand führt nicht zu Rekreation und Wohlgefühl, sondern zu Erschöpfung und Burn-Out, wenn nicht gar zum psychophysischen Totalkollaps.

Nicht, dass ich selber gegen alle Versuchungen gefeit wäre, das Leben erwischt einen manchmal ja auch kalt. Aber in den fünfzehn Jahren meiner Coachingpraxis habe ich ausnahmslos die Erfahrung gemacht: Die Unfähigkeit mit Stress »umzugehen« ist die Widerspiegelung eines inneren Zustandes und insbesondere seiner Einschränkungen. Hier geht es um erlernte (Fehl-)Haltungen, die die Stressanfälligkeit erst schaffen. Also etwa die Bereitschaft, selber zurückzustehen und/oder den Anderen den Zutritt zu sich selber zu gestatten, was regelmäßig in der Verletzung der sogenannten »Ich-Grenzen« endet. Damit wird die Frage virulent: Wie hoch schätze ich mich selbst und mein eigenes Wohlergehen ein gegenüber externen Anforderungen? Denn, wenn ich meiner Selbstvergeudung Grenzen setzen will, geht es nicht, ohne dass ich den Vampiren den Zutritt blockiere. Und genau an dieser Stelle setzt ein unbewusstes (!) Reflexverhalten ein, in dem der/die Betroffene sich vor der exter-

nen Inanspruchnahme beugt, »weil es eben immer schon so war.«
Viele Betroffene meinen, Sie hätten nun nach einem bestimmten haltungsformenden Ereignis zu suchen (und setzen sich damit bereits wieder unter Leistungsstress). Fakt allerdings ist, dass fast immer die Aufzuchtbedingungen des frühen seelischen Biotops eine solche Prägung veranlasst haben. Ich will es an einem Beispiel verdeutlichen.

Eine Klientin, die sich buchstäblich selbst verbrennt – im Job und auch im Privatleben, denn auch dort »leistet« sie anstatt zu rekreieren – sucht meine Hilfe. Die Mittvierzigerin ist in einer Verfassung, bei der man mit einem baldigen Kollaps rechnen kann, so dass ich sie erst einmal zum Arzt schicke. Der verschreibt ihr Tranquilizer, nun ja… In mehreren Sitzungen arbeiten wir daran, die Hintergründe ihrer Selbstschädigung aufzudecken. Sie scheint die Sitzungen zu genießen: die freundliche Atmosphäre, den Kaffee, das frische Kaffeegebäck aus der Bäckerei nebenan, das gelegentliche gemeinsame Lachen und das Gefühl angenommen zu sein. – Auch wenn sie sich um Selbstbeherrschung bemüht, reagiert sie doch emotional heftig auf die Erfahrung: Ich kann von mir erzählen und werde nicht abgelehnt, sondern akzeptiert. Ihre Mimik verrät immer wieder, dass ihr da etwas hochsteigt, auch wenn sie versucht, das kleinzureden. Auf meine Frage, welche Bewandtnis es damit habe, schüttelt sie den Kopf: »Man muss nicht alles psychologisieren.«
Dann, während einer der Sitzungen, fällt ihr Blick auf meine beiden Elektrogitarren und den Marshall neben der Couch: »Darf ich die mal anfassen?« Ich nicke, und sie hebt die rote Gibson SG hoch mit einer auffallenden Zärtlichkeit. »Darf ich Sie was fragen? … Würden Sie die mal für mich anschalten?«

Nu wird´s aber, denke ich mir verdattert. Rock-Coaching, man glaubt´s ja selber nicht. Nach kurzem Überlegen werfe ich den Marshall an und blase ein paar Licks durch die Gegend. Dann schalte ich ab, bevor das alte Blues-Schwein endgültig durchbricht und die Sitzung zum Teufel geht. Ich blicke auf eine glücklich leuchtende Klientin, wenngleich ich immer noch nicht verstehe, was passiert ist.
»Gitarre hätte ich sooo gerne gelernt!«
»Aber?«
»Ich durfte nicht. Meine Eltern wollten, dass ich Klavier lerne.« Sie zögert. »Ich war ziemlich gut darin, bin ein paar Mal sogar damit aufgetreten. – Sie waren sehr stolz auf mich.«
»Und Sie selbst?«
Lange Pause. »Ich habe es gehasst.«

Was als banale Begebenheit erscheint, gewinnt in den folgenden Sitzungen immer mehr Dimensionen: Einem musischen Kind wird ein primärer Wunsch verwehrt, mit rationalisierenden Begründungen, die nur spärlich verdecken können, dass die Eltern ihre eigenen Wünsche und Voreingenommenheiten an Stelle der Wünsche ihres Kindes setzen. Das Kind fügt sich und lernt nicht nur Klavier, sondern es beugt sich sogar dem gesellschaftlichen Ehrgeiz der Eltern und erbringt Jahre lang: Hochleistung. Einschließlich mehrerer beklatschter Auftritte bei örtlichen Konzerten.
»Jedes Mal, wenn hinterher der Applaus kam, hatte ich als Zehnjährige das Gefühl, dass er gar nicht mir galt, sondern meinen Eltern. Weil die mich dazu gezwungen haben und sich jetzt von den ganzen Knallköpfen feiern ließen.«

Internalisiert wurde nicht nur der Lehrsatz: »Die Wünsche der Anderen sind wichtiger als meine, wenn ich mir ihre Zuwendung erhalten will.« Sondern auch: »Ich bekomme be-

sonders viel Zuwendung, wenn ich mich besonders anstrenge.« Die Klientin ist sehr bewegt, als sie beginnt zu erfassen, welche Auswirkungen diese kindlichen Überlebenssätze auf ihre heutige Situation haben.
»Haben Sie Ihre Eltern sehr geliebt?«, frage ich vorsichtig.
»Das tu ich immer noch«, antwortet sie leise. »Obwohl...« Sie verstummt und ringt mit sich.
»Obwohl...?«
»Obwohl ich nie das Gefühl habe, dass sie mich wirklich sehen. – – – Ich bin immer nur die tolle, erfolgreiche Tochter, die SIE sich gewünscht haben.« Sie legt die gefalteten Hände vors Gesicht und schweigt lange. »Irgendwie war´s eigentlich ´ne unerfüllte Liebe«, sagt sie schließlich leise. »Ich hab nie das bekommen, was ich selber brauch´. Ich war nur immer der Anlass, dass *sie* stolz sein konnten.«
»Ich liebe meine Eltern so sehr, dass ich sie keinesfalls enttäuschen will«, sage ich. »Denn sonst verliere ich auch noch diese Art von Zuneigung und habe gar keine mehr.« Auch ein Coach hat ein Herz im Leib. Manchmal würde ich gerne Arschtritte verteilen. – Es wird zu oft vergessen: Der Hunger eines Kindes nach Liebe und Anerkennung ist nicht nur Luxusgut, sondern phylogenetisch verankerte Überlebensstrategie, um ihm die Aufzucht zu sichern. Ein Kind, das seelisch abgekoppelt ist, stirbt auch heute noch. – Zwar meist nicht mehr körperlich, aber immer noch seelisch.

Die Klientin jedenfalls organisiert sich vollständig neu. Sie führt eine Serie langer Gespräche mit ihren Eltern, die nach anfänglichem Blockieren beginnen, die Not ihrer Tochter zu verstehen. Die Aussöhnung vollzieht sich hochemotional. Danach sucht sie sich einen neuen Job. Ich warte noch eine ganze Zeit lang auf die Nachricht, dass sie sich zum Gitarrenunterricht angemeldet hat. Kommt aber nix.

Tourette lässt grüßen

»Rosenstein ist eigentlich ein Top-Mann«, sagt der HR-Manager auf meiner Couch. »Wenn Sie den auf ´nen Kunden ansetzen, kommt der nie ohne Auftrag zurück. Der findet für alles ´ne Lösung!«
»Aber?«
»Na, wie soll ich´s sagen…« Lippen schürzen sich nervös. »Er ist jetzt ein gutes halbes Jahr bei uns und hat ziemlich eingeschlagen. Aber er macht sich immer wieder unbeliebt. Und ich hab Sorge, dass mir da irgendwann das Team nicht mehr mitspielt.«
»Was macht er denn?«
»Sie halten mich aber nicht für verrückt, oder?«
»Bestimmt nicht.«

Da überlegt einer, sucht nach Worten, würgt.
»Also… die Beschwerden häufen sich, dass der… dass der… immer wieder so seltsam ausrastet. Dann wird er total albern, lacht wie irre herum… nuja, ich genier mich ja fast: dann grunzt er! Rempelt Kollegen an! Und wird richtig aufdringlich und impertinent! Und hampelt dazu mit den Armen. – Anders kann ich´s echt nicht sagen.«
»Und ist nicht zu bremsen?«
»Der reagiert auf NIX! Gar nix! Bis es auf einmal wieder vorbei ist. – – Die Leute haben sich damit eingerichtet, aber glücklich sind sie natürlich nicht damit. Haben Sie denn eine Erklärung?«

Nun ja, Georges de la Tourette scheint zu grüßen. Das weitere Gespräch vertieft den ersten Eindruck.
»Und dann schleudert der Kerl die ordinärsten Ausdrücke

durch die Gegend und schneidet dazu noch Grimassen! – – Aber wie gesagt: beruflich eine echte Granate, sonst hätt ich ihn ja schon längst hinausgesetzt!«

Als Teenager hatte ich einen Schulkameraden namens Harry, mit dem ich viel Zeit verbrachte, bis ich am Ende die Lust dazu verlor. Man konnte gute Gespräche mit ihm führen, teilte die Begeisterung für Cream, Jimi Hendrix, Spencer Davis, John Mayall und Fleetwood Mac und versuchte gemeinsam, die Gitarrengriffe der neuesten Hits von »The Who« herauszufieseln. Bis er unversehens anfing zu grimassieren, auf unangenehmste Weise Körperkontakt zu suchen, indem er einem den Ellenbogen buchstäblich in die Körperseite trieb und dazu völlig überdreht lachte. Verbat man sich sein Benehmen, so ignorierte er dies. Schließlich prustete er ordinärste Ausdrücke des Gossenslangs hervor, eine sexualisierte Fäkalsprache, die ihm auf den Lippen förmlich explodierte. Es wurde mir schließlich so unangenehm, dass ich den Kontakt zu Harry abbrach. Dennoch war er bei Vielen gut angesehen, denn er war ein exzellenter Rock-Bassist voller toller Einfälle, um den sich damals viele Bands rissen. – Bis sie ihn wegen seines schwierigen Naturells und seiner Ausfälle am Ende wieder hinaussetzten. Harry studierte Volkswirtschaft nach dem Abitur. Als einer aus unserem Jahrgang ihm fünfundzwanzig Jahre später begegnete, war er Taxifahrer. Erst viel später las ich in der wissenschaftlichen Fachliteratur über das Tourette-Syndrom.

In der Tat ein eigenartiges Syndrom, das man klinisch bei den sogenannten »Tic-Störungen« einordnet: Vermutet werden Stoffwechselstörungen im Gehirn, wohl vorwiegend im Striatum, einem zentralen Element der sogenannten Basalganglien, die einen elementaren Stellenwert für den frontalen Teil des Gehirns haben, und die das Zusammenwirken von Motivation, Emotion, Kognition und Bewegungsverhalten auf neuronaler Ebene realisieren. »Tics« begegnet man immer wieder mal, sei es als krampfartiges Augenzwinkern, Schulterreißen, Kopfbewegungen oder Lautäußerungen, über die der Betroffene keine Kontrolle hat. Betroffen sind 0,3 bis 0,9% der Kinder, Jungen weit häufiger als Mädchen. Zu einem geringen Anteil verliert sich das Störungsbild im Erwachsenenalter. Die Umwelt reagiert oft sehr verärgert auf die hingeworfenen Obszönitäten, eine sogenannte Koprolalie. Nicht weniger nervt den Uninformierten, wenn er veralbert und nachgeäfft wird (sog. Echopraxie).

Dabei sollte man nicht vergessen: die Betroffenen sind nicht Vorsatztäter, sondern Kranke. Und sie sind in der misslichen Lage, dass es bis heute noch keine kausale Therapie für ihre Störung gibt. So müssen sie nicht nur mit dieser leben, sondern auch mit den oft recht feindseligen Umweltreaktionen. Doch meist hat ein Ding ja zwei Seiten: Beim sogenannten »phantasmagorischen Tourette-Syndrom« sind die Betroffenen mit einer weit überdurchschnittlichen Kreativität gesegnet, die sie als Musiker oder auch auf anderen künstlerischen Gebieten befähigt. Schnelle Bewegungen, etwa als Drummer in einer Rockband (»Heavy drums«), dienen der Spannungsabfuhr; die besondere Fähigkeit, Abläufe x-mal fehlerfrei zu wiederholen, schienen Harry´s Begabung am Bass zu prägen: »Der Bass, der läuft wie eine Maschine«, war ein häufig zu hörender Kommentar. Typischerweise auch hatte er während der Vorstellungen keinerlei Anfälle, denn die Musik ermöglichte Harry die Abfuhr seiner destruktiven Energien.

Auch Rosenstein schien eine phantasmagorische Begabung zu haben, denn er war ein unschlagbarer Vertriebsmann, der den Verkaufsprozess so internalisiert hatte, dass er ihn förmlich lebte. Kollegen sagten, er sehe den Verlauf eines Verkaufsgesprächs und die Kundeneinwände regelrecht voraus. Bezeichnenderweise gab es niemals auch nur den Hauch einer Beschwerde von Kundenseite, denn dann war er in seinem Element und baute die innere Anspannung ab, die ihn während der internen Betriebsabläufe immer wieder zum Ausklinken brachte, so seltsam einen das auch anmutete.

»Also, was raten Sie mir?«
»Zuallererst einmal zu menschlichem Respekt.«
»Wie bitte?«
»Wenn er einen Unterschenkel verloren hätte, wäre es leichter für ihn. Das würde jeder erkennen.«

Es gab ein vertrauliches Gespräch Rosensteins mit seinem Vorgesetzten, in dem sichtbar wurde, wie sehr er selber unter dem litt, was er anrichtete. Man verständigte sich darauf, ihn von internen Abläufen so weit wie möglich zu entlasten. Die Betroffenen KollegInnen hingegen über sein Syndrom zu informieren, verbat er sich, er empfand es als zu entblößend. So blieb er immerhin noch anderthalb Jahre, in denen er sehr gute Ergebnisse zeigte, bevor er einem neuen Angebot folgte und die Firma verließ.

Die Hilflosigkeit eines Coaches

Die Dame hatte mich in einem Rundfunkinterview gehört, als sie mich anrief und um einen Gesprächstermin bat. Zum vereinbarten Zeitpunkt meldete sie sich dreimal aus der U-Bahn, sie sei unterwegs und in wenigen Minuten da, und schließlich erschien sie mit zwanzig Minuten Verspätung. Eine hübsche Frau Anfang der Vierzig, gepflegt, mit sympathischer Ausstrahlung. Beim Eintreten trug sie eine schwere blaue Stofftasche, die sie keinesfalls ablegen wollte und eng bei sich behielt. Schon an der Tür begann sie hektisch zu reden, ohne Atem zu holen, und behielt dies auch bei, nachdem sie Platz genommen hatte. Versuche, das Gespräch über Fragen zu ihrer Person zu strukturieren, gingen ins Leere: Sie antwortete ebenso ausweichend wie zerfahren und entgegnete stets »... und das müssen Sie auch noch wissen:«, worauf sie ziemlich wirres Zeug redete.

Immer mehr verfestigte sich mein Eindruck eines inkohärenten Dauermonologs und damit der Verdacht einer Psychopathie. Wenige Minuten später war ich mir sicher, dass sie an einer schweren paranoiden Schizophrenie litt.

Ihre Nachbarn, so berichtete sie, wollten sie vergiften. Dazu würden sie täglich »Asche« über den Zaun kippen, deren hochgiftige Bestandteile sie gesundheitlich zerstören sollten. Sie merke bereits, wie es ihr deutlich schlechter gehe. Allerdings seien diese Nachbarn »so unglaublich raffiniert«, dass es ihr niemals gelungen sei, sie bei ihren heimtückischen Angriffen zu erwischen. Dennoch habe sie die Täter bereits mehrmals zur Rede gestellt und sei von ihnen jedes Mal nur verlacht worden.

»Die haben mir gesagt, ich gehöre ins Irrenhaus!« Was sie als Ungeheuerlichkeit empfand.
Mit Hilfe eines früheren Bekannten, der sie später jedoch ebenfalls »im Stich gelassen« habe, habe sie Videokameras aufgestellt, um die Täter zu überführen.
»Aber die sind so gerissen, die spiegeln die, und dann ist da nichts drauf!« Nachvollziehbar dürfte sein, dass mich ein sehr ungutes Gefühl beschlich.

Es gibt, grob gesagt, zwei Arten von Denkstörungen: formale und inhaltliche. Formale Denkstörungen sind Störungen des gesunden Denkablaufs. Bei ihnen handelt es sich um Veränderungen der Geschwindigkeit, der Kohärenz und der Stringenz des Gedankenablaufs. Das Gedankenjagen, die Inkohärenz und nicht zuletzt das Vorbeireden auf alle gestellten Fragen waren bei der weiterhin hektisch und zerfahren sprudelnden Besucherin unüberhörbar. Inhaltliche Denkstörungen hingegen zeigen, grob gesagt, nicht mehr nachvollziehbare Interpretationen realer Wahrnehmungen, die von der harmlosen Missinterpretation bis zum wahnhaften Denken reichen. Überflüssig zu erwähnen, dass die Darstellung der Besucherin nicht stimmen konnte und alle Anzeichen eines Verfolgungswahns aufwies.

Ihr Wunsch jedenfalls war, dass ich mit ihr zusammen zur Polizei gehen sollte, »damit wir die endlich einmal überführt kriegen!« Alleine, so fürchtete sie, würde man sie nicht ernst nehmen.
Psychopathien, noch dazu so schwere, gehören überhaupt nicht in die Hände eines Coaches. – Nur schützt ihn das nicht davor, mit ihnen unerwartet konfrontiert zu werden. Man weiß vorher nicht, wer sich vorstellt, und was sein Anliegen ist, das am Telefon oft ganz anders dargestellt wird,

als es sich nach einer Stunde des Gesprächs herausschält. Umso wichtiger, dass ein Coach über diagnostisches Vermögen verfügt, schon um selber in solchen Situationen seinen festen Stand zu behalten.

Es besteht ein verbreitetes Unbehagen gegen solche Erkrankten, die man bisweilen recht oberflächlich als »Irre« oder »Verrückte« tituliert, und deren Umgang man dann zu meiden sucht. Eine solche Einstellung ist schäbig: Es sind nämlich Menschen, die zutiefst und bitterlich leiden. Die pathologische Wahrnehmung ihrer Außenwelt, für die sie nichts können, setzt sie unter einen tatsächlich »irren« inneren Druck, der sich in ihrer hektischen und zerfahrenen Sprechweise widerspiegelt. Für sie ist die wahnhafte Situation, die sie beschreiben, bitterste Realität, – die noch dazu dadurch verschärft wird, dass niemand sie verstehen will, obwohl die »Anzeichen« ihrer Bedrohung nach ihrer Überzeugung doch eigentlich auf der Hand liegen. Dies führt sie in eine gehetzte Verzweiflungsspirale, die sie oft dazu verleitet, auch und gerade bei Fremden Hilfe zu suchen. Denn die – wenngleich nicht echte – Lebensbedrohung wird als tagtäglich und als echt empfunden. Das muss einer erst einmal aushalten, ohne auszurasten.

Ich weiß von Fällen, in denen solche Menschen schnellstmöglich hinauskomplimentiert wurden, lehne dieses – im übrigen angstinduzierte – Verhalten jedoch entschieden ab: Wer mir gegenübersitzt, ist ein Mensch in Not. Er/sie verdient meinen Respekt, meine Zuwendung, mein echtes Interesse und – wo irgend möglich – meine Hilfe. Das ist leichter gesagt als getan, denn solche Patienten gehören in die Obhut eines Facharztes oder einer Klinik.

Der Coach befindet sich nun auf einer Gratwanderung: Er darf die Hilfesuchende nicht im Stich lassen; genauso allerdings hat er darauf zu achten, dass er nicht selbst ins pathologische Geschehen integriert und unversehens zum Bestandteil des wahnhaften Prozesses wird. Damit – und nicht nur damit – verbietet sich jedes konfrontative Verhalten, das die Kranke nur zur Überzeugung führt, der Coach sei »auch einer von denen«. Nicht zuletzt ist unbedingt darauf zu achten, dass die Kranke jederzeit die Möglichkeit hat zu gehen, ohne daran gehindert zu werden. Sonst kann aus solch einer Situation blitzartig eine Gewalttätigkeit entstehen, weil die Besucherin das Gefühl bekommt, festgehalten und bedroht zu werden. Alles in allem keine vergnügliche Situation, doch hat man sich gefälligst als Mensch und als Coach zu bewähren.

»Sie müssen unbedingt zum Arzt«, sage ich.
Der Redefluss stoppt, die Züge werden misstrauisch und verhärten sich. »Ach? Sind sie auch der Meinung, ich bin verrückt?«
Hier kann man einen schweren Fehler machen. Eine so verzweifelte Klientin muss sich gerade jetzt angenommen und verstanden fühlen.
»Nein«, sage ich, »aber wenn die schon Monate lang vergiftete Asche übern Zaun schütten, wer sagt Ihnen, dass Sie nicht schon gesundheitlich angeschlagen sind? Sie sagen ja selber, sie fühlen sich schlecht.«
Erstaunen.
»Meinen Sie wirklich ???«
»Erzählen Sie unbedingt einem Arzt von der Sache und lassen Sie sich komplett durchuntersuchen! Sie müssen auf jeden Fall ausschließen, dass die Sie schon krank gemacht ha-

ben, denn sonst gewinnen die am Ende noch! Vielleicht kann der Arzt Ihnen ja ein Gegengift geben.«
»Ehrlich gesagt, an sowas hab ich noch gar nie gedacht.« – Der pathologische Redefluss versiegt für einige Sekunden und weicht echter Nachdenklichkeit. »Dann könnte ich dem mal meine ganzen Unterlagen zeigen.« Sie weist auf die schwere blaue Segeltuchtasche. »Ich hab das ja alles hier dokumentiert.«
»Unbedingt«, sage ich. »Sie müssen jetzt unbedingt auf Ihre Gesundheit achten.« – Den Menschen in seiner Not annehmen, ohne auf seinen Wahn einzusteigen, kein Honiglecken. Ich hatte diese Situation schon mehrmals und habe gerade dann eben das leidende Individuum gesehen und nicht den »Verrückten«.

Nach einer Stunde beende ich das Gespräch mit vollgetrommeltem Kopf. Ich nehme der Besucherin das Versprechen ab, gleich morgen einen Mediziner aufzusuchen. Mit ihrer Tasche, die sie das gesamte Gespräch über nicht losgelassen hat, geht sie unentwegt redend zur Tür. An der Tür redet sie weiter, und auch im Treppenhaus wendet sie sich zurück zu mir mit ungebremstem Redefluss. Man darf nicht vergessen: Nach unserer Rechtslage kann jemand nur bei Eigen- oder Fremdgefährdung eingewiesen werden. Ich hoffe auf den Arzt.

Eine Woche später ruft sie an.
»Und? Waren Sie beim Arzt?«
»Nein, aber bei der Polizei. Ich hab denen alles gezeigt, aber die haben mich nicht ernst genommen. – Mir wäre schon sehr recht, wenn Sie *doch* mitkommen würden!«
Stattdessen versuche ich nochmals sie zum Arzt zu bringen, vergeblich.

Nach dem Gespräch recherchiere ich das zuständige Gesundheitsamt und schicke – unter Wahrung der Anonymität der Besucherin – eine E-Mail, in der ich den Fall ohne Namensnennung schildere und um Hilfe bitte. Über zwei Wochen lang höre ich nichts, dann rufe ich den Medizinischen Leiter an, dem ich die Mail geschickt habe.
»Hab ich nix gekriegt«, sagt er und wirkt so lustlos, wie man als Bürokrat nur wirken kann. Ich lasse nicht nach und bestehe darauf, dass man sich um die Frau kümmert. Sie ist jung und hat noch viel Leben vor sich. Aber ich laufe gegen eine Wand: »Wir haben keine rechtliche Handhabe. Erst wenn sie versucht sich umzubringen oder Andere angreift, können wir was unternehmen.«

Ich sehe nochmals das hübsche Gesicht vor mir mit den gehetzten, angestrengten Zügen. Höre die hektisch sprudelnde Stimme, den zerfahrenen Wortschwall. Und weiß, dass in diesem Land wieder mal ein Leben den Bach runter gehen wird. So unnötig, wie man es sich nur vorstellen kann.

Über die Präsenz

Auf einen Schlag wurde es still im Raum. Das Klappern von Tellern und Besteck verstummte, die Unterhaltung brach ab, als hätte man sie durchgeschnitten, und man hörte nur noch diese eine klare und doch so wundersam wandelbare Stimme. Sie imitierte einen näselnden Bürokraten des britischen Hofs, der die Formalien erklärte, unter denen man von der Queen in den Adelsstand erhoben wurde. Blasiert und unnahbar spulte der Höfling ab, wie man sich zu bewegen, zu verneigen, zu verhalten hatte, als stünde er mitten unter uns. Die zwei Dutzend Gäste unseres mitternächtlichen Dinners waren erstarrt und lauschten. Etwas von Andacht lag in der Luft und von atemloser Bewunderung, während der Sprechende vom Nebentisch einen Höfling karikierte, indem er ihn einfach nur präzise verkörperte. – Bis in die kleinste stimmliche und sprachliche Nuance hinein. Keiner von uns, dem in diesem Moment nicht die Gestalt eines hageren, verkniffenen Dieners der Monarchie erschienen wäre, eine zwanghaft-unfreundliche Figur, direkt an unserem Tisch stehend und jedem einzelnen von uns mit knarrender Strenge bedeutend, dass der Hof gottgleich war und der Untertan nur ein Gewürm, dessen kurzfristige Anwesenheit an dieser heiligsten aller Stätten nur der Gnade seiner Beamten geschuldet war und nicht etwa der eigenen Bedeutung. Man fröstelte vor so viel Allmacht in einer einzelnen Stimme. Und man fröstelte, wie Peter Ustinov, vom Nebentisch aus und verschwunden zwischen seinen Tischnachbarn, diese unglaubliche Macht besaß, allein mit seiner Stimme einen Raum so auszufüllen, dass er sich in einen britischen Thronsaal verwandelte, in dem Peter nun gerade zum »Sir Peter« erhoben wurde.

Unter Schauspielern ist der Begriff »Präsenz« nicht mehr als ein Terminus Technicus: Er bezeichnet die Ausstrahlung eines Menschen und seine Fähigkeit, die Aufmerksamkeit anderer auf sich zu ziehen und sie an sich zu binden. Zu Recht bezeichnen Bühnenmenschen sie auch als »Raumverdrängung«: Schauspieler XY betritt die Bühne, und schon sind die anderen Akteure so gut wie nicht mehr da. Doch kommt noch ein weiterer, zutiefst irrationaler, Faktor hinzu, den man am besten als Glaubwürdigkeit oder Stimmigkeit bezeichnet: Die Fähigkeit einer Person, das Gesagte und Verkörperte so darzubieten, dass es auf der anderen Seite auch angenommen wird. Unabdingbare Voraussetzung hierfür ist, dass die Person an sich als stimmig und kongruent empfunden wird. – Eine nonverbale Kommunikation, für die es keine überzeugende Beschreibung gibt, und von der die Psychoanalytiker sagen, das Unbewusste des Akteurs kommuniziere mit den Unbewussten der anderen Personen. Es geht also um Signalität und Empfang.
In aller Regel bedarf es dazu der Mimik und der Körpersprache. Dass Ustinov es ohne jeden Blickkontakt nur mittels seiner Stimme zustande brachte, sagt einiges aus über die Persönlichkeit dieses in jeder Weise ungewöhnlichen Mannes. Eigentlich ist er unter der Vielzahl meiner Begegnungen der Einzige, den die Götter so überaus reichlich ausgestattet hatten. Dass an diesem Abend selbst Größen wie das Urgestein Willy Millowitsch oder WDR-Intendant Friedrich Nowottny verstummten, mag etwas aussagen über den magischen Bann, in den Peter Ustinovs Hofbeamter uns alle gezogen hatte.

Ich bin in meinem Wirtschaftsleben einigen Staats- und Regierungschefs begegnet und einer Reihe von Wirtschaftsgrößen. Viele von ihnen hatten sich Techniken der kommunikativen Überwältigung angeeignet, mittels derer sie das Gegenüber so unter Druck setzten, dass sie sich am Ende stets gewaltsam durchsetzten. So verließ ich als junger PR-Mann eine Besprechung mit Helmut Kohl im kleinen Kreis regelrecht angewidert, nachdem ich Kohls Techniken schnell durchschaut hatte, jeden von oben herab zu zerlegen, der nicht seiner Meinung war oder seinen Interessen im Weg stand. Das Üble ist, dass solche Charaktere stets eine Kielwelle von wieselnden Nachahmern hinter sich her ziehen, die das Klima – hier das politische Klima – nachhaltig schädigen. Charismatische Figuren hingegen überzeugen nicht aufgrund ihrer verbalen Gewalt, sondern aufgrund ihrer Persönlichkeit. Die neben Ustinov beeindruckendste Persönlichkeit, der ich je begegnet bin, war der verstorbene Staatsgründer der Vereinigten Arabischen Emirate, Sheikh Zayed Bin Sultan al Nahyan. Der alte Beduinenführer mit dem von Sand und Sonne zerfurchten Antlitz war ein warmherziger und nachdenklicher Mann, von dem in der Tat eine große Magie ausging. Dass seine Emiratis ihn heiß und innig liebten, war keine aufgezwungene Verherrlichung, sondern echte Zuneigung. An diesem Abend erzählte er uns, wie sehr sein Volk gelitten hatte, oft auf der Suche nach Wasser, bis die Entdeckung des Erdöls es erlöst und nach oben katapultiert hatte. Unübersehbar hatten diese Erfahrungen den damals jungen Sheikh geprägt und ihn auf dem Boden bleiben lassen. – Sheikh Khalifa Bin Hamad al Thani hingegen, der im Exil lebende gestürzte Staatschef Quatars, den ich kurz nach dem Besuch beim VAE-Präsidenten sah, war ein Mann ohne jegliche innere Balance mit dem Charme einer Sandviper. Sein Versuch eines Gegenputsches scheiterte kläglich, und er musste seine Absetzung zähneknirschend akzeptieren. Die übelste Figur allerdings, der ich überhaupt je begegnet

bin, war der Apartheid-Präsident Pieter Willem Botha, – eine eiskalte Type, die Mord förmlich ausdünstete.
Es gibt also eine positive, von innerer Gelassenheit und dem Vertrauen auf die eigenen Fähigkeiten getragene Präsenz und das negative Gegenstück dazu, das von aggressiven Instinkten getrieben wird und alles andere als Stabilität vermittelt. Nicht selten scheitern diese Charaktere im letzten Lebensdrittel. Otto Kernberg, eine Legende von Psychoanalytiker, schreibt von den »verheerenden Folgen des Narzissmus« im letzten Lebensdrittel, in denen nur allzu oft explodiert, was sich auf der anderen Seite über Jahrzehnte hinweg aufgestaut hat. Botha musste gehen, Sheikh Khalifa war politisch erledigt, und über Kohl verliere ich kein Wort mehr.
Ustinov mochte mich, und ich gebe zu, ich genoss es, denn ich verehrte ihn. Als er mir erzählte, wie sehr ihm mein Arktisroman »Robbenfraß« gefallen hatte, wurde ich trotz meiner 194 Zentimeter nochmals einen Kopf größer. Ohnehin war er äußerst unkompliziert: Zwischendrin sandte er ein Fax aus irgendeinem Hotel, oder er rief einfach mal an, oder wir liefen uns in Hongkong zufällig über den Weg. Ich hatte ihn als Star für meine Europakampagne im Auftrag der Brüsseler Kommission gewinnen können und ihn dazu auf dem Pariser Trocadero fotografieren lassen.

»Wann sollen wir da sein, Mr. Ustinov?«
»Rufen Sie mich an, wenn Sie am Trocadero sind«, antwortete Maggie Thatcher. »Ich hab ja nicht weit.«
Er kam breit grinsend an, mit einer Hand winkend. Wir standen zu Füßen des *Monument du Maréchal Foch*, und ein gut aufgelegter Peter Ustinov spielte uns Teile seines Programms vor: Maggie Thatcher, Leonid Breschnew, Ronald Reagan und ein gutes Dutzend anderer. Zwischendrin sang

er eine Bachfuge. Die CGT hatte eine Demonstration angekündigt, und so war der Trocadero umringt von grünen Polizeibussen, aus denen heraus schwer gerüstete Polizisten sich ungläubig die Nasen an den Scheiben plattdrückten. Der Fotograf und ich saßen auf dem Boden vor Lachen.

Man sollte nicht unterschätzen, wie wichtig Präsenz und Authentizität für eine wirtschaftliche Führungsposition sind. Denn wer führen will und dabei auf das Terrorinstrument des permanenten Zwangs verzichten will, der muss überzeugen. Und zwar nicht nur argumentativ – also vom Kopf her –, sondern auch als Persönlichkeit. Es sollte nach den obigen Ausführungen klar sein, dass solche Qualitäten beim Coach nicht einfach antrainiert werden können, sondern durch konsequente und konfrontative Arbeit an sich selbst erworben werden müssen. Präsenz, zu der es in der wissenschaftlichen Fachliteratur so gut wie keine nennenswerten Ausführungen gibt, ist also der Widerschein der inneren Persönlichkeit nach außen und damit auch eine visuelle und sensorische Beschreibung des inneren Zustands des Agierenden. Berücksichtigen wir die gängigen Modelle, nach denen etwa 7% der menschlichen Kommunikation auf der bewussten Ebene stattfinden, während sich die anderen 93% auf der unbewussten ereignen, bekommen wir eine Ahnung von der immensen Bedeutung nonverbaler Qualitäten.
Als wir mit vor Lachen tränenden Augen unsere Fotosession beendeten, lud ich Peter Ustinov auf einen Kaffee in einem naheliegenden Bistro ein.
»Gerne«, sagte er, »Gleich!«, und begann die leeren Filmschachteln vom Boden aufzusammeln, bis ich mit einem entsetzten »Das dulde ich nicht!« dazwischen ging. Vielleicht beleuchtet diese kleine Szene ganz gut den engen Zusammenhang zwischen echter Größe und Bodenständigkeit

– zutreffender noch: Demut – ohne den glaubwürdige Präsenz nicht vorstellbar ist. Ein Coach, der seine/n Klienten/in ernst nimmt und achtet, wird folglich darauf Wert legen, dass dessen/deren Persönlichkeit nicht noch durch zusätzlichen Lernballast befrachtet wird, sondern dass sie im Gegenteil den Weg zu sich selber findet. In die eigene Mitte also, wie Karlfried Graf Dürckheim es in seinem Klassiker »Japan und die Kultur der Stille« einst formuliert hat.

»Mein Lieber«, sagte Peter, denn »Sir« wurde er erst etwas später, und erhob sich von unserem Kaffeetisch. »Ich muss jetzt leider gehen, denn ich muss noch meine Rede fertig schreiben.«
»Oh«, sagte ich. »Welche Rede denn?«
Sein Gesicht verzog sich, und auf einmal saß uns der französische Staatspräsident François Mitterand gegenüber: »Üsch wärdä nächstö Woschä Mütglüd dör Academie Francaise.«
Seine Rede war ein voller Erfolg.

Willys erste Reaktion

Der Willy war echt eine arme Sau. Er hatte etwas Verstörtes an sich, etwas zutiefst Traumatisiertes, etwas Immer-irgendwie-Abwesendes, das ihn wie ein verlorenes Kind herumlaufen ließ. Die fast gürtellange blonde Mähne und die bestickten Jeans mit dem breiten Gürtel und der Riesenschnalle, die in auffälligen weißen Cowboystiefeln steckten, verliehen ihm etwas Schräges. Etwas, das nirgends so richtig dazu passte. Aber der Willy passte halt auch nirgends dazu. Seine Finger waren gelb vom Zigarettenrauchen, und wenn man ihn ansprach, dann würgte er und sein Kehlkopf hüpfte auf und ab, bis er endlich den ersten Satz herausbrachte. Auf mich wirkte es wie ein kleiner Hirndefekt. – Die Arbeitskollegen machten mit ihm, was sie wollten, und er nahm alles demütig hin: Dumme Sprüche, kleine Schikanen, derbe Streiche.

»Isch will mein Leben lang nur n janz kleines Rädchen sein«, sagte er in seinem rheinischen Singsang und nahm einen fahrigen Zug. »Immer janz unten, dat is jenug für misch. Verstehsse?« Der Vorarbeiter der Farbenfabrik, in der ich einen Studentenjob gefunden hatte, kam auf uns zu, – ein urgemütlicher, freundlicher Italiener namens Bernardo, und er gab Willy eine Anweisung. Mitten im Satz drehte der bei und ging augenblicklich los. »Isch will einfach nur immer jesagt kriejen, wat isch zu tun hab«, drehte er sich im Gehen nochmals um. Dann war er um die Ecke. »Isse echte die eine arme Teufel, mama mia«, sagte Bernardo und ging kopfschüttelnd davon.

Willy war, wie er mir in einer Arbeitspause erzählt hatte, unter einem brutal prügelnden Stiefvater aufgewachsen, der seinen Willen früh mit ein paar Tritten gebrochen hatte. Sein eigener Vater, den er kaum gekannt hatte, war mit fünfunddreißig im Alkoholdelirium krepiert, und man hatte seine Leiche erst nach Tagen in einem leerstehenden Gebäude gefunden. Seine Mutter, die jedem guten Drink vom Aufstehen um halb sieben Uhr morgens bis zum ersten Steinhäger um halb acht Uhr konsequent abgeneigt war, war immer neben den Schuhen gewesen, wenn er von der Schule kam. Regelmäßig hatte er um sein Essen betteln müssen. Der Stiefvater, auch nicht gerade ein Abstinenzler, hatte ein tyrannisches Regiment geführt und Willy früh mit Faustschlägen klargemacht, dass er stillzuhalten hatte. Und Willy hatte pariert und stillgehalten. Er stand wortlos daneben, wenn der Unhold seine Mutter zusammenschlug, weil ihm das so aufgetragen worden war. Und er ging wortlos aus dem Zimmer, als der Stiefvater ihn hinaussschickte, um sich erstmalig an seiner vierzehnjährigen Schwester zu vergreifen. Und er hielt danach die Klappe, »weil misch dat so jesagt worden war.« Willy tat eigentlich immer, was man ihm sagte, – egal, von wem es kam. »Isch weiß, dat isch nix inne Birne hab. Drum brauch isch jemand, der misch wat sagen tut.«

Rolf war ein zusammengesoffener alter SS-Mann, der links ein Glasauge trug. Er hatte, wie er gerne erzählte, im Krieg Mitglieder der französischen Resistance aufgeschlitzt, nachdem er vorher alle Informationen aus ihnen herausgeprügelt hatte. Jetzt stand er den ganzen Tag an der Schüttwaage und schlitzte über dem Einfülltrichter Säcke mit Titandioxid auf, aus dem wir weiße Wandfarbe herstellten. Rolf hatte immer ein weißes Gesicht davon, und weil er wegen

der Zigarette in seinem Mundwinkel meist keine Staubmaske trug, hustete er unentwegt. Willy hatte er besonders gefressen. Nicht weil der ihm etwas getan hatte, sondern weil Rolf in der Hackordnung der Fabrik ganz unten stand und nun endlich einen gefunden hatte, bei dem er selber noch nach unten treten konnte. Das war gefühlt ein sozialer Aufstieg um mehrere Hundert Prozent. Sobald Willy an der im Freien überdachten Schüttwaage vorbeischlich, begann Rolf eine Kaskade wildester Beleidigungen und Verwünschungen, die er dem Entgegenkommenden hinschleuderte, während er das Messer in die Papiersäcke rammte, als seien es Menschenkörper. Von Willys »blöder Fresse« bis zu seinen angeblich stark verkümmerten Reproduktionsorganen war ihm nichts heilig.
Das Erstaunliche war, wie Willy sich verhielt: Ich hatte einmal defekte Paletten zusammengenagelt, während Rolf einfach über den von mir noch nicht bearbeiteten Stapel gepisst hatte. Ich war so wütend geworden, dass ich ihm sagte, beim nächsten Mal würde ich ihm das Kreuz brechen und ihm jeden Knochen zu Brei schlagen, unabhängig von seiner SS-Vergangenheit. Der alte Menschenschlächter war so verdattert gewesen, dass er mehrere Eimer Wasser heranschleppte und sie über den Palettenstapel schüttete, um seine Pisse wegzuspülen und mich wieder zu besänftigen.

Man hätte also annehmen können, dass Willy sich noch viel energischer gewehrt hätte, aber nix. Sobald die ordinäre Tirade einsetzte, fixierte Willy seinen Blick auf Rolf, als würde ein Scharnier einrasten. In einem Hagelsturm schlimmster Beleidigungen stakste er mechanisch auf die Schüttwaage zu und blieb vor Rolf stehen, stumm wie ein Kind, das ausgeschimpft wurde. Er legte sogar die Hände an die Hosennaht, und es sah wirklich aus, als würde er das Gesicht in den Sturm halten, was er in gewisser Weise ja auch tat.

»Warum lässt du dir das gefallen«, fragte ich ihn während des Mittagessens in der Werkskantine.
»Wat... wat... wat..«, fragte er verdattert.
»Hau ihn doch einfach um! Dieses versoffene alte Wrack geht doch nach dem ersten Schlag zu Boden. Dann kannst du ihn fertig machen.«
Willy schüttelte müde den Kopf. »Kann isch nit.«
»Ach was«, insistierte ich. »Eine Faust zwischen die Zähne, und er sackt weg. Oder du trittst ihm zuerst die Beine weg.«
»Isch war zwei Jahr inne Kiste«, sagte Willy leise. »Isch bin auf Bewährung.«
»Wat ?!«, war es jetzt an mir. »Ja wofür denn?«
»Die Brüche«, sagte der Willy. »Wejen die janzen Brüche han se misch für drei Jahr inne Kiste jeschickt.«
»Du hast eingebrochen?«, fragte ich ungläubig.
»Nä«, sagte der Willy. »Sowat mach isch nit!«
»Ja, was jetzt?«
Er holte lange Luft.
»Also... der Vater von meine Freundin, der hätt misch rausjeschmissen, mitten inne Nacht. Bin isch nach Bonn auf´n Markt. Wusst ja nit, wohin. Hatt auch nix zu essen.«
»Du lieber Himmel!«
»Kommen so drei Typen und frajen misch: Hasse Hunger? Hab isch jesagt: ja. Mehr hab isch da nit jetan.«
Ich kratzte mich ratlos hinterm Kopf.
»Jingen die mit misch zu die Fleischerei, und isch denk, die laden misch ein inne Kneipe. Dann nehmen die so nen Blumenkübel vonne Straße und hauen die Scheibe ein. Haben misch ne Riesensalami inne Hand jedrückt und selber auch

wat rausjeholt. – – Jo, und dann war schon Polizei da. Jing janz schnell, irjendwie. Jo, und dann han die misch jekrallt.«
»Ja, und die anderen drei?«
»Weiß nit. Die waren auf einmal weg. Und isch hatt die Wurst inne Hand.«

Sie nahmen ihn mit zur Wache und buchteten ihn über Nacht ein. Dann verhörten sie ihn und konfrontierten ihn mit allen ungeklärten Einbrüchen der letzten Zeit. Und Willy gab alles zu. Neun schwere Einbrüche in Bonn und Bad Godesberg.
»Sag mal, bist du wahnsinnig?«
»Die han jesagt, isch soll jestehen. Hab isch eben jestanden.«
»Ja, aber du warst es doch gar nicht?«
»Nä! Sowas mach isch nit!«
»Ja, und warum gestehst du es dann?«
»Die han mir dat so jesagt. – Die han jesagt, isch soll jestehn. Hab isch et eben jestanden. Isch tu immer dat, wat mir jesagt wird. So hab isch dat jelernt.«
»Ja, aber du musst doch... irgendwie Details oder so...?«
»Isch hab jesagt, dat weiß isch nimmer, isch war da viel zu betrunken. Han die jesagt, dat is in Ordnung so. Hat mir aber nix jeholfen.«

Der Richter nämlich sah es als strafverschärfend an, dass Willy die Namen seiner drei Kumpane nicht preisgeben wollte und nicht verraten wollte, wo die sechsstellige Beute aus den Einbrüchen abgeblieben war. Also verknackte er ihn wegen seiner »Uneinsichtigkeit« zu drei Jahren Jugendstrafe ohne Bewährung. – Merke: Wenn Du erst mal ganz unten bist, geht es komischerweise immer noch weiter nach unten.

»Wenn isch dat jewusst hätt, hätt isch dat ja jesagt, aber isch kannt die ja selber nit! Hat mir aber keiner jeglaubt.«
»Oh Gott, Willy«, seufzte ich.

Zu Recht weist die Fachliteratur darauf hin, Reaktionsbildung sei stets individuell, aber bei Willy war sie schon sehr individuell. Reaktionsbildung nämlich bedeutet: Ein Triebimpuls wird durch unbewusste innere Widerstände wie Angst oder Scham so intensiv gehemmt, dass er durch den gegenteiligen Impuls ersetzt wird. Das klassische Beispiel hierfür ist ein Mensch, dessen starker sexueller Triebüberschuss ihn zum wütenden Kämpfer gegen jede Form von »Pornographie« werden lässt, – oder nicht selten zum Geistlichen, der die Heiligkeit des Zölibats energisch gegen alle Anfechtungen verteidigt. Menschen mit starken homophilen Impulsen bekämpfen Homosexualität, wo auch immer sie dies nur können. Und zwanghafte Charaktere bekämpfen die eigenen unterdrückten Autonomiewünsche, indem sie für jeden Schwachsinn Regeln aufstellen, die sie mit größter Sturheit verteidigen.
Bei Willy war infolge der Brutalität seiner Erziehung selbst die kleinste Spur einer aggressiven Regung getilgt worden. Als Kind hatte er gar nicht die Möglichkeit gehabt, sich gegen das zu wehren, was er täglich durchlebte. Jede Form aggressiven Widerstands hätte für ihn lebensgefährlich werden können, und so hatte er eine Unterwürfigkeit entwickelt, ohne die er vermutlich unter den Tritten des jähzornigen Stiefvaters verendet wäre. Seine ausgeprägte aggressive Hemmung also – ein Ergebnis kindlicher Todesangst – ließ ihn nach einem Schlag auf die linke Wange in jedem Falle die rechte darbieten und möglichst noch einiges mehr.

Gefallen, um nicht getötet zu werden, wäre vielleicht der einfachste Nenner.

Auf die masochistische Komponente solchen Verhaltens braucht hier nicht näher eingegangen zu werden. Jedenfalls, sobald Willy menschlicher Aggression begegnete, legte er sich wie ein Hund auf den Rücken und bot seine Kehle dar. Damit ist klar, was er in seinen frühen Jahren durchzumachen hatte.

Es darf nicht übersehen werden, dass dieses bizarre Verhalten zur damaligen Zeit für Willy Sinn gemacht hatte. Doch – und dieses Problem stellt sich bei praktisch jedem Coaching-Klienten – ein Verhaltensmuster, das in der Kindheit funktionell war, schafft als unbewusste Befehlszeile in der Erwachsenenwelt nur allergrößte Schwierigkeiten. Willys aggressive Hemmung und die beschriebene Reaktionsbildung machten ihn zum Spielball für Jeden, ohne dass er jemals Widerstand geleistet hätte.

Zwei Monate später verließ ich die Fabrik und widmete mich wieder meinem juristischen Studium. Willy vergaß ich nie ganz, denn sein Schicksal war mir nahe gegangen. Umso erfreuter war ich, als ich ihn anderthalb Jahre später auf dem Bonner Münsterplatz antraf. Ich begrüßte ihn herzlich, doch scheiterte mein Versuch einer Unterhaltung mit ihm daran, dass er so gut wie nichts mehr herausbrachte und mich nur mit hervorquellenden Augen anstarrte. Ich ging weiter und verlor ihn aus den Augen.

Drei Jahre später rief Bernardo mich an, unser italienischer Vorarbeiter, mit dem ich weiterhin freundschaftlichen Kontakt gepflegt hatte.

»Advocato«, sagte er, denn er hatte großen Respekt vor meiner juristischen Ausbildung, »hasse du gelesene die mitte Willy?«
Sofort stellten sich meine Ohren auf.
»Wieso?«, fragte ich. »Was ist mit dem?«
»Issa wiede in Gefangnis, blöde Hund«, sagte Bernardo.
»Jetzt sag mir nicht, er hat sich wieder irgendwelche dämlichen Einbrüche anhängen lassen!«
»Nein, mama mia! Hatta eine in Krankenhaus geschlage. Hatta eine Mann so geschlage, dassa liegta inne Koma!«
»Ich glaub´s nicht!«, stöhnte ich und sank auf einen Stuhl.
»Mussu glaube!«, sagte Bernardo. »Erzähl i dir keine Phantasia!«

Irgendein Wildfremder hatte Willy in einer Altstadtkneipe angemacht, wegen einer Nichtigkeit, und Willy war total ausgerastet. Sie hatten ihn gleich am Tatort festgenommen, wo er wie ein Wahnsinniger randaliert hatte. Jetzt ging es um versuchten Totschlag, neben einer ganzen Latte anderer Delikte. Soviel zum Thema Triebdurchbruch, – die andere Seite der Reaktionsbildung, denn nur die wenigsten psychischen Abwehrstrategien funktionieren lebenslang.
»War i sauer, weil nicht kommta zu Arbeit, heute Morgen, und les i in Zeitung. Mussu kaufe die EXPRESS!«
Ich kaufte ihn tatsächlich.

Willy übrigens starb nach einer ausgeprägten Knastkarriere mit einundvierzig. Einfach so, von einem Moment auf den anderen, ohne dass eine Ursache feststellbar war.

Über eine Zicke

Mama hat Silvie dreihundert Gramm frischen Aufschnitt mitgebracht. »Du musst doch was essen!« Die siebenundvierzigjährige Silvie lebt nach gescheiterter Ehe alleine und ist Vegetarierin. Nach Mamas Besuch, – eher ein gegenseitiges Beharken -, wirft sie dreihundert Gramm frischen Aufschnitt wütend in den Müll. Danach weint sie vor Wut. Mittsiebzigerin Mama, nach wie vor vital und bestimmend, ruft am nächsten Abend an, um zu kontrollieren, ob das Kind auch gegessen hat. Silvie knallt den Hörer auf, wohl wissend, dass Mama bald wieder mit Proviant auftauchen wird. – Tatsächlich: Zwei Tage darauf bringt sie drei Schweinekoteletts. Familienglück.
Silvie ist eine schwierige Klientin. Sie versucht kurzfristig Termine zu verschieben, kommt bis zu zwanzig Minuten zu spät und beschwert sich, dass wir die versäumte Zeit nicht einfach anhängen. Sie will mir bestimmte Formulierungen untersagen, fährt mich mehrmals heftig an, wenn ihr meine Deutungen nicht behagen und versucht alle möglichen Spielchen mit mir. So gibt sie weiter, was sie erfahren hat: Willkür und totale Kontrolle. – Anstrengend, sowas.

Eigentlich ist sie bei mir, weil sie sich im Job gemobbt fühlt: In der Vertriebsabteilung des Würzburger Unternehmens zieht sie Konflikte an wie ein Magnet die Eisenspäne. Als sie das erste Mal bei mir auftaucht, ist sie präkollaptisch, und ich schicke sie gleich mal zu ihrer Hausärztin, – *safety first*. Die Ärztin infundiert ihr Aufbaupräparate.
»Ich brauch nur reinzukommen, schon stecken die die Köpfe zusammen. Es ist unerträglich!«
»Wer?«

»Die! Alle!«
»Und worüber reden sie?«
»Über mich! Ich spür' es förmlich!«

Was Silvie spürt, sind eigene Ängste, die der Realität vorauseilen: Sie erwartet den Schlag so lange, bis er kommt. Wobei nicht zu ignorieren ist, dass »die andere Seite« inzwischen ebenfalls stark aufgeladen ist. Silvies unbewusste Verhaltenscodes – neben ihrem primären Verhalten z. B. auch Stimmfärbung, Mimik, Körperhaltung, Gesichtsdurchblutung, Augenglanz, Bewegungsablauf und sogar kaum merkliche Gerüche – bezeichnet man als Signalität. Ziehen wir in Betracht, dass über neunzig Prozent der menschlichen Kommunikation nicht anders als im Tierreich nonverbal ablaufen, dann sind ihre Botschaften: Feindschaft, Abwehr und Angst. Die Gegenseite reagiert mit Feindschaft, Abwertung und Angriff. Ein Circulus Vitiosus. Doch, während Silvie und ich uns bisher in der Konfliktanalyse bewegt haben und Silvie jede tiefergehende Analyse ihres eigenen Verhaltens blockierte, liefert sie mit dem Mutter-Vorfall erstmals aussagekräftiges Material.

Nicht zu übersehen also Silvies paranoide Wahrnehmung: Die gesamte Außenwelt handelt mit der Absicht, sie zu verletzen. Was nichts anderes heißt als: Erfahrene Verletzungen werden in die Außenwelt projiziert und von dort frisch zurückgeholt. Die Frage ist, wo liegt der Triggerpunkt für das Ganze? Woraus entsteht die reflexhaft schnelle Kränkbarkeit bei Kritik oder auch nur bei nicht-erwartungskonformem Verhalten eines Gegenübers, die unverzüglich in Aggression und Szenen umschlägt, so dass Silvie betriebsintern schon lange als »Zicke« diskreditiert ist? Bei Silvie, so ergibt die tiefere Analyse des geschilderten Mutter-Vorfalls, liegt von Kindesbeinen an eine permanente Verletzung ihrer Ich-Grenzen vor. Die sture und kontrollsüchtige Mutter, eine inzwischen verwitwete Fabrikantengattin, ist gewohnt sich alles und Jeden unterzuordnen, auch das eigene Kind. Eine Eltern-Unart, die leider nur allzu oft vorzufinden ist: Die eigenen Vorstellungen vom Leben werden in das Kind gewaltsam injiziert, ohne dass dieses eine Chance hätte, überhaupt erst einmal seine Vorstellungen von der Welt zu entwickeln. Persönliche Grenzen des Kindes werden, selbstverständlich zu seinem »Besten«, missachtet und niedergetrampelt. Und so entwickelt sich im Kind die Vorstellung: Was von außen kommt, tut weh, nimmt mir meine Freiheit und zwingt mich zu etwas, das ich nicht will. Folglich dominieren Vermeidungsverhalten, schnelle Kränkbarkeit und ständiges zielloses Um-sich-Schlagen.

»Solche Menschen haben ein Loch im Ich«, schreibt der Schweizer Psychotherapeut Kurt Theodor Oehler. »Ein Defizit aus den Kinderjahren oder sogar ein vorgeburtliches. Werden diese Defizite verstärkt, wächst das Loch im Ich.« – – Als wir das Thema miteinander besprochen haben, springt Silvie plötzlich auf, stürzt ins Bad und übergibt sich mehrmals.

Am nächsten Tag unternimmt sie Erstaunliches: In einer Konferenz entschuldigt sie sich bei den Kollegen für ihr Verhalten und berichtet, sie arbeite mit einem Coach daran. Das Feedback ist überraschend positiv, sie erhält Zuspruch und Ermutigung und durchbricht damit erstmalig den Kreis aus Angriff und Gegenangriff. Zwei Kolleginnen nehmen sie mit zum Mittagessen, eine bis dahin undenkbare Geste. Tags darauf fragt ein Kollege sie unter vier Augen, wie das denn so sei, mit einem Coach. Man tauscht vertraulich Probleme aus und entdeckt, dass der vermeintliche Feind Mensch ist. Silvie leuchtet glücklich, als sie mir in der nächsten Sitzung davon berichtet. Sie liefert nun selbst den Beweis, dass die feindliche Außenwelt eine imaginierte ist, – und damit eine äußere Spiegelung ihres inneren Zustandes.

Die Stabilisierung der Klientin wird massiv erschwert durch ständige Interventionen und Kontrollversuche der Mutter, die mit scharfem Instinkt die Veränderung ihrer Tochter erkennt und alles unternimmt, um diese auf den Status quo ante zurück zu zwingen. Emotional allerdings reagiert Silvie nun anders: Sie hat selbst erkannt, dass ihre heftige Reaktion mit mehrfachem Übergeben eine körperliche Manifestation ihrer jahrzehntelang aufgestauten Wut ist, die sie buchstäblich »herausgekotzt« hat. Nun ist es, als würde jede einzelne Körperzelle an ihr darauf drängen, die Wut nicht mehr selbstschädigend nach innen abzuleiten, sondern sie – so der Fachausdruck – zu externalisieren. Bei einem erneuten Beherrschungsversuch der Mutter erleidet sie einen hysterischen Schreikrampf und wirft die Mutter hinaus. Diese dekompensiert zwei Tage später und wird hospitalisiert. – Eine Aktion mit Appellcharakteristik, die das Ausmaß des ungelebten Konflikts zwischen den beiden Frauen dokumentiert.

Obwohl es ihr sehr schwer fällt, besucht Silvie ihre Mutter nicht. Wochenlang herrscht Kampfschweigen. Dann taucht die Mutter bei ihr auf und bittet (!) um ein Gespräch. Silvie führt es mit ihr, doch inzwischen durchschaut sie die manipulativen und schuldzuweisenden Strategien und kontert diese immer selbstsicherer.
»Soll *ich* mich dir etwa unterordnen«, unternimmt die Mutter einen letzten Versuch.
»Nein. Augenhöhe reicht!«

Das Gespräch dauert vier Stunden. Die Mutter gibt ihre Kontrollversuche auf, wobei unklar bleibt, ob dies aus Einsicht geschieht oder aus nachlassender Kraft. In der Folgezeit bleibt die Beziehung kühl-distanziert, doch gerade damit lässt sie Silvie nun endlich Raum für sich selbst.
Auch im Betrieb vollzieht sich sukzessive eine atmosphärische Veränderung, nachdem das alte Reiz-Reflex-Schema sich schrittweise aufzulösen scheint. Es eröffnet Silvie neue Räume für sich selbst.
Eine Frau, die auf die Fünfzig zugeht, schafft sich erstmalig die Chance, ihr Selbstwertgefühl zu entwickeln.

Zwanghaft

Wenn es etwas gibt, was das Leben von Ira bestimmt, so ist es das »Muss«. Sie muss gute Arbeit leisten, muss eine gute Ehefrau sein, muss dem Kind ein Vorbild sein und muss Vater und Mutter Ehren, was im konkreten Fall heißt: ohne Widerrede, denn die beiden Alten wohnen im gleichen Haus und haben sie nach wie vor im Griff. Auch der Ehemann ist ein beamtischer Muss-Mensch: Wenn etwas zählt, so ist es die Pflicht. Selbst, wenn eine Aufgabe mal nicht Spaß macht, dann geht die Pflicht vor, und »man muss sich eben zwingen.« Der Zwang als Lustquelle. Kontrolle als Lebensmaxime. Alles im Griff haben. – Nur der permanente Wortschwall seiner Gattin ist inzwischen unkontrollierbar geworden. »Da muss jetzt aber mal was geschehen!«, meint er. – Muss ja schließlich alles seine Ordnung haben, und ihr ungebremster, zerfahrener Redefluss, bei dem man nie genau weiß, wohin er zielt, stört dieselbe.

Für eine Mittdreißigerin wirkt Ira frühzeitig verwelkt, man könnte sie mühelos auf Mitte-Ende Vierzig schätzen. Sie agiert, als sei sie permanent in einem inneren Ringkampf, und bald wird in den Gesprächen klar: Das schrille Hochgeschwindigkeits-Stakkato ihres Redeschwalls speist sich nicht aus Mitteilungsdrang, sondern aus dem Gegenteil. – Es ist Abwehr pur, soll auf Distanz halten, verschleiern, neutralisieren und im wahrsten Wortsinne gar nicht erst zu Wort kommen lassen. Zwangshandlung zwar, aber auch ein unbewusster Kontrollversuch, – das Gegenüber beherrschen und bezwingen, um nicht selbst beherrscht und bezwungen zu werden. Denn wenn ich dich mit Banalitäten und Details beschäftige, dann kannst du nicht an das herankommen, was mich tatsächlich kontrolliert und beherrscht: Angst und Schmerz, und – paradoxerweise – nicht zuletzt eine Panik vor dem Spontanen, vor dem Quellenden, vor dem Unkontrollierbaren. Ira hat kein Gefühl dafür. – Für sie ist es eine existentielle Selbstverständlichkeit, andere zu überrollen.

»Ich freu mich immer so auf Donnerstag«, sagt sie schließlich und stoppt für einen Moment, wobei ihre Augen leuchten.
»Was ist Donnerstag?«
»Nun ja, hihi... jede Woche Donnerstag um neunzehn Uhr dreißig... hihi...«
Ich spare mir den Rest. In der strikt durchkontrollierten Welt Iras ist Donnerstagabend genau um halb acht der Zeitpunkt des amtlich angesetzten ehelichen Reproduktionsgeschehens. Man muss es schon zweimal gehört haben, um es zu glauben: einvernehmlicher Irrsinn. Der Ordnung halber wird um neunzehn Uhr das Kind eine Etage höher bei den Eltern deponiert, bis genau einundzwanzig Uhr. – Ira zeigt sich glücklich und unbefriedigt zugleich: Sie würde sich mehr Gefühl wünschen, mehr Wärme, mehr Leidenschaft, mehr Phantasie, mehr Gefühl geliebt zu werden und dies hören zu dürfen, oft, oft, oft. Doch leider dominiert der Verrichtungscharakter, und »offen gesagt« fühlt sie sich abgefüttert.

Der Gatte gilt im Kollegenkreis als Musterbeamter: sorgfältig, pünktlich, zuverlässig, akribisch genau. Bevor er spätnachmittags das Büro verlässt, kontrolliert er zweifach, dass Rollschrank und Schreibtisch abgeschlossen sind und dass Stifte nebst Notizpapier im vorgeschriebenen Winkel zueinander liegen. Irgendwie sieht er auch so aus. Nichts was abweicht oder aus der Form geht. Auch nach acht Stunden Arbeit sitzt die Krawatte noch wie frisch gebunden, – Trevirakrawatte selbstredend, man will ja nicht auffallen. Umso unangenehmer, dass er dieses heftige, krampfartige Augenzwinkern nicht loswird, das ihn durch den Tag begleitet, und das niemandem entgeht. Kommt er abends nach Hause, wechselt er die Hose (mit Bügelfalte) gegen eine andere (auch mit Bügelfalte) und gräbt eine Ecke seines Gartens um, wozu er die Krawatte nicht etwa abnimmt, sondern sie zwischen zwei Hemdknöpfe – öhmmm, zwischen den dritten und vierten von oben – steckt, damit sie nicht stört. Denn die Störung der geregelten Abläufe an sich ist etwas, das in diesem Hause nicht geduldet wird.

»Zwängen und Zwangshandlungen ist der Verlust der Handlungsfreiheit gemeinsam«, schreibt der Münchener Psychiater Werner Mombour. »Zwänge sind imperative Erlebnisse, die sich mit dem Gefühl der Unausweichlichkeit und Machtlosigkeit des eigenen willentlichen Widerstrebens aufdrängen, obgleich sie als unsinnig oder unangemessen erkannt werden.« – Kling gut. Nur, nach meiner beruflichen Erfahrung dauert es eine ganze Weile, bis dieses hermetische Zwangssystem nicht nur als unsinnig, sondern sogar als schwer schädlich erkannt wird: Für die Lebensqualität, für die Gesundheit, für die Arbeitsatmosphäre und nicht zuletzt für die Beziehung. Denn Zwang ist das Gegenteil von Freiheit, von Spontaneität, von Phantasie. Er ist ein internalisiertes Unterdrückungssystem, das sozusagen etwas Rundes, Pulsierendes in etwas Eckiges sperrt. Klar, dass es dann irgendwo durchbricht, und sei es im Redeschwall, – klinisch nicht gerade zufällig bezeichnet als »Logorrhoe«.

Wobei nichts gesagt werden soll gegen ordentliche Menschen, die sich mit Überlegung ein strukturiertes Leben schaffen. Die Augenbrauen gehen erst hoch, wenn das Gesamtsystem von außen starr und erstickend wirkt und sich

Symptome bilden, die nicht selten im Interesse des großen Ganzen weggelabert werden. Konfrontation mit den Tatsachen bedeutet Reflexion. Reflexion führt fast zwangsläufig zu Veränderungen. Der Zwanghafte aber fürchtet nichts so sehr wie Veränderung, gerade wenn sie zwangsläufig ist.

»Das ganze Leben verläuft im großen und im kleinen wie nach einem vorgefassten, unumstößlichen Programm«, schreibt Wilhelm Reich. »Stellt dieser Zug einerseits eine Förderung der Arbeitserledigung dar, ...so schränkt er andererseits die Arbeitsfähigkeit hochgradig ein, weil er keine plötzliche, unerwartete Wendung in der Reaktion zulässt.« Man könnte »Arbeitsfähigkeit« getrost durch »Lebensfähigkeit« ersetzen. »Pedanterie, Umständlichkeit, Neigung zur Grübelsucht und Sparsamkeit, die sehr oft bis zum Geiz entwickelt ist, leiten sich sämtlich aus einer einzigen Triebquelle ab: aus der Analerotik; sie stellen direkte Abkömmlinge, größtenteils Reaktionsbildungen gegen die kindlichen Tendenzen dar, die der Zeit der Erziehung zur Reinlichkeit angehören.« – Wer jetzt erst einmal schluckt, der schluckt zu Recht.

Tatsächlich ist eben diese Phase eine zentrale und charakterbildende: Ich kenne viele Eltern, die ihre Kleinkinder mit liebevoller Ermutigung – etwa einem eigenen kleinen Toilettensitz – und mit viel Zeit und Geduld zu einem Leben ohne Windeln hinführen und ihm damit sozusagen die stolze »Eroberung« einer neuen Lebensphase ermöglichen. Bestehen bei den Eltern und insbesondere bei der Mutter jedoch andressierte (Anal-)Ängste aus der eigenen Kindheit, so ist das Risiko einer Reduplikation nahe hundert Prozent: Es wird nicht erobert, sondern erzwungen. Festhalten oder Loslassen; Verkrampfen oder Freigeben; Zurückhalten oder Herausgehen; Zusammenpressen oder Aufmachen; das sind in diesem Stadium die prägenden Erfahrungen des kleinen, unfertigen Menschen, die sich nicht zuletzt mit Schuld oder Anerkennung und damit indirekt mit dem frühen Selbstwertgefühl verknüpfen. Je massiver der Druck und der Zwang der Eltern – in der Regel der vorgeprägten Mutter – für das Kind spürbar werden, desto massiver die Folgen: einerseits eine extreme Beherrschtheit schon im frühen Alter; andererseits, darunterliegend, ein mächtiger Zorn über die ständigen Eingriffe in eine höchstpersönliche Körperfunktion, der sich als »mächtiger analer Trotz« (Reich) bis zum typischen analen Sadismus steigern kann. – Eine Eigenschaft, die man von manchen Bürokraten sattsam kennt. Dass unter einem so internalisierten Zwangssystem Emotionalität nur selten ausgelebt werden kann, erklärt die oft beobachtbare »Affektverflachung«, die für viele zwanghafte Charaktere kennzeichnend ist, und unter der offenbar auch Ira stark leidet.

So offenbart sich also eine pedantische Verkniffenheit dieses stets kontrahierten Menschentypus, die regelmäßig dazu führt, dass die Betroffenen sich heillos verzetteln: »Das Kennzeichnende dabei ist die Unfähigkeit, die Aufmerksamkeit beim Denken je nach der rationalen Bedeutung des Gegenstandes hier zu verschärfen und zu konzentrieren, dort hingegen keinen unnötigen Energieaufwand zu treiben; die Aufmerksamkeit ist mehr oder minder gleichmäßig verteilt; nebensächliche Fragen werden nicht minder gründlich durchdacht wie andere, die im Zentrum des beruflichen Interesses stehen.« (Wilhelm Reich). – Fazit: Die Trias aus Pedanterie, Geiz und Trotz wird zum unüberwindlichen Hindernis, für den Betroffenen genauso wie für die Partnerin.

Iras kindliche und eheliche Anpassungsleistungen – seit jeher erzwungen, denn von Natur her war sie ein eher impulsiver und sanguinischer Charakter – forderten einen bitteren Preis: nicht nur im Symptom eines seltsam verschlüsselten Affektdurchbruchs, der mittels eines Redeschwalls auf ihr Elend hindeutete, andererseits aber, bestimmt von heftigen Schuldgefühlen, jegliche Aufdeckung verhindern sollte. Auch ihre vorzeitige Alterung kann in dem Sinne interpretiert werden, dass sie an der Heftigkeit ihrer verdrängten Konflikte schwer zu tragen hatte. Freud schreibt jedem Symptom zwei Komponenten zu: (1) Konfliktentlastung, – hier unübersehbar die Vermeidung der Ablösung von dem autoritär beherrschenden Elternhaus; und (2) den sogenannten »Sekundärgewinn«, der darin zu sehen ist, dass Ira mittels ihres Redeschwalls genau jene Zuwendung erzwang, die sie in ihrem emotional verflachten und zwanghaften Elternhaus verzweifelt entbehrt hatte. Unbewusst das eigene Elend reproduzierend, hatte sie einen Mann geehelicht, der ihr das pathogene Elternhaus – ebenso unbewusst – ersetzte. Nachdem sie die tiefere Ursache ihrer Problematik durchschaut hatte, zog sie die Konsequenz und ließ sich scheiden. Als nächstes verließ sie das elterliche Haus. Als ich ihr später wieder begegnete, war sie aufgeblüht.

Über Essays

»Ich bin wegen Ihrer Essays auf Sie gekommen«, sagt der Klient, als er sich das erste Mal auf der Couch niederlässt. »Aber Sie schreiben doch hoffentlich nichts über mich, oder?«
»Bestimmt nicht«, sage ich, und dann glaubt er mir´s auch.

Wenn es eines beim Coaching gibt, was nicht mal unter Folter zur Disposition stehen darf, so ist es die absolute Vertraulichkeit des Gesagten. Es wird die vier Wände unseres Besprechungszimmers niemals verlassen. Ich mache mir nicht einmal Gesprächsnotizen, denn sollte mir einmal etwas zustoßen, wird nichts zu finden sein, was eine/n Klienten/in in irgendeiner Weise bloßstellen könnte. Aus Buchhaltungsunterlagen sind nur die Umsätze zu erschließen, und das ist gut so.

Sind die Essays demnach »erfunden«, oder, wie jemand meinte, »erlogen«? Klares Jein, denn es hängt von der Sichtweise ab und davon, was mit ihnen beabsichtigt ist. Bei intaktem Verstand wird jeder nachvollziehen, dass es nicht verantwortbar wäre, die Geschichte eines Coachingverlaufs 1:1 wiederzugeben. Deshalb werden diese Kasuistiken selbstredend in ein völlig neues Setting gebracht. Ob der Akteur Mann oder Frau war, wo er/sie gewohnt und was gearbeitet hat, etc., das alles ist – und zwar bewusst irreführend – anonymisiert, so dass Rückschlüsse auf diese Jahre zurückliegenden Fälle keinesfalls möglich sind. Die psychologische Grundkonstellation hingegen sowie die daraus resultierende Dynamik und ihre Folgen sind genau so authentisch wie die damit verbundenen seelischen Nöte, denn nur darum geht es. Und auch darum, wie eine psychoanalytisch orientierte Intervention in ein menschliches Leben eingreifen kann: nachhaltig, positiv und Fesseln lösend.

Tatsächlich kann ein psychoanalytisch orientiertes Coaching zu einer unglaublichen Befreiung werden, ich erlebe es dauernd. Nämlich dann, wenn es gelingt, eingrenzende unbewusste Prozesse zu entdecken, die einem Klienten als scheinbar selbstverständlicher Teil der eigenen Persönlichkeit erscheinen, denn »das war noch nie anders.« – Heißt aber gar nix. Gerade diese »normalen« Reaktionsweisen sind Teil der Persönlichkeit, wie der Klient sich selbst erlebt. Oder, wie Wilhelm Reich es definiert, seine »Summe der Reaktionsbildungen«. Das heißt nichts anderes als: die Summe dessen, was ich als Kind und Jugendlicher während meiner Persönlichkeitsbildung erfahren habe, und die Summe dessen, was ich an zulässigen (!) Reaktionsmöglichkeiten erlernt habe, um im Zweifel mich selbst zu schützen und mir das Aufwachsen zu ermöglichen.

Es ist eigentlich naheliegend, dass Reaktionsweisen, die von einem Kind aus Kindersicht zum Schutz des eigenen Kindseins erlernt werden, im Erwachsenenleben zu massiven Problemen führen müssen. Denn ihre unbewusste Beibehaltung indiziert, dass der gesunde Reifungs- und Entwicklungsprozess an dieser Stelle blockiert wurde, um sich vor seelischen und nicht selten auch körperlichen Verletzungen zu schützen. Hier setzt die analytische Arbeit ein: Wann mache ich mich klein? Wann trete ich mit meinen Bedürfnissen zurück zugunsten anderer? Wann verteidige ich meine Grenzen aggressiv, wann lasse ich Grenzüberschreitungen zu? Wie viel verdrängte Wut, wie viel abgekapselte Trauer trage ich in mir, die ich niemals äußern durfte, weil es mir als Kind z. B. eine autoritäre Zurechtweisung (oder gar Misshandlung) eingebracht hätte? Weil niemand bereit war, mich wahrzunehmen, mir zuzuhören?

Bin ich als Erwachsene/r bereit, mich ebenfalls dauernd zurückzunehmen und eigene Empfindungen zu verdrängen, so gerate ich unweigerlich in Schwierigkeiten. Lebe ich die Kindheitserfahrung aus, dass ich sofort angreifen muss, wenn ich kritisiert werde, dann habe ich in der Arbeitswelt ebenfalls einen schweren Stand. Und, und, und, und… Auch nach über sechzehn Jahren Coachingpraxis begegne ich immer wieder Neuem. Und DAS sind die psychischen Probleme, die dargestellt werden sollen. Anscheinend funktioniert es, denn in der Masse der Zuschriften überwiegt, von vereinzelten Stimmen abgesehen, bei weitem die Zustimmung: Ich habe etwas Neues gelernt und verstehe bestimmte Dinge jetzt besser! Endlich begreife ich jetzt einen Fall aus meinem persönlichen Umfeld! Etc. – Nun ja, genau das ist ja auch der Sinn der Sache.

Natürlich vollzieht eine derartige Aufdeckungsarbeit sich in der Praxis nicht ohne Anstrengung, und – das muss von vorne herein klar sein – sie schlaucht auch mal. Denn es ist nicht angenehm, einen Teil seines vertrauten Selbstbildes loszulassen und zu realisieren: Das bin ja gar nicht ich! Das ist ja meine ganz persönliche, reaktiv angeeignete Schutzhaltung! – Hier versuchen manche Klienten auch, schlicht zu kneifen. Die Liste der Ausflüchte ist lang, und am Ende bedeuten diese stets: unbewusster innerer Widerstand wird aktiv, denn jede Fehlhaltung verteidigt sich mit Klauen und Zähnen gegen ihre Aufdeckung. Klar, denn danach überlebt sie nicht mehr lange.

Wer allerdings Spektakuläres erwartet, liegt falsch: Die Veränderungen eines Klienten vollziehen sich auf Taubenfüßen und beginnen stets mit etwas scheinbar Banalem, vom Betroffenen selbst meist nicht realisiert. Es ist wie eine positive Infektion, die sich sukzessive ausbreitet und plötzlich den gesamten Lebensbereich neu bestimmt. Dies ist der Punkt, wo die Klienten auf einmal neue Energie und neue Selbstsicherheit ausstrahlen: Zum ersten Mal habe ich mich gewehrt; einen Konflikt abgefangen, anstatt ihn eskalieren zu lassen; Grenzen gesetzt, anstatt mich selbst auszubeuten; mich von einem Mitarbeiter getrennt, anstatt mich seinen neurotischen Spielchen weiter zu fügen; mir erlaubt mich wohl zu fühlen, anstatt mir unentwegt Leistung abzupressen. Etc., etc., etc. ...

Damit verändern sich Lebensentwürfe vom hilflos Erduldeten zum autonom Gestalteten. Jedes Mal wieder ist es auch für den Coach faszinierend. Dass diese Möglichkeit ganz real besteht und nicht nur als Wunschvorstellung, das zu verdeutlichen ist der Sinn dieser Essays. Gerade deshalb werden auch die Negativbeispiele nicht ausgespart, bei denen Verdrängung und Abwehr so massiv sind, dass sie Einsicht und Änderung blockieren. Aus der psychoanalytischen Fachliteratur wissen wir, dass neurotische Zustände, die über Jahrzehnte gelebt werden, fast unvermeidbar zu körperlichen Beschwerden und/oder Erkrankungen führen. Uexküll/Wesiack haben diesen Mechanismus in ihrem Klassiker eindrucksvoll verdeutlicht und sogar belegt, dass die Interaktion eines Individuums mit seiner Umwelt sich bis auf seinen genetischen Code auswirken kann. Zwar nicht in einer Veränderung der Gene, wohl aber in der Entscheidung darüber, welche Gen-Schalter aktiviert werden und welche mittels Methylierung abgeschaltet werden. Stichwort Epigenetik. Viel zu wenig bekannt.

Doch auch wenn langfristige körperliche Schädigungen als Folge gelebter Fehlhaltungen ausbleiben, so sind die Folgen für das eigene Leben nicht selten verheerend: Dirk aus meinem Essay »Über das Alleinsein« ist so ein Beispiel, und auch einige andere habe ich dargestellt, sie sind in diesem Buch nachzulesen. Ausnahmslos handelt es sich dabei um die realistische Darstellung beobachteter Fälle aus meinem Umfeld. Gerade sie sollen verdeutlichen, welch schwerwiegende und nicht selten existentielle Folgen sich aus mangelndem oder blockiertem Veränderungswillen ergeben. Dabei besteht eine reale Alternative, die auf dem psychoanalytischen Ansatz basiert. Man muss sie halt wollen.

AUF DEM EIS

Der kurze Film vorm Ende

Valerij hatten wir in einer kanadischen Forschungsstation zurückgelassen, weil er schneeblind wurde. Er lag, als ich oben auf dem Matthewgletscher um eine aus dem Eis ragende Felsspitze kurvte, reglos auf dem Rücken, sein Motorschlitten knatterte ein paar Meter weiter vorne vor sich hin. Ich stürzte auf ihn zu, und er bellte mich gereizt an: »Fuck! I'm getting snowblind!«

Sein amerikanischer Akzent war tadellos. – Alte KGB-Schule eben, sie verstanden es, ihre Leute auszubilden. Nikolai, der mich rückwärtig gesichert hatte, kam ebenfalls um die Ecke und stieg bedächtig von seiner Maschine. Valerij, ein harter Hund und ausgebildeter Einzelkämpfer, erschöpfte sein gesamtes Reservoir an russischen Flüchen, während wir ihn auf die Beine zogen. Er schrie uns an, er würde überall nur riesige Farbkringel sehen und schien es irgendwie persönlich zu nehmen. Breites Amerikanisch, mit russischen Flüchen durchsetzt. Seltsamer Dialekt.

Wir überlegten, was wir mit ihm machen sollten: Ihn alleine zurückzuschicken in die sowjetische Kohlengrube »Piramiden« hätte seinen sicheren Tod bedeutet, spätestens auf dem viel zu dünnen Eis des Billefjords, das wir in einem waghalsigen Highspeed-Ritt gerade noch überquert hatten.

Von den Eisbären mal ganz abgesehen: Im Zweifel fraßen sie KGB-Agenten genauso gerne wie Robben oder Rentiere.

Ihn hier oben auf dem Berg zu lassen und selber Hilfe zu holen... – Er wäre uns eher erfroren, und außerdem hätte er, Choleriker, der er war, alleine irgendwelchen Unsinn angestellt. Nach einiger Diskussion schlug Nikolai vor, ihn zu der kanadischen Forschungsstation im Gipstal zu bringen, wo zwanzig kanadische und amerikanische Wissenschaftler gemeinsam hausten. Ich hatte meine Zweifel, immerhin war Kalter Krieg, und Ronald Reagan haute die Russen auf den Sack, wann immer er nur konnte. Ich sollte mich ordentlich täuschen.

Nach einer langen Fahrt den Margaretengletscher abwärts, die infolge von Valerijs Zustand auch aus einem Film von Louis de Funés hätte stammen können, erreichten wir eine Stunde später die einsame Station. Zwanzig Mann mit Whiskygläsern in den Händen grölten ein herzliches »Ghee, it´s you again!«
Alle umarmten und herzten ihren »good old KGB-man«, der sich sichtlich freute.
Ein schon deutlich angetrunkener Kanadier fragte mich grinsend: »So what should they do up here? Build a snowman?«
Valerij also war in guten Händen und übernachtete beim Feind, der ihn medizinisch versorgte und ihn dann ordentlich abfüllte. Als ihn am nächsten Tag zwei Amerikaner zurückbrachten nach Piramiden, kehrten sie sternhagelvoll zurück, denn die Gastfreundschaft der Russen hat bisweilen etwas von Rache an sich, gerade wenn es um Wodka geht.

Nikolai und ich machten, dass wir weiterkamen. Es ging schon auf Mitternacht, der wolkenverhangene Himmel hatte sich bleiern gefärbt und spuckte Schnee, was das Zeug nur hergab. Eklig allerdings war, dass bei unserem Eintreffen am Tempelfjord das Eis alles andere als einladend aussah. Die Tagessonne war schon sehr stark gewesen, an der Front des Nordenskjöldgletschers hatte man an diesem Aprilnachmittag das Schmelzwasser rauschen gehört wie einen Wasserfall. Das Packeis war jetzt übersät mit grauen, hässlichen Schmelzwasserlachen undefinierbarer Tiefe.

»We havve no otherr way«, sagte Nikolai in seinem harten Englisch. »The ice is verry thin, alreaddy. Drive as fast as you can and neverr everr stop! Neverr everr! As long as you arre fast enough, you will nott break in. I hope.« – Sprach´s, warf seine Papirossa in den Schnee, wo sie augenblicklich erlosch, und gab Vollgas.

Vor mir reckten sich fünfzehn Kilometer grau verfärbter Eisfläche, so unfreundlich, wie man es sich nur vorstellen konnte. Rechts von mir lag bereits offenes Wasser, in dem ein paar Eisschollen trieben. Seit wir gestern den Fjord in Gegenrichtung überquert hatten, waren Quadratkilometer von Schollen aus der Eisdecke gebrochen und trieben nun Richtung Nordatlantik. Der Rest von Packeis dehnte sich, keine vierhundert Meter breit, von der Wasserfläche bis zur Abbruchkante des Von-Post-Gletschers, vor der sich ein riesiger See gebildet hatte. – Im Zweifel schon durchgebrochenes Meerwasser, man hielt sich besser fern.

Es hatte aufgehört zu schneien. Die Wolkendecke war im Norden aufgerissen und die hindurchbrechende Nachtsonne verwandelte den Himmel in ein düsteres Rotgrau ineinander verlaufender Farben, wie man sie nur in der Arktis zu sehen bekommt. Es war eine Atmosphäre wie bei einer Aufbahrung. Mit einem ziemlich mulmigen Gefühl fuhr ich auf den Fjord hinunter.

Ich spürte die letzten Tage. Ich hatte eine ziemlich brutale Inlandeisüberquerung hinter mir, war zwei Tage vor Erschöpfung gelegen und war dann zu den Russen aufgebrochen. Dort hatten sie mich erst mit Wodka abgefüllt und mich dann in die neunzig Grad warme Sauna geschleppt, wo mir der Film gerissen war. Heute Morgen war ich in einem Zustand erwacht, den man auch bei größtem Wohlwollen nur noch als klinisch bezeichnen konnte. Beim ersten Rückkehrversuch war ich dank eines querstehenden Eisblocks bei gut neunzig Stundenkilometern von der Maschine abgestiegen, auf ziemlich dünnem Eis, und hatte mich mehrmals überschlagen, bis ich wie tot liegen blieb. Die Russen hatten mir in ihrer »Bolniza« das aufgerissene Kinn zusammen genäht und mir unverzüglich den Wodka nachgefüllt, dann traten wir zum zweiten Mal den Rückweg an, der mich nach mehreren Stunden auf den Tempelfjord geführt hatte. – Nikolai war schon zwei Kilometer voraus. Ich begann mir sehr, sehr einsam vorzukommen.

Es ist kein gutes Gefühl, wenn einem auf dem gefrorenen Meer eisiger Matsch von den Kufen spritzt. Überhaupt keines. Die Maschine wackelte, sprang und bockte, denn die Fläche war übersät mit ziegelgroßen Eisbrocken, die kantig aus der Decke ragten. Dazu kamen querstehende Eiswälle, die entstanden, wenn der Wind das Packeis zusammenschob, bis es brach. Meine Füße, die seit fast zwölf Stunden in den gummierten Stiefeln steckten, waren eiskalt: die Gummierung sperrte die Körperfeuchtigkeit in den Stiefel ein, wo sie, vom Fahrtwind gut gekühlt, die Wärme aus den Gliedmaßen saugte. Nikolai war irgendwo ganz, ganz weit da vorne.

Dann lag auf einmal ein kleiner See vor mir. Nicht sehr groß, vielleicht so groß wie mein Wohnzimmer. Aber eben ein Schmelzwassersee, durch den man hindurch musste. Ich reduzierte die Geschwindigkeit, damit das Spritzwasser mir nicht den Motor killte, und arbeitete mich vorsichtig nach vorne. Keine hundert Meter später kam der nächste See, dann der nächste, und dann wieder einer. Ich machte gar nicht erst Anstalten ihn zu umfahren. Denn wenn ich ihn rechts umfuhr, kam ich zu nahe ans offene Wasser und konnte einbrechen. Umfuhr ich ihn links, lag da schon wieder ein anderer See. Ich spürte, wie alles in mir zum Zerreißen gespannt war. Eine gute Woche vorher war die Eisdecke noch so massiv gewesen, dass man sie mit einem Lastwagen hätte queren können.

Auf einmal ging einfach gar nichts mehr. Vor mir reckte sich eine Art Badesee. Suchend strich mein Blick über die vom Wind gekräuselte Wasserfläche. »Neverr stopp! Whateverr happens, neverr everr stopp!«, hämmerten Nikolais Ermahnungen mir in den Ohren. Ich hielt an und starrte verloren auf das, was einmal Eis gewesen war und für die Ewigkeit geschaffen schien.

Es gibt so Momente. Da weißt du nicht, wie du vorwärts kommst. Und dann schaust du nach hinten und merkst, dass der Weg zurück auch nur scheißgefährlich ist. Rechts von mir war das offene Wasser, durch dreißig-vierzig Meter grauer Eisfläche von meinem Badesee getrennt. Mir schien, als müsste der matschige Boden, auf dem ich stand, jederzeit aufbrechen und mich verschlingen. Die Wolkendecke hatte sich weiter geöffnet, der Fjord stand in ein rosa Lichtermeer getaucht. Mehr als einmal schon hatte ich mich in den letzten Tagen gefragt, wieso die Hölle so schön sein konnte.

Ich versuchte einen Umweg zu erspähen, vielleicht links von mir, zur Gletscherfront hin, doch der See vor mir reckte sich endlos. Egal, wie ich fuhr, es sah aus, als würde ich auf jeden Fall in Trouble kommen. Vorsichtig gab ich Gas.

Erst spritzte etwas Wasser von den vorderen Kufen. Dann versanken die Kufen im Wasser. Hundert Meter weiter war die Hälfte der Federbeine verschwunden. Ich drehte am Gashebel mit Chirurgenpräzision. Die Federbeine verursachten kleine Kielwellen, und ich sah, dass das Wasser nun bis knapp zu den Fußrasten stand. Ich saß auf meinem Sitz und spürte das Bedürfnis, mich zusammenzuziehen. Irgendwie zu einem kleinen Knäuel werden, dem nichts passieren konnte. Dann drehte die Raupe durch, und die Maschine bewegte sich nicht mehr. Mir gefror das Blut in den Adern. Ich stand mitten in einem kleinen eisigen See. Mitten auf dem Tempelfjord. Mitten in Spitzbergen. Mitten auf schmelzendem Packeis. Mitten in der Scheiße.

Wenigstens der Motor tuckerte noch, ich war mir nicht mehr sicher, wie lange noch. Hilfesuchend hielt ich Ausschau nach Nikolai. Er war ein schwarzer Punkt, der sich Richtung Südufer bewegte. Mein Blick strich unentwegt über die Wasserfläche, die mich eingeschlossen hatte. Aber ich fand keine Lösung.

Manchmal half es abzuspringen und die Maschine nach vorne zu schieben, wenn man sie über ein Hindernis bringen musste. Ich nahm die Füße von den Rasten und tauchte mit den Stiefeln ins Wasser. Augenblicklich war mir noch kälter. Wenn ich erst mal Grund hatte, konnte ich die Maschine ein paar Meter vorwärts schieben, bis sie wieder von selber fuhr. Aber ich fand keinen Grund. Meine Füße sanken immer tiefer in die Eisbrühe, doch sie ertasteten nichts Festes, so sehr ich auch herumsuchte. Ich spürte, wie alles in mir sich zusammenkrampfte. Dann lief mir der erste Schwall Eiswasser in den Stiefelschaft.

Es gibt diese Momente, wo dann der Film einsetzt. Ein schnell ablaufender Streifen von Szenen aus dem eigenen Leben, sinn- und zusammenhanglos aneinander gereiht, ein wirres Sammelsurium unwichtiger Begebenheiten, die man seltsamerweise von außen betrachtet. Und so erblickt man sich selbst wie auf einer Leinwand in durcheinander gewirbelten Stadien und Altersstufen, erkennt sich selber sofort und weiß instinktiv: Es ist so weit.

Ich sah den Film und wunderte mich, dass es jedes Mal wieder ein neuer war, denn ich hatte ihn hier oben schon mehrmals zu sehen bekommen. Aber ich wusste auch, dass meine innerste Wahrnehmung die Gefährlichkeit der Situation erfasst hatte und mir mit ihm eine Art letzter Warnung zukommen ließ. Dazu stellten sich von einem Moment zum anderen Gefühle tiefer Trauer und schmerzvollen Abschieds ein, während meine nassen Füße nach wie vor verzweifelt in der Brühe herumrührten. Solche Situationen stellen einen in eine existentielle Einsamkeit, die mit Worten nicht mehr zu beschreiben ist. Es ist, als würde einen eine riesige Hand ergreifen mit dem einzigen Ziel, der Seele Schmerz zuzufügen. Wenn Nikolai sich demnächst umdrehte, würde ich einfach nicht mehr da sein.

Ich war absolut ratlos und nahe daran, mich in mein Schicksal zu fügen, als ich mich mit letzter Energie dagegen aufbäumte. Schon öfter hatte ich mit meiner Maschine im Schnee festgesteckt und sie dadurch freibekommen, dass ich mich auf das hintere Ende der Sitzbank kniete, um mein ganzes Gewicht auf das Ende der Transportraupe zu legen.

Dann wippte ich kräftig, was den Druck noch kurzfristig erhöhte, und gab leichte Gasstöße. Ich hatte mir den Trick von meinen norwegischen Freunden abgeschaut, und er hatte immer funktioniert.

Hier allerdings steckte ich im Wasser fest. Die Raupe drehte ganz anders durch als im Schnee, und ich musste höllisch aufpassen, dass das Spritzwasser mir nicht in den Vergaser gelangte. Ging der Motor aus, war ich endgültig geliefert. – Andererseits, ich musste schnell sein. Eine zweite Chance hatte ich nicht, und ich war mir ziemlich sicher, dass das, worauf ich stand oder auch nicht stand, nicht mehr allzu lange auf mich warten würde. Vorsichtig, um nur jeden extremen Lastwechsel zu vermeiden, bugsierte ich meine Knie auf das Ende der Rückbank. Ich würde mit äußerster Vorsicht wippen, um nicht einzubrechen, und mit feinsten Gasstößen versuchen, dass die Raupe griff ohne durchzudrehen.

Beim ersten Gasstoß bewegte die Maschine sich etwa anderthalb Zentimeter, beim zweiten genauso. Beim dritten waren es drei-vier Zentimeter, dann drehte die Raupe durch. Ich dosierte wieder feiner, und spürte, wie ich einen Daumen breit nach vorne kam. Mir war, als müsste ich vor Erleichterung losbrüllen, doch blieb ich voll konzentriert. Etwa fünf-sechs Meter arbeitete ich mich so in winzigen Schritten nach vorne. Wie lange es dauerte, weiß ich nicht, doch irgendwann tat die Maschine einen kleinen Satz, und als ich das Gas hielt, begann sie sich langsam durch das schienbeinhohe Wasser zu fräsen. Ich blickte weit voraus und konnte Nikolai nirgends finden. Dann erkannte ich seine schwarze Gestalt am Südufer.

Ich hatte noch mehrere Kilometer zurückzulegen und fühlte mich schlagartig restlos ausgebrannt. Meine frisch vernähte Kinnwunde brannte im kalten Fahrtwind, und meine Füße waren Eisklumpen. Ich hätte einschlafen können. Stattdessen durchquerte ich noch ein weiteres Dutzend Schmelzwasserseen unterschiedlichster Größe, wobei ich konstant eine geringe Geschwindigkeit hielt, ohne dass irgendetwas passierte. Ich selbst passierte die Lachen mit dem Gefühl absoluter Wurstigkeit, als könnten sie mir nie mehr auch nur irgendetwas antun.

Es war ein Uhr Mitternacht, als ich auf Nikolai traf. Er hatte die Maschine abgestellt und stand entspannt dagegen gelehnt, an der Stelle, wo das wassergetränkte Ufereis ins Festland überging. Und er rauchte eine Papirossa. Ich stellte ebenfalls den Motor ab. Nikolai bot mir zu rauchen an, ich lehnte dankend ab. Eine Zeit lang schwieg er, dann lächelte er.

»You see«, sagte mein Freund, der KGB-Offizier Nikolai in seinem harten russischen Englisch. »Siixty orr maybe seeventy perrcent I was surrre the ice will be okay.« Er nahm einen weiteren Zug und lächelte zufrieden. »Orr maybe seeventy to eighty perrcent.«

Ich überlegte, ob ich ihm vom Vorgefallenen berichten sollte und ließ es dann lieber. In der Arktis bist du für dich selber verantwortlich.

»Well«, sagte ich und strich mir den Kinnverband entlang, weil die Wunde schmerzte. »You were right, after all.«

»Diid you like ourr littell excurrsion?«

»Wouldn´t want to miss it«, antwortete ich. »It was lovely.«

Sein Gesicht hellte sich auf, und er nahm einen tiefen Zug.

Über die letzte Freiheit

Die wirklich Großen können auch kleiner sein. Erland war um die einssiebzig und man sah ihm seine unglaubliche Kraft nicht an. Vielleicht auch hatte die ruhige Freundlichkeit, die von ihm ausging, etwas Besänftigendes, das einen schlicht nicht auf den Gedanken brachte, er könnte mit einer Waffe umgehen wie andere mit Gabel und Messer. Jedenfalls war er einer der geradesten Menschen, denen ich je begegnet bin. To-the-point, ergebnisorientiert, und dazu stets freundlich, unkompliziert und total zuverlässig. Als er auf dem Sassenfjord einmal alleine mit seinem Schneescooter bis zur Brust ins Eis einbrach, rettete er sich, wo andere jämmerlich krepiert wären: Er schaffte es, den sinkenden Scooter loszulassen, ohne daran hängen zu bleiben und in die Tiefe gezogen zu werden, kriegte es fertig sich aus dem zwei Grad kalten Wasser zu hieven und sich mit der Brust auf das Packeis zu schieben, ohne dort sofort festzufrieren, was bei minus zweiundzwanzig Grad keine Selbstverständlichkeit war. Dann rannte er mit nassgesaugten Klamotten, die nun dreißig Kilo schwerer waren, um sein Leben, während sich um seinen ganzen Körper ein dicker Eispanzer bildete. Nach zwei Kilometern, auf denen jeder halbwegs vernünftige Mensch schon durch den Wind erfroren wäre, erreichte er eine einzeln stehende Hütte, nahm den quer eingeklemmten Balken von der Tür, der die Hütte gegen Eisbärenbesuche sicherte, und schaffte es hinein.

Es gibt ein arktisches Gesetz, einfach und überlebenswichtig: Wenn du in eine Hütte kommst, ist im Ofen das Feuer hergerichtet, und auf dem Tisch liegt eine Schachtel Streichhölzer, wohlweislich. Du brauchst nur noch anzuzünden. – Das Feuer war hergerichtet, aber es gab keine Streichhölzer.

Erland suchte die komplette Hütte ab, während er schon am ganzen Körper schlotterte und blau angelaufen war. Der letzte Hüttenbesucher hatte verpennt, sie in der Hütte zu lassen. Normal stirbt man ja bei sowas.
Britt, seine Ehefrau, mit der er drei Kinder hatte, war gewohnt, dass er sich verspätete, denn die Arktis lässt keine Fahrpläne zu, und oft genug ist man erfreut, überhaupt lebend anzukommen. Sie war eine warmherzige und hübsche Norwegerin, größer und deutlich extrovertierter als er, mit schulterlangen blonden Haaren. Ihre Stimme war unerwartet kräftig, fast hölzern, und sie reichte in jedem Restaurant spielend über mehrere Tische. Als er zehn Stunden überfällig war, wurde sie unruhig und informierte den Gouverneur, der einen dreiköpfigen Suchtrupp aussandte. Handys oder GPS gab es damals noch nicht. Man kannte das Terrain, oder man hatte Karten dabei.
Der Suchtrupp brauchte vier Stunden. Sie entdeckten das Loch im Eis, auf dem sich bereits wieder eine Eishaut gebildet hatte, und da sie den Abdruck seines liegenden Körpers und die Eisklumpen erkannten, die beim Gehen von ihm abgeperlt waren, zählten sie zwei und zwei zusammen. Als sie an der Hütte ankamen und die Tür öffneten, erkannte Erland sie, stieß einen gellenden Schrei aus und brach bewusstlos zusammen. Sie hatten einige Mühe ihn zurückzuholen, doch als das Feuer brannte, ging es ihm langsam besser.
Erland hatte es geschafft, seinen Eispanzer auszuziehen und sich in die paar herumliegenden Decken aus den Schlafkojen zu hüllen. Da sie ihn im Liegen nicht genug wärmten, stieg er wieder in seine nassen Stiefel, räumte das spärliche Mobiliar beiseite und lief in der Hütte auf und ab, um seinen Körper warm zu halten. Zu dem Zeitpunkt, als die Jungs die Tür öffneten, war er vierzehn Stunden lang ohne Unterbre-

chung hin und her gerannt. Jedenfalls, fünf Wochen nach dem Vorfall war Erland auf unserer Inlandeisüberquerung zur Nordspitze von Spitzbergen dabei, – heiter, gelassen und stets so unglaublich freundlich, als wäre nie etwas gewesen. – Seine immense Erfahrung haute uns heraus, als wir südlich der Mosselbucht mitten auf dem Eis des Asgardfonna bei minus vierzig Grad die Orientierung verloren hatten. – »My father has an incredible mental strength«, sagte sein Sohn Knut mir Jahre später.

Weltweit sind die Eisbären seit 1973 geschützt. Das ist gut so, denn alleine Erland hatte bis dahin schon 277 von ihnen erlegt. Wie die meisten Norweger war er ein passionierter Jäger, der der Natur mit ebenso großem Respekt entgegentrat, wie er gerne Beute machte. Die 277 Bärenfelle brachten ihm ordentlich Geld und bildeten den Grundstock für das gemütliche Haus, das er sich später südlich von Stavanger baute. – Man mag zur Eisbärenjagd stehen, wie man will, aber man muss das erst mal alles durchstehen. Nicht nur physisch, sondern auch mental. Ich bin genug von ihnen begegnet, um einen Höllenrespekt davor zu haben, der sich stets mit einer gehörigen Portion Zuneigung und Bewunderung vermischte. Die sich allerdings etwas abmilderte, als eine der Ladies aus vier-fünf Metern nach mir sprang.
Erland jedenfalls erledigte einen von ihnen nach dem anderen, und fast immer war er dabei alleine unterwegs. Eines Tages begegnete er an der Ostküste, etwa auf Höhe der Wichebucht, sieben von ihnen auf einmal. Normal sind sie Einzelgänger, aber bei wichtigen Themen scheinen sie Arbeitsgruppen zu bilden. Jedenfalls wollten sie nördlich das Bosleyfjells über den Johannsengletscher nach Westen in Richtung Tempelfjord.

Ein Mensch mit halbwegs intaktem Gehirn wird bei der Begegnung mit sieben ausgewachsenen Eisbären panisch Reißaus nehmen. Selbst wenn man einen oder zwei von ihnen erschießt, hat man keine Chance gegen die anderen, wenn sie erst einmal angreifen. Erland hingegen haute nicht ab, sondern erlegte sie alle sieben. Dann häutete er sie nacheinander ab, – jeder von ihnen zwischen fünfhundert und tausend Kilo schwer. Er war alleine, hundert Kilometer von seiner Grubensiedlung entfernt, die Temperatur lag bei minus fünfundzwanzig Grad. Später meinte er, er hätte geschwitzt wie selten in seinem Leben. Und er war verdammt stolz darauf und beanspruchte für sich den inoffiziellen Titel eines »World Champion of Polar Bear Hunters«.

Ich habe Erland überhaupt nur ein einziges Mal angeschlagen erlebt, als er sich auf Kapp Schoultz den Magen verdorben hatte und mit ziemlich weichen Knien herumlief. Volle zwei Stunden lang war ich in meinem Daunenschlafsack am Ufer des Fjords gelegen, um auf einen Polarfuchs zu warten, den ich fotografieren wollte. Als ich schließlich durchgefroren und stinkig den Reißverschluss aufzog, weil ich die Kälte vom Boden her keine Minute länger aushielt, kam der possierliche kleine Kerl herangetrippelt und biss einen großen Klumpen Speck aus dem Kadaver einer von Erland abgehäuteten Robbe. Ich schoss ein paar gute Aufnahmen und war wieder versöhnt. Erland hatte seinen roten Survival-Anzug angezogen und lag die ganze Rückfahrt über schweigend in unserem kleinen Schlauchboot auf dem Achterdeck. Das bedeutete, dass es ihm wirklich dreckig gehen musste.

Ein paar Jahre später hätte ich ihn beinahe aus Versehen erschossen. Ich war schon seit Tagen alleine in meiner Hütte am Eisfjord, denn ein brutaler White-Out mit starkem

Schneetreiben hielt mich dort eingesperrt. Man sah nicht einmal mehr die eigenen Füße, wenn man hinausging, und sobald ich die Gletscherbrille abnahm, wurde mir schwindlig und alles drehte sich, in einer Welt, die nur noch aus weißer Watte bestand. Also saß ich umhüllt vom Schweigen der Arktis in einem alten Couchsessel, versunken in tiefe philosophische Gedanken, als es draußen plötzlich gefährlich rumpelte. Ich wusste sofort, was los war.

Das ist die Situation, die du im Kopf schon dreißigtausend Mal durchgespielt hast, aber jetzt ist sie da.
Vor Schreck war ich erst zusammengefahren und dann aufgesprungen. Mein Herz raste, und ich fühlte, wie es in meinen Halsarterien hämmerte. Urplötzlich war mir klar: »Verdammte Scheiße, ich bin hier ganz allein!« Es bedeutete, dass mein Leben nun von den sechs Schuss abhing, die in der Trommel meiner Smith & Wesson steckten, und dann fiel mir ein, dass ich diese vor zwei Tagen entladen hatte, weil die Verriegelung blockierte und die Trommel sich nicht mehr ausschwenken ließ. Das ist, man muss es so sagen, ein un-end-lich beschissenes Gefühl: Da draußen rumpelt ein Eisbär, und du sitzt alleine am Ende der Welt. In einer kleinen Hütte mit plötzlich sehr großen Fenstern. Mitten im White-Out. Wenn der so weit ist, dass er in eine Hütte rein will, dann ist er schon halb verrückt vor Hunger. Kein Mensch wird dich schreien hören, denn der White-Out verschluckt jedes Geräusch. Und wenn du eine Signalrakete in den Himmel schickst, dann sieht sie niemand, denn der White-Out verschluckt alles. – – Meine einzige Chance – so viel war klar – bestand darin, möglichst schnell und möglichst viel zu schießen.

Ich hatte mir als Backup-Waffe mein Gewehr mitgebracht, eine Sauer 80 im Kaliber .300 Winchester Magnum. Das Magazin, das ich vorsorglich gefüllt hatte, fasste drei Patronen, und ich schob es mit fliegenden Fingern in die Waffe. Für einen Moment hielt ich die Büchse ratlos in der Hand, dann siegte meine Angriffslust, und in einer Mischung aus Panik und Überlebenswillen stürzte ich in den winzigen Windfang meiner Hütte.

Das liest sich alles großartig, aber es war nur Mist. Meine Nerven flatterten wie Wimpel in einem Tornado, und ich war erstaunt festzustellen, wie drastisch die Realität einer solchen Situation – nicht zuletzt die psychische Realität – von der zigtausend Mal imaginierten abwich. Tatsächlich spürte ich, dass ich dabei war, die Kontrolle über mich selbst zu verlieren und den dringenden Wunsch verspürte, einfach das gesamte Magazin durch die Tür zu jagen, um das verdammte Vieh zu neutralisieren.

Hätte ich meine Smith & Wesson in der Hand gehabt, wäre das ein Leichtes gewesen, und ich hätte – panisch wie ich war – keine Sekunde lang gezögert. Aber man versuche einmal, in einem sehr engen Hüttenwindfang mit einem ein Meter langen Gewehr zu hantieren, auf dem auch noch ein Zielfernrohr sitzt. Dieses nicht ganz unbedeutende kleine Detail rettete Erland das Leben. Denn als ich, gehemmt durch die unhandliche Waffe, einen Blick durch das kleine Guckfenster in der Hüttentür riskierte, dachte ich mir: »Nein, b aue Anoraks tragen sie nicht!«
»Erland«, schrie ich fassungslos, als ich die Tür aufriss, in der Rechten noch immer die entsicherte Waffe.
»Did you dink it was de polar bear, hohohoho!«
»You idiot, I almost killed you!«

»Almost kill me, hohohoho!«
Erland kriegte sich gar nicht mehr ein vor Lachen und freute sich diebisch, dass sein Streich ihm so gut gelungen war, dass ich ihn beinahe erschossen hätte. Er blieb ungefähr eine Stunde, in der ich pausenlos meinen hämmernden Halspuls fühlte, und auch beim Gehen feixte er noch vergnügt. – Wie gesagt, er hatte Nerven wie Stahlseile. Wir hielten unseren Kontakt über Jahrzehnte, bis er sich umbrachte.

Er hatte Spitzbergen verlassen und war mit Britt in sein Haus bei Stavanger gezogen. Als er siebzig wurde, fiel seiner Frau und seinen Freunden auf, dass er begann dement zu werden, weil er immer mehr vergaß und immer öfter das Gleiche erzählte. Die ärztliche Untersuchung ergab, dass er Alzheymer hatte. Erland war ein Naturmensch, der ohne die freie Luft nicht atmen konnte, und so war er täglich auf den Bergen nahe Stavanger unterwegs. Britt, die ein Hüftproblem entwickelt hatte, blieb zu Hause, und abends gegen achtzehn Uhr pflegte Erland wieder einzutrudeln.

Eines Abends verspätete er sich. Britt, die dreißig Jahre mit ihm auf Spitzbergen verbracht hatte, war gewohnt, dass er sich verspätete, aber nach drei Stunden verständigte sie die Polizei. Der Suchtrupp fand ihn am nächsten Morgen zu Füßen einer Fünfzig-Meter-Steilwand des Selvikstakken in unwegsamem Gelände und barg seinen Leichnam mit dem Hubschrauber. Jemand aus dem Trupp hatte Fußspuren entdeckt, die direkt bis zur Abbruchkante der Steilwand führten. Offiziell galt es als Unfall.

Ich bin überhaupt kein Freund irgendeines Männlichkeitsgetues, mit dem in aller Regel nur innere Unsicherheit und ein baufälliges Selbstwertgefühl wegtrompetet werden sollen.

Aber Erland war nun mal das, was man in Bayern als »Mannsbild« bezeichnet: Ein in sich ruhendes Exemplar von Mann, willensstark, klarsichtig und mit starker Bodenhaftung. Als ich die Nachricht von den Umständen seines Todes empfing, war mir sofort klar, dass er eine letzte verantwortliche Entscheidung getroffen hatte und gesprungen war. Ein Kerl von Mann wie Erland hätte sich niemals selbst dabei zugesehen, wie er immer mehr abbaute und schließlich einging wie ein räudiger Fuchs. Seine Liebe zu Britt zeigte er dadurch, dass er es auswärts durchführte, auf seine unverwechselbare eigene Art: einsam und entschlossen. Er hätte es bequemer mit einer seiner Schrotflinten im Keller erledigen können, doch hätte er dann Britt, für die er sich bis zuletzt verantwortlich fühlte, auch das Haus genommen, denn ganz gewiss hätte sie dort nicht mehr leben können. Die Trauer um ihn war groß, auf Spitzbergen war er ein angesehener Mann gewesen.

Wann immer ich mit Britt telefonierte, freute ich mich über ihren Charme und ihre Herzlichkeit. Ähnlich wie Erland war sie gerade heraus, und ihre Warmherzigkeit machte jedes Gespräch mit ihr zu einer heiteren kleinen Reise.
Nach Erlands Tod versuchte ich sie fünf-sechs Mal zu erreichen, doch sie hob nicht ab. Mein Chatversuch auf einem Internetportal verlief ähnlich: Sie wechselte ein paar kurze, müde Zeilen mit mir, und ich bekam das bedrückende Gefühl, dass sie vor Trauer am Erlöschen war. Ihre Einsamkeit war mit Händen zu greifen. Auf meinen Vorschlag, einmal zu telefonieren, verschwand sie ohne Antwort aus dem Chat. Drei-vier Monate später vergiftete sie sich mit Tabletten. Die Kinder legten ihre Urne zu Erland.

Nur ein paar Halluzinationen

Sobald man die Maschinen abstellte, fraß einen diese geisterhafte Stille auf. Die Mitternachtssonne, in die wir seit Stunden hineinfuhren, stand rotgelb im Norden, etwa zwölf Grad über dem Horizont. Die Temperatur lag irgendwo bei minus fünfundvierzig Grad, und die Luft über dem Eis waberte und bildete Schlieren, wie man sie im Sommer von einer heißen Autobahn her kannte. Das Eis unter unseren Füßen war tausend Meter dick und so mächtig, dass es die umgebenden Berggipfel verschluckt hatte. Und so reckte sich um uns und vor uns die gewaltigste Eiswüste, die ein Mensch sich vorstellen konnte. Ich nahm den Helm ab, um den Hitzestau entweichen zu lassen, der sich während der bisher vierzehn Stunden Fahrt immer wieder gebildet hatte.

Wir waren mit unseren Motorschlitten von Spitzbergens norwegischer Grubensiedlung Longyearbyen über Advent- und Helvetiatal zum Sassenfjord gefahren, hatten den Tempelfjord mit seinen fünfzehn Kilometern Packeis überquert, waren durch das Gipstal vorgedrungen zum Floragletscher, dessen mehrere hundert Meter dicke Eismassen wir hinaufgefahren waren. Der Flora ging über in den Lomonossow, dessen Eis so mächtig wurde, dass ganze Berge darin verschwunden waren. Über den Mittag-Leffer-Gletscher ging es hinunter zum Wijdefjord, dessen Wassermassen in der Nachtsonne leuchteten wie flüssiges Gold. Dann über den Stubendorff-Gletscher hinauf zu den tausend Meter dicken Eismassen des Veteranengletschers. Der »Veteran« war eine der Magnifizenzen unter Spitzbergens Eisriesen: Weit, endlos, gnadenlos, beidseitig flankiert von verschüchtert aus ihm ragenden Bergspitzen. Sie erinnerten mich an den

Schwanz einer Maus, der als letzter Rest aus dem Maul einer Python ragte. In den zahllosen Spalten verschwand man schnell, wenn man nicht mindestens hundert Stundenkilometer fuhr.

Es erwischte mich im wahrsten Wortsinne kalt, als ich begann die Stimmen zu hören.
»Hmmm, wer quatscht´n hier?«, war meine erste Reaktion.
Ich stand ausgepowert neben meiner Maschine, während Tor seinen Ölstand prüfte, Kjell an seiner Mauser 98k herumfummelte und Erland tiefgefrorene Schokolade verteilte, die sich so leicht zerbiss wie ein Dachziegel.
Es waren Kinderstimmen. Mehrere Kinder, die auf mich einredeten. Sie fragten mich etwas und bedrängten mich, aber ich verstand sie nicht. Noch während ich verwirrt grübelte, meldete sich eine unbehaglich raunende Menschenmenge. Etwa so, wenn jemand einer Masse von Zuhörern eine unerwartete Mitteilung macht; oder wenn ein Fernschuss von David Alaba nur ganz knapp am Torpfosten vorbeistreicht. Ich schaute mich unsicher um. Da war nur nichts. Außer Eis. Und dieses beklemmende Schweigen, wenn eine gesamte Landschaft einfach den Ton abdreht. Als ich den Lastwagen hinter mir hörte, fuhr ich panisch herum. Erland sandte mir einen prüfenden Blick. Schwere Lastwagenreifen auf Asphalt, ich hatte es genau gehört, da redete mir niemand etwas aus! Oder doch? – Es ging eine gefühlte Ewigkeit so, wahrscheinlich nur zwei-drei Minuten. Denn unsere Pausen dauerten niemals lange, weil man schnell zu frieren begann.

Es ist, mit Verlaub, ein Sch...gefühl, wenn man zweihundert Kilometer von der Zivilisation entfernt den Verdacht bekommt, man sei gerade dabei, verrückt zu werden. Wir vier Menschlein standen am Ende der Welt, wo mit ziemlicher

Sicherheit vor uns noch niemand seinen Fuß hingesetzt hatte, und die Zahl derer, die im Eis den Verstand verloren hatten, war nicht unbeträchtlich. Tor gab das Kommando zur Weiterfahrt. Man musste zwei-dreihundert Meter Abstand zum Vordermann halten, wenn man nicht Zweitaktergase einatmen wollte.

Fausts »Lehrbuch der Psychiatrie« bezeichnet so einen Zustand trocken als »Störung der Realitätswahrnehmung«. Mir allerdings ging ein bekannter Körperteil auf Grundeis, während wir uns inzwischen über Eisfelder kämpften, die von großen Eisbrocken übersät waren, so dass die Fahrt zu einem stundenlangen, quälend langsamen Rodeo-Ritt wurde. Ich merkte einfach, dass Kälte, Anstrengung und ein riesiges Schlafdefizit mich ausgesaugt hatten, und begann zu begreifen, dass »Bewusstsein« nichts anderes ist als eine dünne, leicht verschiebbare Folie über den Abgründen, die sich in jedem menschlichen Gehirn schnell auftun können.

Was mir damals half, meinen Verstand zu behalten, war eine der Seltsamkeiten des Lebens: Ein dreiviertel Jahr zuvor hatte ich in Regensburg an einem psychiatrischen Symposium teilgenommen, auf dem Professor Hans Hippius, eine der ganz großen Koryphäen der deutschen Psychiatrie, ein Referat gehalten hatte: Er hatte die These aufgestellt, das menschliche Gehirn benötige einen »minimal inflow« an äußeren Signalen, wenn es funktionieren solle. Sei der Inflow zu groß, zeige der Mensch Überlastungssymptome; sei der Inflow zu gering, komme das Gehirn ins Spotzen. – Nicht anders als ein Motor, bei dem die Benzinleitung verschmutzt ist. Während ich mich zwischen Eisbrocken und mannshohen Felsen hindurchkämpfte, versuchte ich mir verzweifelt zu erklären, was mich da eben angefallen hatte. In meinem aufgewühlten Zustand fiel mir der Hippius-Vortrag wieder ein, und ich nahm an, dass es mir ähnlich ergangen war: Die arktische Stille hatte mein Gehirn zum Stottern gebracht wie ein unterfüttertes Antriebsaggregat. Sein zweiter, ständig aktiver Wahrnehmungsfilter – im NLP bezeichnet als »distortion« bzw. »Verzerrung« – hatte das kleine Bisschen Geräusche aus Wind und dem tatsächlich hörbaren Sirren der Schneekristalle verzweifelt einzuordnen versucht. Die Botschaft meines Gehirns an mich hieß: »Es könnten Kinder sein, oder eine Menschenmenge, aber ich werd´ nicht richtig sch au draus!« – Mein Wahrnehmungsapparat drückte seine eigenen Zweifel aus, indem er die Stimmen unverständlich werden ließ. Faszinierend und erschreckend zugleich, wie Neurologie arbeitet.

Es sollte mir noch ein zweites Mal passieren, als ich ein gutes Jahr später alleine in einer abgelegenen Hütte auf der Mitrahalbinsel war, auf achtzig Grad Nord. Wir hatten mit dem Boot mehrere Tage gebraucht, um dorthin zu kommen. Tor und Kjell wollten den Tag am Dieset-See verbringen und Lachse fischen. Ich war in der Hütte geblieben, um ganz alleine die arktische Stille zu genießen, die eine Erfahrung von nahezu mystischer Intensität darstellt. Gerade war ich dabei, mir Tee zu kochen, als ich draußen einen gellenden Schrei hörte, ein langgezogenes »Hiiiilfeeeee!«
Schlagartig außer mir, stürzte ich mit gezogener Waffe vor die Hütte. Mein Herz raste, und ich spürte seine hämmernden Schläge in den Halsarterien. Danach ärgerte ich mich stundenlang über meine eigene Dämlichkeit. – Remember: Unser Bewusstsein ist eine sehr, sehr dünne Schicht. C. G. Jung schrieb, die menschliche Psyche sei eine riesige Nachtlandschaft, und dort, wo gerade das Licht eines Scheinwerfers hinfalle, sei das Bewusstsein aktiv.

Später einmal berichtete ich Kjell von meinen Erfahrungen. »Völlig normal«, meinte er trocken, während er seine Dose Hansa-Pilsener aufriss. »Wir haben das ständig, wenn wir draußen sind. Irgendwann hörst du gar nicht mehr hin.«
In den folgenden Jahren konnte ich meine eigene Theorie im Gespräch mit mehreren Psychiatern verifizieren. Ich glaube heute noch, dass sie mich damals rettete.
In diesen Tagen jährt sich unsere Inlandeisüberquerung zum dreiunddreißigsten Mal. Tor starb 2007, weil er nie verkraftete, dass sein Sohn sich beim Russisch-Roulette den Kopf weggeschossen hatte. Kjell, den man niemals ohne einen Drink in der Hand sah, ging Ende 2012, als seine Leber sich von ihm verabschiedete. Erland, der in seinem Leben über 270 Eisbären erlegt hatte, stürzte Anfang dieses Jahres ausgerechnet an seinem Hausberg bei Bergen zwanzig Meter in die Tiefe.

I´m still around. Und ich coache.

Liebe Leser,

ich hoffe, dieses Buch konnte dazu beitragen, Ihnen die enge Verflechtung zwischen kindlicher Lebensgeschichte und erwachsenen Verarbeitungsmustern zu verdeutlichen. – Je nachdem, ob ein Kind geliebt und gefördert wurde oder kleingemacht und abwertend behandelt, ob es sicher gehalten oder im Stich gelassen wurde, programmiert es sich aus seiner kindlichen Erlebensweise heraus selbst. Denn es ist den Großen ausgeliefert und darauf angewiesen, Strategien zu entwickeln die ihm Überleben und eigenes Großwerden sichern. Wer Kinder hat, steht also in der Verantwortung und damit vor der Wahl zwischen lernender Bewährung und selbstgefälligem Versagertum. Umso wichtiger, dass er/sie sich wenigstens einigermaßen selber kennt, um zu verhindern, dass unbewusste Ängste weitergegeben werden und in die nächste Generation hinein wirken. – Bei manchen positiv gestaltend, bei anderen negativ bis zur existentiellen Tragödie.

Doch auch ernsthaftes Bemühen in ehrlichster Absicht befreit uns nicht von der bisweilen bitteren Einsicht, dass es unmöglich ist, an Kindern nicht auch schuldig zu werden, denn allzu oft bleiben wir Suchende und manchmal bauen wir in bester Absicht einfach nur Mist. Umso wichtiger, die unbewussten Risikofaktoren zu minimieren. Auch ich habe vor dem Hintergrund meiner eigenen Lebensgeschichte meinen Sohn mit Liebe überschüttet. Dennoch war er über mehrere pubertätsgeschwängerte Jahre hin der festen Überzeugung, ein größerer Idiot als sein Vater sei auf diesem Planeten schwerlich zu finden. – Das ist dann der Ablösungsprozess, den wir ertragen müssen, im Wissen, dass das

Finden der eigenen erwachsenen Persönlichkeit für die Betroffenen eine harte Schotterstrecke ist, verbunden mit Gehirnfehlfunktionen, die sich später wieder einregulieren.

Ich bringe Ihnen unten nun ein paar anonymisierte Aussagen von Klienten, die diese mir in den vergangenen Jahren per Mail zukommen ließen. Natürlich ist das alles recht schmeichelhaft für mich, aber mehr noch liegt mir daran zu zeigen: Belastende Situationen können und müssen (!) verändert werden, den Mut dazu vorausgesetzt. Wenn Sie Fragen haben, wenden Sie sich bitte gerne an mich. Am besten per Mail, ich antworte bestimmt. – Und falls es Ihnen gefallen hat: Ich beuge mich dem Drängen des Verlegers. Im Herbst werden wir einen Band literarischer Erzählungen veröffentlichen, in denen ich noch mehr erzähle von meinen Abenteuern in der Arktis.

Ergebene Grüße und alles Gute!

Ihr
Bernd Späth

bs@in-deep-coaching.de

Klientenstimmen

„So viel kann ich schon mal sagen: Ihre Ratschläge waren Gold wert! Von alleine wäre ich da nicht mehr rausgekommen."

„Ich denke sehr oft an unsere Sitzungen und ziehe daraus weiterhin sehr viel für mich persönlich und auch beruflich."

„In meinem Alltag ziehe ich viel aus unseren Gesprächen. Die Reflexion tut mir gut. Dadurch gewinne ich Distanz und gehe anders mit Konflikten um."

„Ich danke Ihnen für die vielen guten Stunden in diesem Jahr beim Coaching, die vieles bei mir angestoßen und in Bewegung gebracht haben."

„Das Verhältnis ist deutlich besser und entspannter geworden. Da haben die vielen Sitzungen mit Ihnen Entscheidendes bewirkt, wofür ich Ihnen sehr danke!"

„Seit langer Zeit bin ich wieder optimistisch gestimmt, was meine Zukunft angeht."

„Ich sage öfter als früher nein und nehme mir jetzt ganz bewusst Auszeiten, um mich um meine Bedürfnisse zu kümmern."

„Für Ihre sofort mögliche und hilfreiche Krisenintervention möchte ich mich bei Ihnen recht herzlich bedanken!"

„Durch Ihre Unterstützung wurde es mir wieder möglich, Sachverhalte realistisch einzuschätzen und zu bewerten."

„Es tut sich offenbar was. Auch wenn ich noch nicht weiß, was genau. Gerade eben geht es auf zu neuen Ufern."

„Es ist unbeschreiblich, wie frei ich mich momentan fühle. Dieses Gefühl habe ich, glaube ich, noch nie gehabt."

„Wir haben viel über Sachen gesprochen, die uns bewegen und Probleme bereite(te)n, und das hat mich jetzt veranlasst, Ihnen diese Mail zu schreiben und zu sagen, dass es mir momentan unglaublich gut geht."

„Ich wollte Sie gerne auf Stand bringen und mich hiermit im Nachhinein nochmals für Ihre gute Arbeit bedanken, die mir vieles eröffnet und im Nachgang ermöglicht hat. Ab 1. September dieses Jahres habe ich einen neuen Job! Ich freue mich, Ihnen dies nun mitteilen zu können, denn ich betrachte dies als Folge einer „Gesamtarbeit" an mir und meinem Seelenzustand, bei der eben auch die Arbeit mit Ihnen ein wesentlicher Bestandteil war."

„Unser Termin war in jedem Fall eine totale Bereicherung für mich. In jeder Hinsicht. Ob themenbezogen und auch menschlich. Resümierend konnte ich für mich, wie schon gesagt, sehr, sehr viel Positives daraus ziehen."

„Der Ring um die Brust ist endlich weg!"